Isländisch für absolute Anfänger

Stefan Drabek

Isländisch für absolute Anfänger

... kinderleicht für Erwachsene

Schmetterling Verlag

Bibliografische Informationen der Deutschen Nationalbibliothek
Die Deutsche Nationalbibliothek verzeichnet diese Publikation in der Deutschen Nationalbibliografie; detaillierte Daten sind im Internet über http://dnb.d-nb.de abrufbar.

Danksagung
An dieser Stelle möchte ich allen meinen fleißigen Helfern danken, die mich bei meinem Vorhaben unterstützten. Zunächst danke ich von Herzen María Anna Garðarsdóttir (Isländischdozentin an der Háskóli Íslands) für ihre Anregungen und Korrekturen. Des Weiteren danke ich meinen vielen Korrekturlesern, die allesamt wie María auf ein Honorar verzichtet haben:
Ásdís Rut Guðmundsdóttir, Ásgeir Páll Ágústsson, Guðjón Atlason, Þórhildur Önnudóttir, Helena María Árnadóttir, Mads Holm und Arnar Sigurðsson.
Für die Tonaufnahmen danke ich Jens Bárðarson und Sædís Alda Karlsdóttir.

Nicht zuletzt danke ich meinem lieben Kollegen Dirk Gerdes (Nordist, Übersetzer aus dem Isländischen und Isländischdozent am Nordkolleg Rendsburg, an den Volkshochschulen in Frankfurt und Wiesbaden sowie an der Universität Mainz) für seine Korrekturen und Anmerkungen.

Schmetterling Verlag GmbH
Libanonstr. 72A
70184 Stuttgart
www.schmetterling-verlag.de
Der Schmetterling Verlag ist Mitglied von aLiVe.

ISBN 3-89657-810-3
1. Ausgabe 2017 / 5. Auflage 2022
Printed in Bulgaria

Illustrationen: Lena Hofhansl
Titelbild: Laura Armborst
Satz und Reproduktionen: Schmetterling Verlag
Druck: Multiprint, Kostinbrod

Inhalt

Vorwort 7

Aufbau und Benutzung des Buches 8

Aussprache 12
Das isländische Alphabet • Die wichtigsten Ausspracheregeln im Überblick

Lektion 1 15
Hanna stellt sich vor • jemandem nach dem Namen fragen • fragen, wer das ist • Die Verben *vera* und *heita* in der Einzahl

Lektion 2 17
Erste Wörter vor dem Abflug • fragen, wie man etwas auf Isländisch sagt • Betonung im Isländischen

Lektion 3 20
Begrüßung und Verabschiedung • sich formell und informell begrüßen und verabschieden • fragen, wie es einem geht und was es Neues gibt • Verschmelzung von Verbform und *þú* • *já*, *nei* und *jú*

Lektion 4 24
Auf dem Flughafen in Keflavík • fragen, woher jemand kommt • Länder und Nationalitäten • Dativ bei der Angabe der Herkunft

Lektion 5 27
Im Hotelzimmer • fragen, was das ist • Hotelzimmerausstattung • die drei Geschlechter im Isländischen (männlich, weiblich, sächlich)

Lektion 6 31
Wo ist mein Stadtplan? • fragen, wo etwas ist • sagen, wem etwas gehört • der bestimmte Artikel in der Einzahl • die besitzanzeigenden Fürwörter ‹minn› und ‹þinn›

Lektion 7 36
Zahlen 0–10.000 • nach der Telefonnummer fragen

Lektion 8 38
Ich bin hungrig • sagen, dass man Hunger oder Durst hat • Adjektivangleichung in der Einzahl

Lektion 9 43
Was machst du gerade? • sagen, was man gerade macht • Verlaufsform *vera að* + Infinitiv

Lektion 10 46
Wie viele Möwen sind das? • fragen, wie viele das sind • Mehrzahl der Substantive im Nominativ • die Besonderheiten der Zahlen 1–4

Lektion 11 52
Im Restaurant • sich etwas zu essen und trinken bestellen • Akkusativ der Substantive in der Einzahl und Mehrzahl • die Konstruktion *ætla að* + Infinitiv • die Verben *mega* und *vilja*

Lektion 12 59
Nach dem Essen • nach der Rechnung verlangen • die Rechnung bezahlen • der bestimmte Artikel im Nominativ und Akkusativ Singular und Plural • das Verb *vera* im Präteritum

Lektion 13 63
Hast du schon bezahlt? • sagen, was man schon gemacht hat • die Konstruktion *vera búinn að* + Infinitiv

Lektion 14 66
Was machst du in deiner Freizeit? • sich über Freizeitaktivitäten unterhalten • die Konjugation der schwachen Verben im Präsens • die Verben *eiga* und *vita* • das Relativpronomen ‹sem›

Lektion 15 72
Auf den Kirchturm • sagen, wohin man geht • die Konjugation der starken Verben im Präsens

Lektion 16 76
Auf dem Kirchturm • sagen, wo man ist • die Deklination der Substantive im Dativ Singular und Plural

Lektion 17 81
Das Wetter • nach dem Wetter fragen • Aussagen über das Wetter treffen • Himmelsrichtungen und Islands Landesteile

Lektion 18 86
Wochenplanung • Wochentage • sagen, was man in der Zukunft macht • sagen, in welche Himmelsrichtung man fährt

Lektion 19 90
Wessen Freundin ist das? • über Besitzverhältnisse sprechen • die Bildung des Genitivs im Singular und Plural • der Gerbrauch des Genitivs

Lektion 20 94
Wie spät ist es? • nach der Uhrzeit fragen • die Uhrzeit angeben • sagen, dass man etwas nicht versteht • den Gesprächpartner um Nachsicht bitten

Lektion 21 97
Im Café • Kaffeekultur auf Island • einen Kaffee bestellen

Lektion 22 100
Smalltalk • weitere Begrüßungs- und Verabschiedungsformeln • nach dem Alter, dem Familienstand, Kindern, dem Beruf fragen • die Zahlen 1–4 in den vier Fällen • die Deklination der Familienbezeichnungen

Lektion 23 107
Mit dem Mietauto unterwegs • einen Wagen mieten • den Mietwagen abholen • Adjektive im Nominativ Plural • die Deklination der Substantive *dagur* und *völlur*

Lektion 24 112
Wem gehört was? • über Besitz sprechen • die besitzanzeigenden Fürwörter ‹minn› und ‹þinn› im Plural • die besitzanzeigenden Fürwörter *hans*, *hennar*, *þess*, *okkar*, *ykkar* und *þeirra* • die Personalpronomen in allen Fällen

Lektion 25 117
Wir müssen einkaufen • sagen, was man braucht • fragen, was es zu Essen gibt • verschiedene Mengenangaben • verschiedene Läden • die unpersönliche Verbkonstruktion *mig vantar* • das Verb *þurfa*

Lektion 26 122
Eine Panne • fragen, wo die nächste Tankstelle/Werkstatt ist • sagen, an welcher Zapfsäule man war • Auskünfte über eine Panne geben • das Verb *kunna*

Lektion 27 126
Eis auf Island • ein Eis bestellen • sagen, was man gut/schlecht findet • sagen, was mam gern macht • sagen, worauf man Lust/Appetit hat • die unpersönlichen Verbkonstruktionen *mig langar* und *mér finnst*

Lektion 28 131
Im Schwimmbad • wichtige Vokabeln • sagen, dass man gerne schwimmen gehen möchte • sagen, dass einem heiß oder kalt ist • die unpersönliche Verbkonstruktion *mér er heitt / kalt*

Lektion 29 135
Was war gestern? • sagen, was man in der Vergangenheit gemacht hat (1) • wichtige Zeitadverbien • das Präteritum der schwachen Verben (a-Klasse, i-Klasse, Nullklasse)

Lektion 30 141
Wie komme ich nach...? • jemanden nach dem Weg fragen • jemandem den Weg beschreiben • das Datum angeben • sagen, auf welcher Etage man wohnt • die Ordnungszahlen von 1 bis 39

Lektion 31 147
Was tut dir weh? • sagen, wo man Schmerzen hat • sagen, was einem gesundheitlich fehlt • Körperteile • unpersönliche Verbkonstruktionen

Lektion 32 151
Was hast du gemacht? • sagen, was man in der Vergangenheit gemacht hat (2) • das Präteritum der starken Verben (7 Ablautreihen)

Kurzgrammatik 158

Wörterliste: Isländisch – Deutsch 173

Wörterliste: Deutsch – Isländisch 195

Vorwort

Seit den letzten Jahren interessieren sich immer mehr Leute für die isländische Sprache. Viele Touristen verbrachten ihren Urlaub auf der wunderschönen Vulkaninsel aus Feuer und Eis. Auch meine Begeisterung für das Isländische begann mit einer Reise dorthin im Jahre 2009. Zu dieser Zeit hatte man es als blutiger Anfänger nicht leicht. Viele Lehrwerke waren vergriffen oder nicht zufriedenstellend, Kurse gab es nur in den Metropolen Deutschlands. Schon lange hegte ich den Wunsch, eine Lücke auf dem deutschen Büchermarkt zu schließen: Ein Isländischlehrbuch für absolute Anfänger ohne universitäres Vorwissen. Ein überaus erfreulicher Zufall brachte mich mit dem Schmetterling Verlag zusammen, der bereits andere exotische Sprachen in seiner Reihe veröffentlicht hat. Mein Interesse an diesem Konzept war schnell geweckt und ich machte mich an die Arbeit, wobei mir meine langjährige Unterrichtserfahrung und mein theoretisches Wissen bezüglich Vermittlung und Erlernen der isländischen Sprache eine große Hilfe waren.

Das Isländische ist keine international bedeutsame Sprache, die ein Erlernen rechtfertigen würde. Um sie zu erlernen, braucht es vor allem Idealismus und Leidenschaft. Beides sollte jeder Islandreisende nach seiner Rückkehr verspüren. Die Sprache wird derzeit von ca. 330.000 Menschen als Muttersprache gesprochen. Die meisten davon leben auf der Nordatlantikinsel selbst. Isländisch ist eine nordgermanische Sprache, d.h. sie ist mit der (westgermanischen) deutschen Sprache verwandt. Dieser Fakt hilft einem deutschen Muttersprachler ungemein, das Isländische zu erlernen. Sollten Sie bereits eine andere nordgermanische Sprache, wie Schwedisch oder Norwegisch, beherrschen, haben Sie einen weiteren Vorteil. Isländisch hat sich jedoch am wenigsten von der gemeinsamen nordgermanischen Sprache, dem Altnordischen, entfernt, d.h. Vokabular, Erscheinungsbild und Grammatik wurden hier bestens bewahrt. Somit können die Isländer auch noch die Schriften zur Zeit der Landnahme aus dem 9. Jahrhundert lesen.

Von vielen wird Isländisch als eine der schwersten Sprachen der Welt bezeichnet. Seien Sie aber unbesorgt. Die Grammatik und die Aussprache erscheinen zunächst vielleicht schwierig und unerreichbar, aber die Logik hinter der Sprache ist erstaunlich. Lassen Sie sich also auf das Isländische ein und entdecken Sie jeden Tag ein bisschen mehr. Sie werden erkennen, dass Sie auch viel über Ihre eigene Muttersprache lernen und somit der Weg für das Erlernen des Isländischen frei ist.

Aufbau und Benutzung des Buches

Das Buch *Isländisch für absolute Anfänger* ist sowohl für das Lernen mithilfe eines Lehrers als auch für das Selbststudium konzipiert. Zum vorliegenden Lehrbuch gehören ein Übungsheft und Audioaufnahmen, die von Muttersprachlern eingesprochen wurden. Um einen optimalen Lernerfolg zu erzielen, empfiehlt sich der Gebrauch aller drei Komponenten.

Das Lehrbuch besteht aus 32 kurzen Kapiteln, die Schritt für Schritt in die isländische Sprache einführen. Dabei lernt der Isländischlernende gemeinsam mit Michael, der mit seiner isländischen Freundin Hanna Island erkundet und der von ihr die isländische Sprache lernt. Er stößt immer wieder auf neue sprachliche Herausforderungen, bei denen Hanna ihm hilft. Sie als Leser profitieren von ihren Erläuterungen. Das Buch ist eine Einführung in die isländische Sprache. Es werden deshalb nur jene (grammatikalischen) Schwerpunkte behandelt, die der Lernende zu Beginn benötigt, um in Island sprachlich zurechtzukommen. Aus diesem Grund wurden einige Dinge stark vereinfacht oder gänzlich weggelassen, um den Lernenden nicht zu überfordern oder gar zu verwirren. Das Buch ist vorwiegend für das Erlernen der isländischen Sprache außerhalb von Universitäten konzipiert. Es beinhaltet Themenschwerpunkte, die vor allem für Touristen von Interesse sind.

Gehen Sie im Unterricht oder im Selbststudium am besten folgendermaßen vor:

Schritt 1: Einführung in die Lektion
Jedes Kapitel beginnt mit einem kurzen Einführungstext oder Dialog zwischen Hanna und Michael auf Deutsch. Hier erhalten Sie Informationen darüber, was Sie in dieser Lektion erwartet.

Schritt 2: Wichtige sprachliche Wendungen
Hanna bringt Michael wichtige Floskeln bei, damit er die nötige Sprachkompetenz erwirbt, um die vorliegende Situation zu meistern. Diese kurzen Sätze (meist Frage und Antwort) sind in Kästchen geschrieben. In der ersten Zeile finden Sie den relevanten Satz auf Isländisch. In der zweiten, in kursiv gedruckten Zeile steht eine Wort-für-Wort-Übersetzung, damit Sie ein Gefühl für den Aufbau der Sprache erlangen. Die dritte Zeile zeigt die deutsche Entsprechung des isländischen Satzes.
Hören Sie sich die Sätze mithilfe des Audiomaterials an und sprechen Sie nach.

Anmerkung zu dem Audiomaterial:
Der Wortschatz wurde so eingesprochen, dass das Audiomaterial auch zum Üben und Wiederholen ohne Lehrbuch verwendet werden kann. Zuerst hören Sie deshalb die deutsche Entsprechung und nach einer kurzer Pause die isländische. Somit haben Sie Zeit, das Wort oder die Wortgruppen im Vorfeld selbstständig zu übersetzen.

Schritt 3: Vertiefung des Lerngegenstands
Unter den Kästchen befindet sich ggf. eine Zusammenfassung mit weiteren wichtigen Floskeln, die Ihnen helfen, die sprachliche Situation zu meistern, oder eine genauere Erläuterung zur Grammatik, die für eine korrekte Verständigung benötigt wird. Hören Sie sich ggf. die Sätze mithilfe des Audiomaterials an und sprechen Sie nach. Prägen Sie sich das neu Erlernte gut ein. Es wird im Folgenden darauf aufgebaut.

Schritt 4: Wörterliste
Verschaffen Sie sich einen Überblick über jene Wörter, die Sie zum Verstehen des Lektionstextes benötigen. Hören Sie sie sich mehrmals an und sprechen Sie sie nach. Es ist an dieser Stelle noch nicht nötig, diese Wörter in Ihren aktiven (bzw. produktiven) Wortschatz aufzunehmen, d.h. sie zu verstehen, genügt vorerst.
Anmerkung: Die Wörterlisten sind jeweils nur mit jenen (sprachdidaktisch erforderlichen) Informationen versehen, die bis dahin erworben wurden, d.h., dass z.B. das Geschlecht erst ab Lektion 5 angegeben wird. Wenn der Wörterliste neue Informationen hinzugefügt wurden, ist über der Tabelle darauf hingewiesen.

Schritt 5: Text zur Lektion
Der Text bezieht sich auf den Lektionsinhalt und hilft Ihnen, Ihre Sprachkompetenz zu dem Kapitelthema anhand eines Beispieldialoges auszubauen. Hören Sie sich zunächst den Dialog an, ohne den Text mitzulesen. Sie müssen nicht sofort alles verstehen. Hören Sie ein zweites oder ggf. drittes Mal. Stoppen Sie ggf. zwischen den Gesprächpartnern. Versuchen Sie, die Situation und die wichtigsten Aussagen zu erfassen. Anschließend nehmen Sie den Text zur Hand und hören ein weiteres Mal. Konzentrieren Sie sich nur auf den isländischen Text und lassen Sie die deutsche Übersetzung zunächst unberücksichtigt. Schauen Sie ggf. in die Wörterliste, um den genauen Inhalt des Textes selbst zu erschließen. Erst danach sollten Sie auf die deutsche Übersetzung in der rechten Spalte zurückgreifen.

Lesen Sie den Dialog mehrmals laut vor, ggf. in Rollen. Prägen Sie sich das Vokabular gut ein. Es empfiehlt sich ein eigenes Vokabelheft anzulegen, denn so schulen Sie alle vier Kompetenzen: Hören, Sprechen, Lesen und Schreiben. Ergänzen Sie stets bei Vokabeln wichtige Informationen (z. B. Geschlecht, Beugungsendungen, Verbklassen, etc.).

Schritt 6: Grammatik im Überblick
Ohne Grammatik ist das Erlernen der isländischen Sprache nur schwer möglich. Am Ende der meisten Kapitel finden Sie nochmals eine Übersicht über die behandelte Grammatik der aktuellen Lektion. Das Buch ist so konzipiert, dass Sie Grammatik schrittweise und in kleinen Portionen lernen. Es wird nur so viel von Ihnen verlangt, was nötig ist, um die Situation sprachlich adäquat zu meistern. Hören Sie sich ggf. die isländischen Deklinationen und Konjugationen an und prägen Sie sie sich gut ein.
Anmerkung: Nach dem allerletzten Kapitel gibt es eine kurze Formenlehre zur isländischen Sprache.

Schritt 7: Übungen
Nehmen Sie Ihr Übungsheft und bearbeiten Sie die Aufgaben zur aktuellen Lektion. Teilweise müssen Sie nochmals auf das Lehrbuch zurückgreifen, um die Aufgaben korrekt lösen zu können. Das Übungsheft beinhaltet sowohl Material zum Üben des Lerngegenstands als auch ein vertiefendes Angebot zur Erweiterung der Sprachkompetenz. Entscheiden Sie selbst, ob Sie schon wieder bereit sind, Neues aufzunehmen oder ggf. später darauf zurückkommen wollen. Am Ende des Übungsheftes sind alle Lösungen aufgelistet.
Anmerkung: Im Unterricht mit einem Lehrer empfiehlt es sich, Lehrbuch und Übungsbuch parallel einzusetzen. Bearbeiten Sie beispielsweise die Aufgaben zum Lektionstext direkt im Anschluss und entwickeln Sie somit eine Hörübung mit Arbeitsauftrag. Oder üben Sie grammatische Phänomene schrittweise mit Ihren Schülern, indem Sie zwischen den Erläuterungen eine Übung einschieben.

Schritt 8: Isländisch in den Alltag einbauen
Nutzen Sie beispielsweise das Audiomaterial, um Isländisch auch in Ihren Alltag zu integrieren. Egal, ob beim Sport, Autofahren oder der Hausarbeit, die vertonten Vokabeln können Sie optimal anhören und nachsprechen. Dadurch, dass die Vokabeln erst auf Deutsch und dann auf Isländisch eingesprochen wurden, können Sie sich perfekt selbst abfragen. Schreiben Sie z.B. Ihre Einkaufsliste auf Isländisch, kleben Sie an Gegenstände kleine Zettel mit den isländischen Entsprechungen und haben Sie Ihr Vokabelheft stets

bei sich, damit Sie bei der Bahnfahrt oder im Wartezimmer Ihre Vokabeln wiederholen können.
Nutzen Sie das kostenlose Angebot des isländischen Senders RÚV (www.ruv.is). Dort können Sie Nachrichten, Kinderserien und isländische Filme in der Mediathek (Sarpurinn) anschauen. Isländisches Internetradio können Sie auf Bylgjan (www.bylgjan.is) empfangen. Es ist ganz normal, dass Sie zunächst wenig verstehen. Das Hören hilft Ihnen vor allem, sich an den Klang der Sprache zu gewöhnen. Es ist wichtig, nicht nur einen oder zwei Isländer zu hören, denn jeder spricht etwas anders.

Ich wünsche Ihnen viel Erfolg beim Erlernen der isländischen Sprache. Über Kritik oder Anregungen bin ich immer sehr dankbar. Sollte Ihnen also etwas auf dem Herzen liegen, melden Sie sich bei mir: info@islaendisch-lernen.de

Stefan Drabek, September 2016

Abkürzungen

÷	keine Mehrzahl vorhanden
0	schwaches Verb der Nullklasse
a	schwaches Verb der a-Klasse
Akk.	Akkusativ (dt. 4. Fall, isl. 2. Fall, wen/was?)
Dat.	Dativ (3. Fall, wem/was?)
di/ði/ti	schwaches Verb der i-Klasse
dt.	deutsch
f	feminin (weiblich)
fpl	Femininum Plural (weiblich Mehrzahl)
frz.	französisch
Gen.	Genitiv (dt. 2. Fall, isl. 4. Fall, wessen?)
isl.	isländisch
m	maskulin (männlich)
mpl	Maskulinum Plural (männlich Mehrzahl)
n	neutral (sächlich)
Nom.	Nominativ (1. Fall, wer/was?)
npl	Neutrum Plural (sächlich Mehrzahl)
Part.	Partizip
Plur.	Plural (Mehrzahl)
Präs.	Präsens (Gegenwart)
Prät.	Präteritum (einfache Vergangenheit)
Sing.	Singular (Einzahl)

Aussprache

H1

Das isländische Alphabet besteht aus 32 Buchstaben, von denen uns die meisten bekannt sind. Die Reihenfolge der Buchstaben im isländischen Alphabet weicht von unserer ab. Das ist vor allem gut zu wissen, wenn wir ein Wörterbuch benutzen wollen.

A a	Á á	B b	D d	Ð ð	E e	É é	F f	G g	Hh	I i	Í í	J j	Kk	L l
Mm	N n	O o	Ó ó	P p	R r	S s	T t	U u	Ú ú	V v	X x	Y y	Ý ý	Þ þ
Ææ	Ö ö							**weitere Zwielaute:**				ei	ey	au

Im Isländischen werden in der Regel alle Buchstaben ausgesprochen. Sie passen sich jedoch oft ihrer Lautumgebung an, d.h. beispielsweise, dass das g je nach Buchstabennachbarn anders ausgesprochen wird (siehe folgende Ausspracheliste). Die folgende Tabelle gibt einen Überblick über die Aussprache der isländischen Buchstaben:

H2

A a wie dt. *a*, z.B. *baka, dansa, Anna*
jedoch vor *-ng* und *-nk* wie dt. *au*, z.B. *langur, banki, hunang*
jedoch vor *-gi* wie dt. *ai*, z.B. *í lagi, magi*

Á á wie dt. *au* in *Haus*, z.B. *mála, láta, átta*

B b wie dt. *b*, aber stimmlos, z.B. *baka, bera, labba*

D d wie dt. *d*, aber stimmlos, z.B. *dagur, draga, Edda*

Ð ð wie engl. *th* in *the* (stimmhaft), z.B. *baða, eða, sagði*

E e ähnlich dt. *ä* in *Bär*, z.B. *lesa, kenna, ferð*

É é wie dt. *jä*, z.B. *ég, tré, réttur*

F f im Anlaut wie dt. *f*, z.B. *fara, fíll, fá*
im Innlaut wie dt. *v*, z.B. *stofa, lifa, hafði*
jedoch vor *l* und *n* wie unbehauchtes dt. *p*, z.B. *Keflavík, tafla, sofna*

G g oft ähnlich dem dt. *g*, jedoch stimmlos, z.B. *gleyma, gólf, liggja, gluggi*
jedoch vor *t* und im Auslaut etwa wie dt. *ch* in *ach*, z.B. *hægt, lagt, ég, lag*
ähnlich auch zwischen Vokal und *a,u, ð, r* jedoch stimmhaft, z.B. *saga, sögu, bragð, hægri*

H h wie dt. *h*, z.B. *halló, hæ, harpa*
jedoch vor *v* wie dt. *k*, z.B. *hvað, hvalur, hver*

I i ähnlich dem dt. *i* in *Mitte*, z. B. *hiti, lifa, mikill*

Í í ähnlich dem dt. *i* in *Miete*, z. B. *líf, líma, Ísland*

J j wie dt. *j* in *ja*, z. B. *já, bjóða, jú*

K k oft ähnlich dem dt. *k*, z. B. *kaka, kona, kíkja*
jedoch vor *t* etwa wie dt. *ch* in *ach*, z. B. *takt, ekta, þekktur*
vor *k, l* und *n* mit Vorbehauchung etwa gleich einem dt. *h*, z. B. *krakki, jökli, vakna*

L l wie dt. *l*, z. B. *elska, lesa, Íslendingur*
jedoch vor *p, t* und *k* und nach *h* stimmlos, z. B. *stelpa, elta, mjólk, Hlemmur*
doppeltes *l* i. d. R. etwa wie dt. *dl* in *handle*, z. B. *kalla, bolli, bíll*

M m wie dt. *m*, z. B. *mamma, lamb, mega*
jedoch vor *p, t* und *k* stimmlos, z. B. *lampi, ásamt, rýmka*

N n wie dt. *n*, z. B. *nef, kanna, nota*
jedoch vor *t* und *k* und nach *h* stimmlos, z. B. *panta, banki, hnífur, hnota*
nn nach Zwielaut (einschließlich *á, í, ó* und *ú*) etwa wie dn, z. B. *seinna, steinn, fínn, brúnn*

O o etwa wie dt. *o* aber offener, z. B. *ofn, kokkur, sofa*
jedoch vor *-gi* wie dt. *eu*, z. B. *bogi, logi*

Ó ó etwa wie engl. *o* in *so*, z. B. *nótt, stór, bjóða*

P p oft ähnlich dem dt. *p*, z. B. *pakka, pabbi, kápa*
jedoch vor *t* und *k* wie dt. *f*, z. B. *skipta, dýpka, sleppt*
vor *p, l* und *n* mit Vorbehauchung etwa gleich einem dt. *h*, z. B. *pappi, epli, keppni*

R r gerollte Zungenspitze *r*, z. B. *réttur, kerra, Reykjavík*
jedoch vor *p, t* und *k* und nach *h* stimmlos, z. B. *harpa, kort, mark, hraun*

S s wie dt. stimmloses *s (= ß)* in *Straße*, z. B. *sósa, rós, blússa*

T t oft ähnlich dem dt. *t*, z. B. *tími, stela, tjörn*
vor *t, l* und *n* mit Vorbehauchung etwa gleich einem dt. *h*, z. B. *klettur, atlas, vatn*

U u etwa dt. *ü*, z. B. *hestur, munur, utan*
jedoch vor *-ng* und *-nk* wie dt. *u*, z. B. *tunga, lunga, munkur*

Ú ú wie dt. *u*, z. B. *úlpa, út, brúnn*

V v wie dt. *w*, z. B. *vatn, velja, hvað*

X x wie dt. *x*, z. B. *buxur, lax, saxa*

Y y wie isl. *i*, z. B. *bylting, spyrja, fylla*

Ý ý wie isl. *í*, z. B. *sýna, lýsa, dýr*

Þ þ wie engl. *th* in *bath* (stimmlos), z. B. *bað, það, þar*

Æ æ wie dt. *ei*, z. B. *læsa, sæll, læknir*

Ö ö etwa wie dt. *ö*, z. B. *kvöld, öl, sögur*
jedoch vor -ng und -nk wie frz. *euille* in *feuilleton*, z. B. *göng, blönk*

ei/ey etwa wie engl. *ay* in okay, z. B. *leigja, seinna, Reykjavík, keyra*

au etw. wie frz. *euille* in *feuilleton*, z. B. *hraun, launa, hlaupa*

Lektion 1

Hanna stellt sich vor

Hanna ist Isländerin. Sie wohnt schon seit vielen Jahren in Deutschland und spricht unsere Sprache perfekt. Sie arbeitet als Isländischlehrerin an der Volkshochschule.

Diesen Sommer möchte sie ihrem Mitbewohner Michael ihre Heimat Island zeigen. Michael war noch nie dort und weiß so gut wie gar nichts über die Insel. Eines hat er sich jedoch vorgenommen: Er möchte den Urlaub nutzen, um Isländisch zu lernen. Hanna kann ihm sicher die Grundlagen während der Reise beibringen.

Auf Island gibt es keine Nachnamen. Wir heißen oft nach unserem Vater und hängen ein -son (Sohn) oder -dóttir (Tochter) dran.

H3

Hver er þetta?
wer ist dieses
Wer ist das?

Þetta er Hanna.
dieses ist Hanna
Das ist Hanna.

Hver ert þú?
wer bist du
Wer bist du?

Ég er Hanna Sigurðardóttir.
ich bin Hanna Sigurts Tochter
Ich bin Hanna Sigurðardóttir.

Hver er þetta?
wer ist dieses
Wer ist das?

Þetta er Michael.
dieses ist Michael
Das ist Michael.

Hver er Michael?
wer ist Michael
Wer ist Michael?

Hann er vinur minn.
er ist Freund mein
Er ist mein Freund.

🎧 H4

Hvað heitir þú?
was heißt du
Wie heißt du?

Hvað heitir vinur þinn?
was heißt Freund dein
Wie heißt dein Freund?

Ég heiti Hanna.
ich heiße Hanna
Ich heiße Hanna.

Hann heitir Michael.
er heißt Michael
Er heißt Michael.

Wörterliste

🎧 **H5**

Isländisch	Deutsch
hver?	wer?
þetta er ...	das ist ...
ég er ...	ich bin ...
þú ert ...	du bist ...
hann/hún er ...	er/sie ist ...
vinur minn	mein Freund
vinur þinn	dein Freund

Isländisch	Deutsch
hvað?	was?
Hvað heitir þú?	Wie heißt du?
ég heiti ...	ich heiße ...
hann/hún heitir	er/sie heißt
já	ja
nei	nein

Grammatik im Überblick

Die Verben vera und heita in der Einzahl

Wie im Deutschen werden auch die isländischen Verben gebeugt. Das wichtigste Verb ist **vera** *(sein)*. Es ist unregelmäßig. Das Verb **heita** *(heißen)* ist ein regelmäßiges Verb. Die Konjugation der regelmäßigen Verben schauen wir uns später (Lektion 14) genauer an.

🎧 **H6**

vera	–	sein
ég er	–	ich bin
þú ert	–	du bist
hann er	–	er ist
hún er	–	sie ist
það er	–	es ist

heita	–	heißen
ég heiti	–	ich heiße
þú heitir	–	du heißt
hann heitir	–	er heißt
hún heitir	–	sie heißt
það heitir	–	es heißt

Lektion 2

Erste Wörter vor dem Abflug

Michael: Du weißt schon, dass ich fest damit rechne, dass du mir während unserer Reise Isländisch beibringst, Hanna?

Hanna: Das hast du also wirklich ernst gemeint?

Michael: Ja, natürlich. Ein Wort kann ich schon: *Eyjafjallajökull.* Das ist doch euer Problemvulkan.

Hanna: Ha ha ... genau. *Eyjafjallajökull.* Da kannst du schon ein sehr schwieriges Wort. Weißt du eigentlich, was das Wort genau bedeutet?

Michael: Das Wort hat eine Bedeutung?

Hanna: Ja, natürlich. Die meisten isländischen Wörter haben ihre Bedeutung bewahrt. Um neue Wörter zu schaffen, setzen wir einfach mehrere zusammen. *Eyjafjallajökull* setzt sich aus *eyja (Insel), fjall (Berg)* und *jökull (Gletscher)* zusammen.

Michael: Also quasi ein «Inselberggletscher». Das ist aber ein eigenartiger Name für einen Vulkan.

Hanna: Wenn du das sagst. Du verstehst sicher noch viel mehr isländische Wörter. Deutsch und Isländisch sind nämlich verwandt.

Michael: Das höre ich gerne. Dann wird das Lernen ja ein Kinderspiel. Sag mal ein paar Wörter. Mal sehen, ob ich sie verstehe.

H7

Hanna: *mamma, pabbi, pasta, lasanja, ananas, hótel, batterí, bað, Ísland, sígaretta, hundur, vindur, kreditkort, lampi, bók, glas, kanna*
Und ich könnte noch ewig so weiter machen.

Michael: Du hast Recht. Ich habe keine Probleme, die Wörter zu verstehen. Nur klingen die so anders aus deinem Mund.

Hanna: Das liegt daran, dass wir <u>immer</u> die erste Silbe betonen. Das lässt sich doch leicht merken, oder?

Michael: Das stimmt, das kann ich mir gut merken. Sag mal, wie frage ich denn auf Isländisch nach der Bedeutung eines Wortes, z. B. *Wie sagt man ‹Hotel› auf Isländisch?*

Hanna: *Hvernig segir maður ‹Hotel› á íslensku?*
Michael: *Hanna, hvernig segir maður ‹Abflug› á íslensku?*
Hanna: *Maður segir ‹brottför›.* Du hast Recht. Es geht los. Auf geht's nach Island.

H8

Hvernig segir maður ‹Hund› á íslensku? *wie sagt Mann ‹Hund› auf Isländisch* Wie sagt man ‹Hund› auf Isländisch?	Maður segir ‹hundur› á íslensku. *Mann sagt ‹hundur› auf Isländisch* Man sagt ‹hundur› auf Isländisch.

Wörterliste

H9

Isländisch	Deutsch
Eyjafjallajökull	Vulkan in Südisland
eyja	Insel
fjall	Berg
jökull	Gletscher
mamma	Mama
pabbi	Papa
pasta	Pasta
lasanja	Lasagne
ananas	Ananas
hótel	Hotel
batterí	Batterie
bað	Bad
Ísland	Island

Isländisch	Deutsch
sígaretta	Zigarette
hundur	Hund
vindur	Wind
kreditkort	Kreditkarte
lampi	Lampe
bók	Buch
glas	(Trink)Glas
kanna	Kanne
hvernig?	wie?
maður segir	man sagt
á íslensku	auf Isländisch
brottför	Abfahrt, Abflug
frábært	toll, super, wunderbar

Text zur Lektion

H10

Michael will noch etwas üben.

Michael: Hvað heitir þú?	Wie heißt du?
Hanna: Ég heiti Hanna Sigurðardóttir. Hver ert þú?	Ich heiße Hanna Sigurðardóttir. Wer bist du?
Michael: Ég er vinur þinn. Ég heiti Michael.	Ich bin dein Freund. Ich heiße Michael.
Hanna: Frábært!	Wunderbar!

Michael:	Hvernig segir maður ‹Buch› á íslensku?	Wie sagt man ‹Buch› auf Isländisch?
Hanna:	Maður segir ‹bók› á íslensku.	Man sagt ‹bók› auf Isländisch.
Michael:	Hvernig segir maður ‹Lampe› á íslensku?	Wie sagt man ‹Lampe› auf Isländisch?
Hanna:	Maður segir ‹lampi› á íslensku.	Man sagt ‹lampi› auf Isländisch.

Lektion 3

Begrüßung und Verabschiedung

Hanna: Wir sind fast da. Freust du dich schon auf Island?

Michael: Ja, sehr. Aber vorher musst du mir unbedingt noch beibringen, wie man sich begrüßt und verabschiedet. Ich möchte mich ja nicht gleich blamieren.

Hanna: Kein Problem. Es ist wirklich nicht schwer jemanden zu begrüßen:

HI1

Góðan daginn *guten Tag-den* Guten Tag	Góðan dag *guten Tag* Guten Tag	Gott kvöld *guten Abend* Guten Abend	Góða kvöldið *guten Abend-den* Guten Abend

Michael: Gibt es irgendeinen Unterschied zwischen ‹Góðan daginn› und ‹Góðan dag› oder ‹Gott kvöld› und ‹Góða kvöldið›?

Hanna: Nein, nicht wirklich. Oft erwidert man das eine auf das andere, aber das ist keine Regel.

Michael: Warte mal ... Hvernig segir maður ‹Guten Morgen› á íslensku?

Hanna: Frábært. Du wendest das neu Erlernte gleich an. Für ‹Guten Morgen› sagen wir auch einfach ‹Góðan daginn› oder ‹Góðan dag›.

Michael: Und wie sieht es jetzt mit der Verabschiedung aus?

Hanna: Das ist auch nicht schwer:

HI2

Bless (bless) *Tschüss (tschüss)* Auf Wiedersehen	Góða nótt *gute Nacht* Gute Nacht

Michael: Das stimmt. Das kann man sich gut merken.

Hanna: Und wenn das trotzdem noch zu schwer ist, kannst du auch einfach Folgendes sagen:

H13

hæ (hæ) *hi (hi)* hallo	bæ (bæ) *bye (bye)* tschüss

Michael: Als wir uns kennenlernten, hast du mich bei jedem Treffen gefragt, wie es mir geht. Ist das typisch auf Island?

Hanna: Oh ja. Wir fragen immer automatisch, wie es dem anderen geht und was es Neues gibt. Es ist auch üblich, sich für das vergangene Treffen zu bedanken, auch wenn es schon Ewigkeiten her ist.

Michael: Kannst du mir nicht noch schnell ein paar Floskeln beibringen? Wir landen erst in 20 Minuten.

Hanna: Einverstanden. Es gibt sehr viele von solchen Floskeln, hier die wichtigsten:

H14

Hvað segir þú gott?
was sagst du gutes
Hvað segirðu gott?
was sagst-du gutes
Hvað segirðu? — Wie geht es dir?
was sagst-du
Hvað segist?
was sagt-sich
Hvað syngur í þér?
was singt in dir

H15

Ég segi allt gott.
ich sage alles gutes
Ég segi allt fínt.
ich sage alles feines
Ég segi allt ágætt. — Mir geht es gut.
ich sage alles ausgezeichnetes
Ég segi allt þetta fína.
ich sage alles dieses gute
Bara allt ágætt.
nur alles ausgezeichnetes

H16

Gaman að hitta þig! – Schön, dich zu treffen.
Vergnügen zu treffen dich
Gaman að sjá þig! – Schön, dich zu sehen.
Vergnügen zu sehen dich
Takk fyrir síðast. – Danke für das letzte Mal.
danke für zuletzt

H17

Hvað er að frétta?
was ist zu erfahren
Hvað er í fréttum? — Was gibt es Neues?
was ist in Nachrichten-Dat.
Hvað er títt?
was ist gehäuftes

Michael: Das waren jetzt ganz schön viele neue Wörter. Das sollten wir unbedingt in einem Dialog üben.

Wörterliste

H18

Isländisch	Deutsch
góðan daginn / góðan dag	Guten Tag, Guten Morgen
gott kvöld / góða kvöldið	Guten Abend
bless / bless, bless	Auf Wiedersehen.
góða nótt	Gute Nacht
hæ/hæ, hæ	hallo
bæ/bæ, bæ	tschüss
Hvað segir þú gott?	Wie geht es dir? (wörtlich: Was sagst du Gutes?)
Hvað syngur í þér?	Wie geht es dir? (wörtlich: Was singt in dir?)
ég segi allt gott/fínt/ágætt	mir geht es gut
gaman	Spaß, Freude
að hitta	treffen
að sjá	sehen
þig	dich *(Akk. von þú)*

Isländisch	Deutsch
takk	Danke
fyrir	für
síðast	zuletzt
sömuleiðis	gleichfalls
en þú?	und du?
hér	hier
bara	nur
ekkert sérstakt	nichts Besonderes
á leiðinni til Íslands	auf dem Weg nach Island
jú	doch
það er rétt	das ist richtig
ekki	nicht

Text zur Lektion

H19

Michael will noch etwas üben.

Michael:	Hæ, Hanna. Gaman að sjá þig.	Hallo, Hanna. Schön, dich zu sehen.
Hanna:	Sömuleiðis, gaman að hitta þig hér.	Gleichfalls. Schön, dich hier zu treffen.
Michael:	Hvað segirðu gott?	Wie geht es dir?
Hanna:	Allt þetta fína! En þú?	Sehr gut, und dir?
Michael:	Ég segi bara allt ágætt.	Mir geht es hervorragend.
Hanna:	Hvað er að frétta?	Was gibt es Neues?
Michael:	Ekkert sérstakt.	Nichts Besonderes.

Hanna:	Ertu ekki á leiðinni til Íslands?	Bist du nicht auf dem Weg nach Island?
Michael:	Jú, það er rétt.	Doch, das ist richtig.
Hanna:	Það er frábært.	Das ist toll.

Grammatik im Überblick

Verschmelzung von Verbform und **þú**

Es ist sicherlich schon aufgefallen, dass wir bei Fragen die Stellung von Subjekt und Verb umdrehen. Das wird Inversion genannt und ist für uns Deutschmuttersprachler kein Problem. Wir machen es genauso.
Das Personalpronomen (persönliches Fürwort) **þú** kann dabei mit der gebeugten Verbform zusammenschmelzen:

H20

segir + þú	→	**segirðu**	**Hvað segirðu gott?**
heitir + þú	→	**heitirðu**	**Hvað heitirðu?**
ert + þú	→	**ertu**	**Ertu Hanna?**

Já, *nei* und *jú*

já – ja	→ **Ertu Hanna?**	**Já, ég er Hanna.** (Ja, ich bin Hanna.)
nei – nein	→ **Ertu Hanna?**	**Nei, ég er Michael.** (Nein, ich bin Michael.)
jú – doch?	→ **Ertu ekki Hanna?**	**Jú, ég er Hanna.** (Doch, ich bin Hanna.)

jú (doch) wird wie im Deutschen dazu verwendet, um eine verneinte Frage zu bejahen.

Lektion 4

Auf dem Flughafen in Keflavík

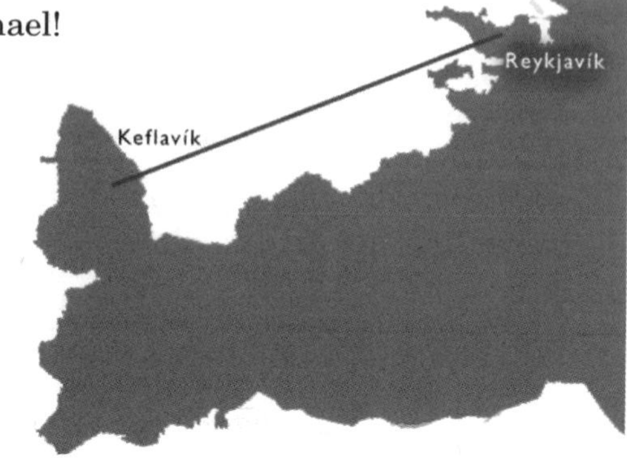

Hanna: Velkominn til Íslands, Michael!
Michael: Wie bitte?
Hanna: Willkommen in Island.
Michael: Ach so, takk. Jetzt schnell unsere Koffer holen und dann ab ins Hotel. Können wir da zu Fuß hingehen?
Hanna: Nein, wir sind nicht in Reykjavík gelandet, sondern in Keflavík. Es gibt zwar auch einen Flughafen in Reykjavík, aber von dort gehen nur Flüge innerhalb des Landes, nach Grönland und auf die Färöer Inseln. Wir müssen jetzt noch ca. 50 Minuten mit dem *Flybus (isl. flugrúta)* nach Reykjavík fahren.
Michael: 50 Minuten? Dann lass' uns aber die Zeit nutzen, um noch ein paar Vokabeln zu lernen.
Hanna: Okay, Folgendes könntest du oft von einem Isländer gefragt werden:

H21

Hvaðan ert þú?
woher bist du
Woher kommst du?

Ég er frá Þýskalandi.
ich bin von Deutschland-Dat.
Ich komme aus Deutschland.

Frá hvaða landi er Hanna?
von welche/r/s Land-Dat. ist Hanna
Aus welchem Land kommt Hanna?

Hún er frá Íslandi.
sie ist von Island-Dat.
Sie kommt aus Island.

Er Hanna Þjóðverji?
ist Hanna Deutsche/r
Ist Hanna Deutsche?

Nei, hún er Íslendingur.
nein, sie ist Isländer/in
Nein, sie ist Isländerin.

Er Michael Íslendingur?
ist Michael Isländer/in
Ist Michael Isländer?

Nei, hann er Þjóðverji.
nein, er ist Deutsche/r
Nein, er ist Deutscher.

Michael: Du sagst immer *þú*. Wenn ich die Leute nicht kenne, sollte ich sie doch siezen, oder?

Hanna: Wir haben die Sie-Form nach dem 2. Weltkrieg abgeschafft. Jetzt wird sich nur noch geduzt.

Michael: Wenn ich es richtig verstanden habe, unterscheidet ihr auch nicht zwischen *Isländerin* und *Isländer*.

Hanna: Gut aufgepasst. *Íslendingur* und *Þjóðverji* bezeichnen tatsächlich beide, Mann und Frau.

Michael: Frábært.

Wörterliste

H22

Isländisch	Deutsch
Velkomin/n til Íslands.	Willkommen in Island.
hvaðan?	woher
hvaða?	welche/r/s?
frá + *Dativ*	von, aus
frá hvaða landi	aus welchem Land

Isländisch	Deutsch
Þýskaland	Deutschland
Ísland	Island
Íslendingur	Isländer/in
Þjóðverji	Deutsche/r
já einmitt	ja genau

Text zur Lektion

H23

Michael will noch etwas üben.

Michael:	Hæ, ég heiti Michael.	Hallo, ich heiße Michael.
	Ég er frá Þýskalandi. Hver ert þú?	Ich komme aus Deutschland. Wer bist du?
Hanna:	Ég er Hanna. Ertu ekki Íslendingur?	Ich bin Hanna. Bist du kein Isländer?
Michael:	Nei, ég er Þjóðverji. Hvaðan ert þú?	Nein, ich bin Deutscher. Woher kommst du?
Hanna:	Ég er frá Íslandi.	Ich komme aus Island.
Michael:	Ertu Íslendingur?	Bist du Isländerin?
Hanna:	Já, einmitt. Velkominn til Íslands.	Ja, genau. Willkommen in Island.
Michael:	Takk. Gaman að hitta þig hér.	Danke. Schön, dich hier zu treffen.
Hanna:	Sömuleiðis.	Gleichfalls.

Grammatik im Überblick

Herkunft

Das Isländische hat wie das Deutsche vier Fälle *(Nominativ, Akkusativ, Dativ, Genitiv)*. In dieser Lektion ist uns der Dativ bei den Ländernamen begegnet. Auf die Frage **woher? (hvaðan?)** und nach der Präposition **frá** folgt der Dativ. Ländernamen auf **-land** bekommen ein -i eingehängt.

	Dativ
Þetta er Þýskaland.	**Ég er frá Þýskalandi.**
Das ist Deutschland.	Ich komme aus Deutschland.
Þetta er Ísland.	**Hún er frá Íslandi.**
Das ist Island.	Sie kommt aus Island.

Ebenso:

England England, **Frakkland** Frankreich, **Rússland** Russland, **Pólland** Polen, **Holland** Niederlande, **Írland** Irland, **Tékkland** Tschechien, **Finnland** Finnland, **Ungverjaland** Ungarn, **Eistland** Estland

Österreich:	Þetta er **Austurríki**.	Ég er **frá Austurríki**.
Schweiz:	Þetta er **Sviss**.	Hún er **frá Sviss**.
Dänemark:	Þetta er **Danmörk**.	Ég er **frá Danmörku**.
Norwegen:	Þetta er **Noregur**.	Hún er **frá Noregi**.
Italien:	Þetta er **Ítalía**.	Ég er **frá Ítalíu**.
Spanien:	Þetta er **Spánn**.	Hún er **frá Spáni**.
USA:	Þetta eru **Bandaríkin**.	Ég er **frá Bandaríkjunum**.

Lektion 5

Im Hotelzimmer

Michael: Das ist ein gut ausgestattetes Hotelzimmer.
Hanna: Ja, das stimmt. Willst du gleich deinen Wortschatz erweitern?
Michael: Gerne. Hvernig segir maður ‹Was ist das?› á íslensku?
Hanna: ‹Hvað er þetta?›

 H24

Hvað er þetta?
was ist dieses
Was ist das?

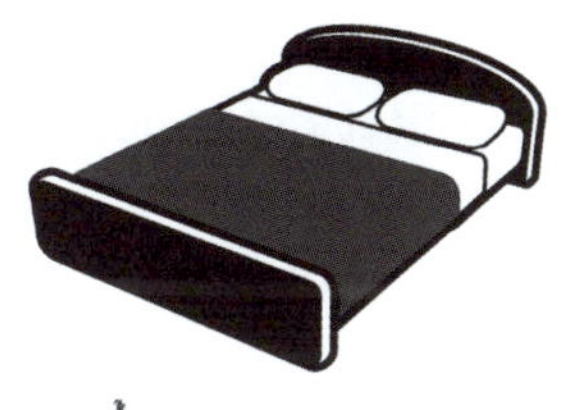

Þetta er rúm.
dieses ist Bett
Das ist ein Bett.

Hvað er þetta hérna?
was ist dieses hier
Was ist das hier?

Þetta er lampi.
dieses ist Lampe
Das ist eine Lampe.

Hvað er þetta þarna?
was ist dieses dort
Was ist das dort?

Þetta er stóll.
dieses ist Stuhl
Das ist ein Stuhl.

Michael: Wenn ich richtig gehört habe, hast du nicht ‹ein› oder ‹eine› vor das Substantiv gesetzt.
Hanna: Richtig. Wir benutzen keinen unbestimmten Artikel. Wenn das Substantiv also unbestimmt ist, steht es komplett ohne Artikel.
Michael: Das hört sich ja kinderleicht an. Dann gibt es also wie im Englischen keine Geschlechter?
Hanna: Ich muss dich enttäuschen. Wir haben wie im Deutschen **drei Geschlechter**: **männlich**, **weiblich** und **sächlich**. Es ist sehr wichtig, zu wissen, welches Geschlecht ein Substantiv hat, weil sich z. B. Adjektive und Zahlen nach dessen Geschlecht richten.
Michael: Das hört sich nach viel Auswendiglernen an. Gibt es keine Hinweise?
Hanna: Doch, die gibt es. Aber sicher kann man sich nie sein.

Ein **männliches Substantiv** besitzt in der Regel eine spezielle Nominativendung: -**i**, -**ur**, -**l**, -**n**

Beispiele:
lamp-i Lampe, **sóf-i** Sofa, **boll-i** Tasse, **pabb-i** Papa, **Þjóðverj-i** Deutsche/r, **hund-ur** Hund, **mað-ur** Mann, **Íslending-ur** Isländer/in, **vind-ur** Wind, **stól-l** Stuhl, **bíl-l** Auto, **kjól-l** Kleid, **jökul-l** Gletscher, **stein-n** Stein, **þjón-n** Kellner, **tón-n** Ton, **himin-n** Himmel

Es gibt auch einige endungslose männliche Substantive:
z.B. **karl** Mann, **fugl** Vogel, **ofn** Ofen, **vagn** Wagen, **múr** Mauer, **bjór** Bier

Ein **weibliches Substantiv** besitzt entweder die Nominativendung -**a** oder ist **endungslos**:

Beispiele:
mamm-a Mama, **kak-a** Kuchen, **task-a** Tasche, **kon-a** Frau, **stelp-a** Mädchen, **rós** Rose, **mynd** Bild, **bók** Buch, **búð** Laden, **borg** Stadt

Substantive mit der Nachsilbe -**ing** und -**un** sind immer weiblich:
z.B. **æfing** Übung, **bygging** Gebäude, **rigning** Regen, **kvittun** Quittung, **pöntun** Bestellung

Ein **sächliches Substantiv** ist **endungslos**. Wenn ein sächliches Substantiv auf -**i** endet, ist das keine Endung, sondern gehört zum Stamm des Wortes.

Beispiele:
barn Kind, **rúm** Bett, **glas** Glas, **land** Land, **hótel** Hotel, **te** Tee, **bíó** Kino, **kaffi** Kaffee, **epli** Apfel, **kerti** Kerze, **afmæli** Geburtstag, **súkkulaði** Schokolade

Nur sehr wenige sächliche Substantive haben die Nominativendung -**a**. Das sind v.a. Organe und Lehnwörter:
z.B. **aug-a** Auge, **eyr-a** Ohr, **hjart-a** Herz, **lung-a** Lunge, **nýr-a** Niere **past-a** Pasta, **lasanj-a** Lasagne, **skem-a** Schema, **þem-a** Thema

Michael: Also ist es schon am besten, das Geschlecht gleich mitzulernen?
Hanna: Ja. Eigentlich schon. Das musste ich schließlich auch machen, als ich Deutsch lernte.

Michael: Du hast mir jetzt schon so viele Substantive beigebracht. Können wir sie nicht noch einmal dem richtigen Geschlecht zuordnen?

Hanna: Gute Idee.

männlich = hann	weiblich = hún	sächlich = það
pabb·i, lamp·i, Þjóðverj·i	mamm·a, sígarett·a, kann·a, eyj·a	lasanj·a, past·a
vin·ur, hund·ur, vind·ur, mað·ur, dag·ur, Íslending·ur	bók, nótt, brottför	hótel, batterí, bað, Ísland, Þýskaland, kreditkort, glas, fjall, kvöld, gaman
jökul·l		

Wörterliste

H25

Legende: (m) = maskulin, männlich (f) = feminin, weiblich (n) = neutral, sächlich

Isländisch	Deutsch
hérna	hier *(in sichtbarer Nähe)*
þarna	dort *(in sichtbarer Nähe)*
rúm (n)	Bett
stól·l (m)	Stuhl
ekki satt?	nicht wahr?
Ég veit það ekki.	Das weiß ich nicht.
útvarp (n)	Radio
borð (n)	Tisch

Isländisch	Deutsch
einmitt	genau
glugg·i (m)	Fenster
klukk·a (f)	Uhr
sóf·i (m)	Sofa
sjónvarp (n)	Fernseher
skáp·ur (m)	Schrank
kodd·i (m)	Kissen
sæng (f)	Bettdecke

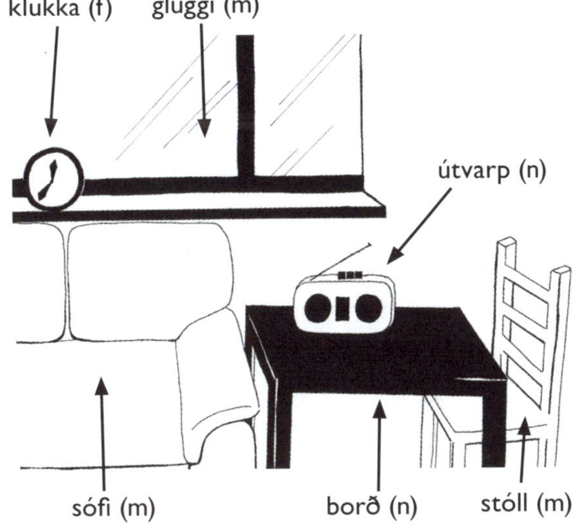

Text zur Lektion

H26

Michael will noch etwas üben.

Michael:	Þetta er stóll, ekki satt?	Das ist ein Stuhl, nicht wahr?
Hanna:	Jú, þetta er stóll. Hvað er þetta?	Ja, das ist ein Stuhl. Was ist das?
Michael:	Ég veit það ekki.	Das weiß ich nicht.
Hanna:	Þetta er útvarp.	Das ist ein Radio.
Michael:	Er þetta borð?	Ist das ein Tisch.
Hanna:	Einmitt, þetta er borð.	Genau, das ist ein Tisch?
	Hvað er þetta þarna?	Was ist das dort?
Michael:	Ég veit það ekki.	Das weiß ich nicht.
Hanna:	Þetta er gluggi.	Das ist ein Fenster.
Michael:	Hvað er þetta hérna?	Was ist das hier?
Hanna:	Þetta er klukka.	Das ist eine Uhr.
Michael:	Þetta er sófi, ekki satt?	Das ist ein Sofa, nicht wahr?
Hanna:	Jú, þetta er sófi.	Ja, das ist ein Sofa.

Þetta er sjónvarp.

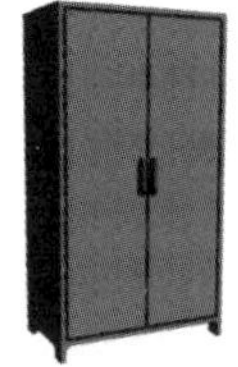

Þetta er skápur.

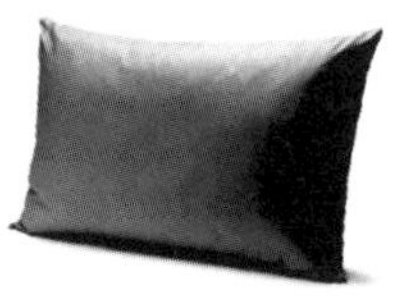

Þetta er koddi.

Þetta er sæng.

Lektion 6

Wo ist mein Stadtplan?

Michael: Wir sind erst eine Stunde in diesem Hotelzimmer und es herrscht hier schon das absolute Chaos.
Hanna: So schlimm ist es doch gar nicht.
Michael: Ich finde ja nicht einmal mehr meinen Stadtplan von Reykjavík.
Hanna: Frage mich doch auf Isländisch danach.
Michael: Hvernig segir maður það?
Hanna: Folgendermaßen:

H27

Hvar er kortið mitt af Reykjavík?
wo ist Karte-die meine von Reykjavík
Wo ist mein Stadtplan von Reykjavík?

Það er þarna.
es ist dort
Er ist dort.

Michael: ‹Kortið›? Ich dachte ‹Karte› heißt ‹kort›. Wo kommt denn das ‹ið› her?
Hanna: Das ist der bestimmte Artikel. Wir hängen ‹der›, ‹die› und ‹das› in der Regel an das Substantiv. ‹ið› bedeutet ‹das›. Deswegen ist es auch so wichtig, das Geschlecht gleich mit zu lernen.

Ein **männliches Substantiv** bekommt den bestimmten Artikel -**inn** angehängt:

H28

Beispiele:

hundur ein Hund	**hundurinn** der Hund
stóll ein Stuhl	**stóllinn** der Stuhl
steinn ein Stein	**steinninn** der Stein
fugl ein Vogel	**fuglinn** der Vogel

Endet das Substantiv schon auf einem Vokal, wird nur -**nn** angehängt:

lampi eine Lampe	**lampinn** die Lampe
sófi ein Sofa	**sófinn** das Sofa

Ein **weibliches Substantiv** bekommt den bestimmten Artikel -**in** angehängt:

H29

Beispiele:

rós eine Rose	**rósin** die Rose
bók ein Buch	**bókin** das Buch

Endet das Substantiv schon auf einem Vokal, wird nur -**n** angehängt:

kaka ein Kuchen	**kakan** der Kuchen
kona eine Frau	**konan** die Frau

Ein **sächliches Substantiv** bekommt den bestimmten Artikel **-ið** angehängt:

H30

Beispiele: **barn** ein Kind — **barnið** das Kind
hótel ein Hotel — **hótelið** das Hotel
bíó ein Kino — **bíóið** das Kino

Endet das Substantiv schon auf einem Vokal (ausgenommen mit Akut, z.B. í, ó, é usw.), wird nur **-ð** angehängt:

kaffi ein Kaffee — **kaffið** der Kaffee
epli ein Apfel — **eplið** der Apfel
auga ein Auge — **augað** das Auge

Michael: Gut, dann kann ich jetzt schon einmal den bestimmten Artikel. Kannst du mir noch ein paar Gegenstände aus dem Hotelzimmer beibringen? Einige habe ich ja schon gelernt.

Hanna: Nichts leichter als das.

Wörterliste

H31

Isländisch	Deutsch
kort (n)	Karte, Stadtplan
sím·i (m)	Telefon
lykil·l (m)	Schlüssel
sjónvarp (n)	Fernseher
flask·a (f)	Flasche
vatnsflask·a (f)	eine Flasche Wasser
míníbar (m)	Minibar
peningaskáp·ur (m)	Safe
hurð (f)	Tür
penn·i (m)	Stift
blað (n)	Blatt (Papier)
kodd·i (m)	Kissen
sæng (f)	Bettdecke
fataskáp·ur (m)	Kleiderschrank

Isländisch	Deutsch
bol·ur (m)	T-Shirt
skyrt·a (f)	Hemd
blúss·a (f)	Bluse
jakk·i (m)	Jacke
baðherbergi (n)	Badezimmer
klósett (n)	Toilette
vask·ur (m)	Waschbecken
sturt·a (f)	Dusche
hárþurrk·a (f)	Föhn
spegil·l (m)	Spiegel
handklæði (n)	Handtuch
heimaland (n)	Heimatland
núna	jetzt
líka	auch

Michael: Jetzt noch einmal zu ‹kortið mitt› zurück: Ich wollte ja ‹mein Stadtplan› sagen. Das sieht für mich alles so verdreht aus.

Hanna: In der Regel setzen wir das besitzanzeigende Fürwort *mein*, *dein* usw. hinter das Substantiv. Das Substantiv steht dabei mit bestimmtem Artikel, sofern es keine Verwandtschaftsbezeichnung ist:

Bei **männlichen Substantiven** benutzen wir **minn** bzw. **þinn**:

H32

Hvar er penninn minn?
wo ist Stift-der mein
Wo ist mein Stift?

Penninn þinn er þarna.
Stift-der dein ist dort
Dein Stift ist dort.

Er þetta pabbi þinn?
ist dieses Papa dein?
Ist das dein Papa?

Já, þetta er pabbi minn.
ja, dieses ist Papa mein
Ja, das ist mein Papa.

Bei **weiblichen Substantiven** benutzen wir **mín** bzw. **þín**:

Hvar er taskan mín?
wo ist Tasche-die meine
Wo ist meine Tasche?

Taskan þín er þarna.
Tasche-die deine ist dort
Deine Tasche ist dort.

Er þetta mamma þín?
ist dieses Mama deine?
Ist das deine Mama?

Já, þetta er mamma mín.
ja, dieses ist Mama meine
Ja, das ist meine Mama.

Bei **sächlichen Substantiven** benutzen wir **mitt** bzw. **þitt**:

Hvar er handklæðið mitt?
wo ist Handtuch-das mein
Wo ist mein Handtuch?

Handklæðið þitt er þarna.
Handtuch-das dein ist dort
Dein Handtuch ist dort.

Text zur Lektion

H33

Im Hotelzimmer herrscht immer noch das blanke Chaos. Michael nutzt die Gelegenheit, um Hanna nach den Gegenständen zu fragen.

Michael:	Er þetta koddinn þinn, Hanna?	Ist das dein Kissen, Hanna?
Hanna:	Nei, þetta er koddinn þinn.	Nein, das ist dein Kissen.
Michael:	Er þetta vatnsflaskan þín?	Ist das deine Flasche Wasser?
Hanna:	Já, þetta er vatnsflaskan mín.	Ja, das ist meine Flasche Wasser.
Michael:	Hvar er kortið mitt af Reykjavík?	Wo ist mein Stadtplan von Reykjavík?
Hanna:	Kortið þitt er þarna.	Dein Stadtplan ist dort.
Michael:	Hvar er lykillinn minn?	Wo ist mein Schlüssel?
Hanna:	Lykillinn þinn er hérna.	Dein Schlüssel ist hier.
Michael:	Er þetta skyrtan mín?	Ist das mein Hemd?
Hanna:	Nei, þetta er blússan mín. Hérna er skyrtan þín.	Nein, das ist meine Bluse. Hier ist dein Hemd.
Michael:	Er Ísland heimalandið þitt?	Ist Island dein Heimatland?
Hanna:	Já, Ísland er heimalandið mitt.	Ja, Island ist mein Heimatland.
Michael:	Hvar er pabbi þinn núna?	Wo ist dein Papa jetzt?
Hanna:	Pabbi minn er á Húsavík.	Mein Vater ist in Húsavík.
Michael:	En hvar er mamma þín?	Und wo ist deine Mutter?
Hanna:	Mamma mín er þar líka.	Meine Mutter ist auch dort.

Grammatik im Überblick

Der bestimmte Artikel in der Einzahl

Die bestimmten Artikel *der*, *die* und *das* werden direkt an das Substantiv angefügt. Dabei schwindet das *i*, wenn das Substantiv auf einem Vokal (ohne Akut) endet:

männlich = hann	weiblich = hún	sächlich = það
-(i)nn	-(i)n	-(i)ð
z. B. lampi·nn, hundur·inn, stóll·inn	z. B. taska·n, bók·in, æfing·in	z. B. pasta·ð, kaffi·ð, hótel·ið

Die besitzanzeigenden Fürwörter **minn** und **þinn**

Um den Besitzer zu nennen, wird **minn** *(mein)* und **þinn** *(dein)* verwendet. Die Fürwörter richten sich nach dem Geschlecht des Besitzes. Sie stehen i.d.R.

nach dem Substantiv, das den bestimmten Artikel mit sich führt. Verwandtschaftsbezeichnungen stehen ohne Artikel.

männlich = hann	weiblich = hún	sächlich = það
minn þinn	mín þín	mitt þitt
z. B. lampi·nn minn, hundur·inn þinn, pabbi minn, bróðir þinn	z. B. taska·n mín, bók·in þín, mamma mín, systir þín	z. B. kaffi·ð mitt, hótel·ið þitt

Lektion 7

Zahlen

So hat sich Michael den Urlaub in Island nicht vorgestellt. Hanna ist schon seit Ewigkeiten im Badezimmer, anstatt ihm Reykjavík zu zeigen. Um sich die Zeit ein wenig zu vertreiben, blättert er etwas in seinem Reiseführer. Im letzten Abschnitt des Buches gibt es auch einen Sprachteil. Er nutzt die Wartezeit und lernt die Zahlen:

H34

0	**núll**						
1	**einn**	11	**ellefu**	21	**tuttugu og einn**	30	**þrjátíu**
2	**tveir**	12	**tólf**	22	**tuttugu og tveir**	40	**fjörutíu**
3	**þrír**	13	**þrettán**	23	**tuttugu og þrír**	50	**fimmtíu**
4	**fjórir**	14	**fjórtán**	24	**tuttugu og fjórir**	60	**sextíu**
5	**fimm**	15	**fimmtán**	25	**tuttugu og fimm**	70	**sjötíu**
6	**sex**	16	**sextán**	26	**tuttugu og sex**	80	**áttatíu**
7	**sjö**	17	**sautján**	27	**tuttugu og sjö**	90	**níutíu**
8	**átta**	18	**átján**	28	**tuttugu og átta**		
9	**níu**	19	**nítján**	29	**tuttugu og níu**		
10	**tíu**	20	**tuttugu**				

H35

100	**eitt hundrað**	700	**sjö hundruð**	1000	**eitt þúsund**
200	**tvö hundruð**	800	**átta hundruð**	2000	**tvö þúsund**
300	**þrjú hundruð**	900	**níu hundruð**	3000	**þrjú þúsund**
400	**fjögur hundruð**	201	**tvö hundruð og einn**	4000	**fjögur þúsund**
500	**fimm hundruð**	311	**þrjú hundruð og ellefu**	5000	**fimm þúsund**
600	**sex hundruð**	423	**fjögur hundruð tuttugu og þrír**		

H36

Hvað er símanúmerið þitt?
was ist Telefonnummer-die deine
Wie ist deine Telefonnummer?

Símanúmerið mitt er 6614532.
Telefonnummer-die meine ist ...
Meine Telefonnummer ist 6614532.

Hvað er símanúmerið hjá þér?
was ist Telefonnummer-die bei dir
Wie ist deine Telefonnummer?

Símanúmerið hjá mér er 6614532.
Telefonnummer-die bei mir ist ...
Meine Telefonnummer ist 6614532.

Lektion 8

Ich bin hungrig

Michael: Hanna, wie lange brauchst du denn noch? Ich habe mittlerweile die Zahlen von 0 bis 1000 auswendig gelernt. Und jetzt habe ich langsam richtigen Hunger.

Hanna: Ein bisschen brauche ich noch.

Michael: Dann bringe mir wenigstens noch ein bisschen mehr bei. Wie sagst du denn, dass du Hunger hast?

Hanna: *Ich bin hungrig* heißt *Ég er svöng.*

Michael: *Ég er svöng.*

Hanna: Haha, nein. Du bist doch ein Mann. Du musst sagen: *Ég er svangur.* Die Adjektive richten sich nach dem Geschlecht der Person oder des Gegenstands, auf die sie sich beziehen.

Die **Grundform** des Adjektivs ist die männliche Form. Diese findet man auch im Wörterbuch.

Die **männliche Form des Adjektivs** hat in der Regel die Endungen -**ur**, -**r**, -**l** oder -**n**. Wenn sie bereits auf -**r** enden, ist die männliche Form endungslos:
Beispiele:

(sterk·ur)	**sterk·ur maður**	ein starker Mann
	maðurinn er sterk·ur	der Mann ist stark
(blá·r)	**blá·r himinn**	ein blauer Himmel
	himinninn er blá·r	der Himmel ist blau
(gamal·l)	**gamal·l stóll**	ein alter Stuhl
	stóllinn er gamal·l	der Stuhl ist alt
(græn·n)	**græn·n steinn**	ein grüner Stein
	steinninn er græn·n	der Stein ist grün
(stór)	**stór fugl**	ein großer Vogel
	fuglinn er stór	der Vogel ist groß

Die **weibliche Form des Adjektivs** ist endungslos. Wenn der Stamm ein **a** enthält, wird es zu **ö** in der ersten Silbe und **u** in den anderen Silben umgelautet (**u**-Umlaut):
Beispiele:

(rauð·ur)	**rauð rós**	eine rote Rose
	rósin er rauð	die Rose ist rot

(grá·r)	**grá taska**	eine graue Tasche
	taskan er grá	die Tasche ist grau
(brún·n)	**brún skyrta**	ein braunes Hemd
	skyrtan er brún	das Hemd ist braun
(stór)	**stór sturta**	eine große Dusche
	sturtan er stór	die Dusche ist groß
(strang·ur)	**ströng kona**	eine strenge Frau
	konan er ströng	die Frau ist streng
(gamal·l)	**gömul bók**	ein altes Buch
	bókin er gömul	das Buch ist alt

Die **sächliche Form des Adjektivs** hat in der Regel die Endung **-t**. Nach Vokal wird **-tt** angehängt. Endet der Stamm auf **-ð**, verschmilzt es mit **-t**.

Beispiele:

(þæg·ur)	**þæg·t barn**	ein braves Kind
	barnið er þæg·t	das Kind ist brav
(ný·r)	**ný·tt hótel**	ein neues Hotel
	hótelið er ný·tt	das Hotel ist neu
(fín·n)	**fín·t veður**	tolles Wetter
	veðrið er fínt	das Wetter ist toll
(dýr)	**dýr·t herbergi**	ein teures Zimmer
	herbergið er dýr·t	das Zimmer ist teuer
(gamal·l)	**gamal·t hús**	ein altes Haus
	húsið er gamal·t	das Haus ist alt
(erfið·ur)	**erfit·t líf**	ein schweres Leben
	lífið er erfit·t	das Leben ist schwer

Wörterliste
H37

Isländisch	Deutsch
svangur (m), svöng (f), svangt (n)	hungrig
himin·n (m)	Himmel
veður (n)	Wetter
veðrið	das Wetter
hús (n)	Haus
líf (n)	Leben
sterkur (m), sterk (f), sterkt (n)	stark
blár (m), blá (f), blátt (n)	blau
gamall (m), gömul (f), gamalt (n)	alt
grænn (m), græn (f), grænt (n)	grün
stór (m)/(f), stórt (n)	groß
rauður (m), rauð (f), rautt (n)	rot
grár (m), grá (f), grátt (n)	grau
brúnn (m), brún (f), brúnt (n)	braun
strangur (m), ströng (f), strangt (n)	streng
þægur (m), þæg (f), þægt (n)	brav
nýr (m), ný (f), nýtt (n)	neu
fínn (m), fín (f), fínt (n)	fein, toll
dýr (m)/(f), dýrt (n)	teuer
erfiður (m), erfið (f), erfitt (n)	schwierig
sjáðu	schau *(Befehlsform)*
norðan Reykjavíkur	nördlich von Reykjavík
áhugaverður (m), áhugaverð (f), áhugavert (n)	interessant
hár (m), há (f), hátt (n)	hoch
Atlantshaf (n)	Atlantik
haf (n)	Meer, Ozean
kaldur (m), köld (f), kalt (n)	kalt

Isländisch	Deutsch
of kaldur (m), köld (f), kalt (n)	zu kalt
mjög	sehr
líklega	wahrscheinlich
vatn (n)	Wasser
til að	um ... zu
að synda	schwimmen
góður (m), góð (f), gott (n)	gut
í dag	heute
fallegur (m), falleg (f), fallegt (n)	schön
bygging (f)	Gebäude
tónlistarhús (n)	Konzerthaus
frábær (m)/(f), frábært (n)	wunderbar
að elska	lieben, mögen
tónlist (f)	Musik
glaður (m), glöð (f), glatt (n)	glücklich
svo	so
að vera kominn (m), komin (f) aftur til Íslands	wieder zurück nach Island gekommen sein
svolítið	ein bisschen, ein wenig
þyrstur (m), þyrst (f)/(n)	durstig
bíddu augnablik	warte einen Moment *(Befehlsform)*
ég er alveg að koma	ich komme gleich
langur (m), löng (f), langt (n)	lang
lítill (m), lítil (f), lítið (n) *(Achtung Ausnahme)*	klein
þreyttur (m), þreytt (f)/(n)	müde
heitur (m), heit (f), heitt (n)	heiß

Text zur Lektion

H38

Hanna kommt frisch geduscht aus dem Badezimmer. Michael muss sich noch etwas gedulden. Sie zieht ihn zum Fenster, damit er einen Blick hinaus wirft.

Hanna:	Sjáðu, þarna er Esjan.	Schau, dort ist die Esja.
Michael:	Hvað er Esjan?	Was ist die Esja?
Hanna:	Esjan er fjall norðan Reykjavíkur.	Esja ist ein Berg nördlich von Reykjavík.
Michael:	En áhugavert! Þetta er hátt fjall.	Wie interessant! Das ist ein hoher Berg.
Hanna:	Sjáðu, þarna er Atlantshafið.	Schau, dort ist der Atlantik.
Michael:	Hafið er líklega mjög kalt.	Das Meer ist wahrscheinlich sehr kalt.
Hanna:	Já, vatnið er of kalt til að synda í.	Ja, das Wasser ist zu kalt, um darin zu schwimmen.
Michael:	Veðrið er gott í dag.	Das Wetter ist heute gut.
Hanna:	Já, veðrið er mjög fínt.	Ja, das Wetter ist sehr schön.
	Sjáðu, þarna er Harpan.	Schau, dort ist die Harpa.
Michael:	Þetta er mjög falleg bygging.	Das ist ein sehr schönes Gebäude.
Hanna:	Þetta er tónlistarhús Reykjavíkur.	Das ist das Konzerthaus von Reykjavík.
Michael:	Frábært! Ég elska tónlist.	Wunderbar! Ich liebe Musik.
Hanna:	Ertu glaður, Michael?	Bist du glücklich, Michael?
Michael:	Já, ég er mjög glaður. Ísland er svo fallegt.	Ja, ich bin sehr glücklich. Island ist so schön.
Hanna:	Ég er líka glöð að vera komin aftur til Íslands.	Ich bin auch glücklich, wieder nach Island gekommen zu sein.
	Ég elska heimalandið mitt.	Ich liebe mein Heimatland.
Michael:	Hanna, ég er svo svangur.	Hanna, ich habe solchen Hunger.
	Ertu ekki svöng?	Bist du nicht hungrig?
Hanna:	Jú, svolítið. En ég er líka þyrst.	Doch, ein bisschen. Aber ich bin auch durstig.
Michael:	Ég er svangur og þyrstur.	Ich habe Hunger und Durst.
Hanna:	Bíddu augnablik.	Warte einen Moment.
	Ég er alveg að koma.	Ich komme gleich.

Grammatik im Überblick

Adjektive in der Einzahl

Die Adjektive richten sich in Geschlecht, Zahl und Fall nach dem Wort, auf das sie sich beziehen. Folgende Endungen werden i. d. R. an den Adjektivstamm angefügt:

männlich = hann	weiblich = hún	sächlich = það
-ur, -r, -l, -n	- (a>ö, u)	-t, -tt
z. B. lang·ur, erfið·ur, blá·r, gamal·l, fín·n, góð·ur	z. B. löng, erfið, blá, gömul, fín, góð	z. B. lang·t, erfit·t, blá·tt, gamal·t, fín·t, **got·t**

Hanna er falleg kona.

Michael er þreyttur.

Vatnið er mjög heitt.

Er veðrið gott í dag?
Já, veðrið er mjög fínt.

Harpan er stórt og fallegt tónlistarhús.

Esjan er hátt fjall.

Lektion 9

Was machst du gerade?

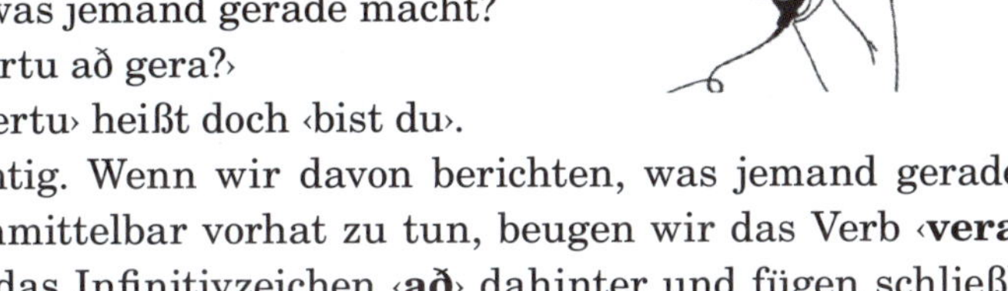

Hanna scheint nicht fertig zu werden. Sie macht noch dieses und jenes. Michael kann nicht nachvollziehen, was Hanna denn noch alles macht.

Michael: Hanna, wie frage ich denn auf Isländisch, was jemand gerade macht?
Hanna: ‹Hvað ertu að gera?›
Michael: Okay. ‹ertu› heißt doch ‹bist du›.
Hanna: Ja, richtig. Wenn wir davon berichten, was jemand gerade macht oder unmittelbar vorhat zu tun, beugen wir das Verb ‹**vera**› (sein), setzen das Infinitivzeichen ‹**að**› dahinter und fügen schließlich den **Infinitiv** (Grundform) des Vollverbs hinzu. Fertig.

H39

Hvað ert þú að gera?
was bist du zu machen
Was machst du (gerade)?

Ég er að þurrka á mér hárið.
ich bin zu trocknen auf mir Haar-das
Ich föhne mir die Haare.

Hvað ertu að gera núna?
was bist-du zu machen jetzt
Was machst du jetzt?

Ég er að bíða.
ich bin zu warten
Ich warte (gerade).

Michael: Das klingt ja überhaupt nicht kompliziert. Da musst du mir noch die Formen von ‹**vera**› (sein) in der Mehrzahl beibringen.

H40

ég er	–	ich bin	**við erum**	–	wir sind
þú ert	–	du bist	**þið eruð**	–	ihr seid
hann er	–	er ist	**þeir eru**	–	sie sind *(mpl)*
hún er	–	sie ist	**þær eru**	–	sie sind *(fpl)*
það er	–	es ist	**þau eru**	–	sie sind *(npl)*

Michael: Warum gibt es denn da drei Formen für ‹sie› in der Mehrzahl?
Hanna: Männliche Substantive ersetzt du mit **þeir**, weibliche mit **þær** und sächliche mit **þau**. Wenn wir von einer gemischten Gruppe sprechen, z. B. einer Gruppe von Männern und Frauen, verwenden wir die sächliche Form **þau**.

Wörterliste

H41

Isländisch	Deutsch
að gera	tun, machen
að þurrka á sér hárið	sich die Haare föhnen
að bíða	warten
að tala við + *Akk.*	mit jdm. sprechen
að greiða sér	sich kämmen
að þvo sér í framan	sich das Gesicht waschen
að mála sig	sich schminken
aumingja þú	du Armer
að flýta sér	sich beeilen
að klæða sig	sich anziehen
að borða	essen
úr + *Dat.*	aus
að hætta	aufhören
hættu því	hör auf damit *(Befehlsf.)*
nammi (n)	Süßigkeiten

Isländisch	Deutsch
af hverju?	warum?
af því að	weil
að setja á sig ilmvatn	sich einparfümieren
ilmvatn (n)	Parfüm
að fara út að borða	essen gehen
að koma	kommen
komdu	komm *(Befehlsf.)*
að tala í símann	telefonieren
að læra íslensku	Isländisch lernen
að drekka	trinken
að kólna	kühler werden
að dansa	tanzen
að prjóna	stricken
að spila fótbolta	Fußball spielen
að hafa sig til	sich fertig machen

Text zur Lektion

H42

Hanna scheint nicht fertig zu werden. Michael fragt nach jedem Schritt, den sie tut.

Michael:	Hvað ertu að gera?	Was machst du?
Hanna:	Ég er að tala við þig.	Ich spreche mit dir.
Michael:	Hvað ertu að gera núna?	Was machst du jetzt?
Hanna:	Ég er að þurrka á mér hárið.	Ich föhne mir meine Haare.
Michael:	En núna?	Und jetzt?
Hanna:	Ég er að greiða mér.	Ich kämme mich.
	Núna er ég að þvo mér í framan	Jetzt wasche ich mir das

	Icelandic	German
	og mála mig.	Gesicht und schminke mich.
	Hvað ert þú að gera?	Was machst du?
Michael:	Ég er að bíða.	Ich warte gerade.
Hanna:	Aumingja þú! Ég er að flýta mér.	Du Armer. Ich beeile mich.
Michael:	Hvað ertu að gera núna?	Was machst du jetzt?
Hanna:	Ég er að klæða mig. En þú?	Ich ziehe mich an. Und du?
Michael:	Ég er að borða nammi úr míníbarnum.	Ich esse Süßigkeiten aus der Minibar.
Hanna:	Hættu því! Það er of dýrt.	Hör auf damit! Das ist zu teuer.
	Af hverju ertu að borða nammið?	Warum isst du die Süßigkeiten?
Michael:	Af því að ég er svo svangur.	Weil ich so hungrig bin.
Hanna:	Ég er bara að setja á mig ilmvatn.	Ich parfümiere mich nur noch ein.
Michael:	Hvað erum við að fara að gera núna?	Was machen wir jetzt?
Hanna:	Við erum að fara út að borða. Komdu!	Wir gehen essen. Komm!

Grammatik im Überblick

Die Verlaufsform

Die Verlaufsform beschreibt eine Handlung, die gerade stattfindet oder unmittelbar stattfinden wird. Sie wird aus der konjugierten Form von **vera** (sein), dem Infinitivzeichen **að** und dem Infinitiv des Vollverbs gebildet:

Ég **er**	**að**	borða.	Ich esse (gerade).
Þú **ert**	**að**	tala í símann.	Du telefonierst (gerade).
Hann **er**	**að**	læra íslensku.	Er lernt Isländisch.
Hún **er**	**að**	drekka kaffi.	Sie trinkt (gerade) Kaffee.
Það **er**	**að**	kólna.	Es wird (gerade) kühler.
Við **erum**	**að**	koma.	Wir kommen (gleich).
Þið **eruð**	**að**	dansa.	Ihr tanzt (gerade).
Þeir **eru**	**að**	fara.	Sie fahren (gleich).
Þær **eru**	**að**	prjóna.	Sie stricken (gerade).
Þau **eru**	**að**	spila fótbolta.	Sie spielen (gerade) Fußball.

Das Fragewort af hverju *(warum)*

Auf eine Frage mit **af hverju** *(warum)* antwortet man mit **af því að** *(weil)*. Die Wortreihenfolge bleibt entgegen dem Deutschen Subjekt-Verb-Objekt.

H43

Af hverju ertu að bíða?
Warum wartest du?

Af því að Hanna er að hafa sig til.
Weil sich Hanna fertig macht.

Lektion 10

Wie viele Möwen sind das?

Hanna und Michael sind auf dem Weg in ein Restaurant.
Hanna schlägt einen Umweg ein, um Michael die Küste zu zeigen.

Michael: Hier sind ja viele Möwen. Wie sagt man ... *nei, bíddu... Hvernig segir maður ‹Möwe› á íslensku?*
Hanna: ‹mávur›
Michael: Langsam sollte ich mal die Mehrzahl lernen. Es ist ja schließlich nicht nur eine Möwe hier, sondern sehr viele.
Hanna: Das stimmt. Die Mehrzahlform der Substantive hängt wieder vom Geschlecht ab. Es gibt verschiedene Möglichkeiten, den Plural zu bilden. Ein paar Regeln kann ich dir nennen, aber leider gelten die nicht überall. Am besten lernst du die Pluralform ab sofort immer mit.

Ein **männliches Substantiv** in der Einzahl besitzt oft die Nominativendung -**i**, -**ur**, -**l** oder -**n**. Diese Endung wird durch eine Pluralendung ausgetauscht. Männliche Substantive auf -**i**, -**l** und -**n** haben sehr oft die Pluralendung -**ar**. Ebenso verhält es sich mit den meisten endungslosen Substantiven:

H44

lamp·i Lampe	**lamp·ar** Lampen	
Þjóðverj·i Deutsche/r	**Þjóðverj·ar** Deutsche	
stól·l Stuhl	**stól·ar** Stühle	
bíl·l Auto	**bíl·ar** Autos	
stein·n Stein	**stein·ar** Steine	
jökul·l Gletscher	**jökl·ar** Gletscher	(bei mehrsilbigen Substantiven verschwindet oft der unbetonte Vokal)
lykil·l Schlüssel	**lykl·ar** Schlüssel	
fugl Vogel	**fuglar** Vögel	
vagn Wagen	**vagnar** Wagen	

Männliche Substantive auf -**ur** haben entweder die Pluralendung -**ar** oder -**ir**. Häufiger ist -**ar**, es gibt jedoch auch einige viel gebrauchte Wörter mit der ir-Mehrzahl:

hund·ur Hund — **hund·ar** Hunde
Íslending·ur Isländer/in — **Íslending·ar** Isländer
vin·ur Freund — **vin·ir** Freunde
gest·ur Gast — **gest·ir** Gäste

einn hundur

tveir hundar

Abweichende Pluralformen hat:

mað·ur Mann — **menn** Männer

Ein **weibliches Substantiv** besitzt in der Einzahl oft die Nominativendung -**a** oder ist **endungslos**. Die Endung -**a** wird durch die Pluralendung -**ur** ausgetauscht. Dabei wird **a** zu **ö** umgelautet:

H45

kon·a Frau — **kon·ur** Frauen
kak·a Kuchen — **kök·ur** Kuchen
task·a Tasche — **tösk·ur** Taschen

Endungslose weibliche Substantive haben entweder die Pluralendung -**ir**, -**ar** oder sehr selten -**ur**. Endungslose Substantive auf -**ing** haben immer die Pluralendung -**ar**:

borg Stadt — **borg·ir** Städte
búð Laden — **búð·ir** Läden
skál Schale — **skál·ar** Schalen
skeið Löffel — **skeið·ar** Löffel
bygging Gebäude — **bygging·ar** Gebäude

Abweichende Pluralformen haben:

bók Buch — **bæk·ur** Bücher
nótt Nacht — **næt·ur** Nächte
sæng Bettdecke — **sæng·ur** Bettdecken

ein bók

tvær bækur

Ein **sächliches Substantiv** ist in der Regel **endungslos**. Nur sehr wenige besitzen in der Einzahl die Nominativendung -**a**. Die Endung -**a** wird durch die Pluralendung -**u** ausgetauscht. Dabei wird **a** zu **ö** umgelautet. Endungslose Substantive sind auch im Plural endungslos, wobei **a** zu **ö** umgelautet wird.

H46

aug·a Auge
hjart·a Herz
þem·a Thema
rúm Bett
epli Apfel
barn Kind
glas Glas

aug·u Augen
hjört·u Herzen
þem·u Themen
rúm Betten
epli Äpfel
börn Kinder
glös Gläser

eitt barn

tvö börn

H47

Hvað eru þetta margir mávar? *was sind dieses viele-(m) Möwen* Wie viele Möwen sind das?		Þetta eru tveir mávar. *dieses sind zwei-(m) Möwen* Das sind zwei Möwen.
Hvað eru þetta margar búðir? *was sind dieses viele-(f) Läden* Wie viele Läden sind das?		Þetta eru tvær búðir. *dieses sind zwei-(f) Läden* Das sind zwei Läden.
Hvað eru þetta mörg epli? *was sind dieses viele-(n) Äpfel* Wie viele Äpfel sind das?		Þetta eru tvö epli. *dieses sind zwei-(n) Äpfel* Das sind zwei Äpfel.

Michael: Also ‹viele› muss ich auch dem Geschlecht anpassen. Das habe ich verstanden. Warum hast du aber drei verschiedene Wörter für ‹zwei› benutzt?

Hanna: Die Zahlen 1 bis 4 passen sich auch ihrem Bezugswort in Geschlecht und Fall an. Deswegen ist es immer wichtig, das Geschlecht eines neuen Wortes mitzulernen.

H48

	männlich = hann	**weiblich = hún**	**sächlich = það**
1	**einn** mávur	**ein** búð	**eitt** epli
2	**tveir** mávar	**tvær** búðir	**tvö** epli
3	**þrír** mávar	**þrjár** búðir	**þrjú** epli
4	**fjórir** mávar	**fjórar** búðir	**fjögur** epli

Wörterliste

H49

Legende: Ab dieser Lektion wird in Klammern zusätzlich die Pluralendung angegeben.

Isländisch	Deutsch
máv·ur (m/-ar)	Möwe
gest·ur (m/-ir)	Gast
búð (f/-ir)	Laden
skál (f/-ar)	Schale
skeið (f/-ar)	Löffel
margir (mpl), margar (fpl), mörg (npl)	viele
ferðamað·ur (m/-menn)	Tourist
túrist·i (m/-ar)	Tourist
að koma til Íslands	nach Island kommen
ótrúlega margir (mpl)	unglaublich viele
í fyrra	im letzten Jahr
um	*hier:* zirka, ungefähr
milljón (f/-ir)	Million
vá	wow *(Ausruf)*
fyrir + *Akk.*	für
svona	so ein/e
það er satt	das ist wahr
kannski	vielleicht
að búa	wohnen
segðu mér	sag mir *(Befehlsf.)*
auðvitað	selbstverständlich
náttúr·a (f/-ur)	Natur
mikilvægur (m), mikilvæg (f), mikilvægt (n)	wichtig

Isländisch	Deutsch
eldfjall (n/-fjöll)	Vulkan
strönd (f/strendur)	Strand, Küste
dal·ur (m/-ir)	Tal
vatn (n/vötn)	*hier:* See
og margt fleira	und vieles mehr
að hlakka til	sich freuen
að skoða	betrachten, besichtigen
allt	alles
annars	übrigens
vinsæll (m), vinsæl (f), vinsælt (n)	beliebt, bekannt
verslunargat·a (f/-götur)	Einkaufsstraße
bar (m/-ir)	Bar
veitingahús (n/-)	Restaurant
umfram allt	vor allem
minjagripaverslun (f/-verslanir)	Souvenirgeschäft
upplýsing (f/-ar)	Information
meðal unglinga	unter Jugendlichen
að koma á djammið	zum Feiern kommen
hingað	hierhin, hierher
um helgar	an Wochenenden
hvert?	wohin?
Ertu að grínast?	Nimmst du mich auf den Arm?
að vera glorhungraður (m), -hungruð (f), -hungrað (n)	am Verhungern sein

Text zur Lektion

H50

Hanna und Michael gehen von der Küste in die Innenstadt von Reykjavík und unterhalten sich.

Michael:	Koma margir ferðamenn til Íslands?	Kommen viele Touristen nach Island?
Hanna:	Já, ótrúlega margir ferðamenn.	Ja, unglaublich viele Touristen.
Michael:	Hvað koma margir túristar hingað?	Wie viele Touristen kommen hierher?
Hanna:	Í fyrra voru þeir um ein milljón.	Letztes Jahr waren sie ungefähr eine Million.
Michael:	Vá, það eru margir túristar fyrir svona lítið land.	Wow, das sind viele Touristen für so ein kleines Land.
Hanna:	Það er satt. Kannski of margir.	Das ist wahr. Vielleicht zu viele.
Michael:	Hvað búa margir á Íslandi?	Wie viele wohnen in Island?
Hanna:	Hér búa um þrjú hundruð og þrjátíu þúsund.	Hier wohnen ungefähr 330.000.
Michael:	Segðu mér, eru líka jöklar á Íslandi?	Sag mir, gibt es auch Gletscher in Island?
Hanna:	Já, auðvitað. Margir jöklar. Náttúran er mjög mikilvæg á Íslandi. Hér eru mörg eldfjöll, margar strendur, margir dalir, mörg vötn og margt fleira.	Ja, natürlich. Viele Gletscher. Die Natur ist sehr wichtig auf Island. Hier gibt es viele Vulkane, viele Strände, viele Täler, viele Seen und vieles mehr.
Michael:	Frábært. Ég hlakka til að skoða þetta allt.	Wunderbar. Ich freue mich, das alles zu besichtigen.
Hanna:	Þetta er annars Laugavegur. Hann er vinsæl verslunargata í Reykjavík. Hér eru margar búðir, margir barir, mörg veitingahús og umfram allt margar minjagripaverslanir og upplýsingar fyrir ferðamenn. Laugavegurinn er líka vinsæll meðal unglinga. Þeir koma hingað á djammið um helgar.	Das ist übrigens der Laugavegur. Er ist eine beliebte Einkaufsstraße in Reykjavík. Hier gibt es viele Läden, viele Bars, viele Restaurants und vor allem viele Souvenirgeschäfte und Informationen für Touristen. Der Laugavegur ist auch unter Jugendlichen beliebt. Sie kommen an den Wochenenden zum Feiern hierher.
Michael:	Hvert erum við að fara núna?	Wohin gehen wir jetzt?
Hanna:	Á veitingahús. Ég er svöng. En þú?	In ein Restaurant. Ich habe Hunger. Und du?

Michael: Ertu að grínast? Ég er glorhungraður.

Nimmst du mich auf dem Arm? Ich bin am Verhungern.

Im Norden der Reykjavíker Innenstadt befindet sich eine Küstenpromenade mit Rad- und Fußwegen. Markant ist die Skulptur *Sólfar* (dt. Sonnenfahrt). Sie stellt ein Wikingerschiff dar, das zum Sonnenuntergang ausgerichtet ist.

Grammatik im Überblick

Die Mehrzahl

Männliche und weibliche Substantive bekommen eine Mehrzahlendung. Männliche Substantive enden im Plural oft auf -ar oder -ir, weibliche auf -ur, -ir oder -ar. Alle endungslosen sächlichen Substantive sind auch in der Mehrzahl endungslos, haben jedoch eine Umlautung von a zu ö.

männlich		weiblich		sächlich	
Einzahl	Mehrzahl	Einzahl	Mehrzahl	Einzahl	Mehrzahl
lamp·i	**lamp·ar**	kon·a	**kon·ur**	aug·a	**aug·u**
stól·l	**stól·ar**	kak·a	**kök·ur**	hjart·a	**hjört·u**
stein·n	**stein·ar**	borg	**borg·ir**	hús	**hús**
hund·ur	**hund·ar**	skál	**skál·ar**	epli	**epli**
vin·ur	**vin·ir**	æfing	**æfing·ar**	barn	**börn**
maður	**menn**	bók	**bæk·ur**	glas	**glös**

Die Zahlen 1–4

Die Zahlen 1–4 passen sich dem Geschlecht ihres Bezugswortes an:

einn maður　**tveir** menn　**þrír** menn　**fjórir** menn
ein kona　**tvær** konur　**þrjár** konur　**fjórar** konur
eitt barn　**tvö** börn　**þrjú** börn　**fjögur** börn

Beachte:
Das letzte Glied einer Zahl bestimmt, ob das Substantiv in der Einzahl oder in der Mehrzahl steht:

Þetta **er einn maður**. Das ist ein Mann.
Þetta **eru** tuttugu og **tveir menn**. Das sind 22 Männer.
Þetta **er** tuttugu og **einn maður**. Das sind 21 Männer.

Lektion 11

Im Restaurant

Hanna und Michael haben es nun endlich in ein Restaurant geschafft. Sie setzen sich an einen Tisch und der Kellner bringt ihnen die Speisekarten.

Michael: Oh. Das ist ja alles auf Isländisch.
Hanna: Da kannst du ja gleich neue Wörter lernen. Wie wäre es, wenn du auf Isländisch bestellst? ‹Ich hätte gern› heißt ‹**Ég ætla að fá**›.
Michael: Also heißt ‹Ich hätte gern einen Hamburger› ‹Ég ætla að fá **hamborgari**›?
Hanna: ‹Ég ætla að fá **hamborgara**›. Hier brauchen wir den **Akkusativ**.
Michael: Oh je. Jetzt geht es wohl mit den Fällen los. Dann aber bitte erst einmal nur den Akkusativ, damit ich korrekt bestellen kann.

Ein **männliches Substantiv** besitzt in der Regel in der Einzahl (Sing. = Singular) eine spezielle Nominativendung: **-i**, **-ur**, **-l**, **-n**. **-i** wird im **Akkusativ Singular** durch **-a** ausgetauscht. **-ur**, **-l** und **-n** verschwinden einfach im Akkusativ Singular. Endungslose männliche Substantive bleiben auch im Akkusativ Singular endungslos:

Nom. Sing.	Þetta er **hamborgar·i**.	Das ist ein Hamburger.
Akk. Sing.	Ég ætla að fá **hamborgar·a**.	Ich hätte gern einen Hamburger.
Nom. Sing.	Þetta er **kjúkling·ur**.	Das ist ein Hähnchen.
Akk. Sing.	Ég ætla að fá **kjúkling**.	Ich hätte gern ein Hähnchen.
Nom. Sing.	Þetta er **kokteil·l**.	Das ist ein Cocktail.
Akk. Sing.	Ég ætla að fá **kokteil**.	Ich hätte gern einen Cocktail.
Nom. Sing.	Þetta er **bjór**.	Das ist ein Bier.
Akk. Sing.	Ég ætla að fá **bjór**.	Ich hätte gern ein Bier.

Im **Plural** (= Plur.) fällt in der Regel das **-r** in der Pluralendung weg:

Nom. Plur.	Þetta eru **hamborgar·ar**.	Das sind Hamburger.
Akk. Plur.	Ég ætla að fá **hamborgar·a**.	Ich hätte gern Hamburger.
Nom. Plur.	Þetta eru **bjórar**.	Das sind Biere.
Akk. Plur.	Ég ætla að fá **bjóra**.	Ich hätte gern Biere.
Nom. Plur.	Þetta eru **sveppir**.	Das sind Pilze.
Akk. Plur.	Ég ætla að fá **sveppi**.	Ich hätte gern Pilze.

Beachte das Substantiv **maður**: *Nom. Sing.* **maður** → *Akk. Sing.* **mann**, *Nom. / Akk. Plur.* **menn**

Ein **weibliches Substantiv** besitzt in der Einzahl entweder die Nominativendung -**a** oder ist **endungslos**. Die Endung -**a** wird im **Akkusativ Singular** durch -**u** ausgetauscht. Dabei wird **a** zu **ö** umgelautet. Endungslose weibliche Substantive bleiben endungslos, nur Substantive auf -**ing** bekommen ebenfalls ein -**u** im **Akkusativ Singular**. Der Nominativ und Akkusativ Plural lauten gleich.

Nom. Sing.	Þetta er **kak·a**.	Das ist ein Kuchen.
Akk. Sing.	Ég ætla að fá **kök·u**.	Ich hätte gern einen Kuchen.
Nom. Sing.	Þetta er **spurning**.	Das ist eine Frage.
Akk. Sing.	Ég er með **spurning·u**.	Ich habe eine Frage.
Nom. Sing.	Þetta er **kók**.	Das ist Cola.
Akk. Sing.	Ég ætla að fá **kók**.	Ich hätte gern eine Cola.
Nom. Plur.	Þetta eru **kartöflur**.	Das sind Kartoffeln.
Akk. Plur.	Ég ætla að fá **kartöflur**.	Ich hätte gern Kartoffeln.

Ein **sächliches Substantiv** ist **endungslos** oder endet sehr selten auf -**a**. Nominativ und Akkusativ lauten immer gleich.

Nom. Sing.	Þetta er **epli**.	Das ist ein Apfel.
Akk. Sing.	Ég ætla að fá **epli**.	Ich hätte gern einen Apfel.
Nom. Plur.	Þetta eru **epli**.	Das sind Äpfel.
Akk. Plur.	Ég ætla að fá **epli**.	Ich hätte gern Äpfel

Wörterliste im Restaurant

H51–H59

fisk·ur (m/-ar)	Fisch
lax (m/-ar)	Lachs
rauðsprett·a (f/-ur)	Scholle
ýs·a (f/-ur)	Schellfisch
silung·ur (m/-ar)	Forelle
þorsk·ur (m/-ar)	Kabeljau
hákarl (m/-ar)	Hai
rækj·a (f/-ur)	Garnele

skyndibit·i (m/-ar)	Fastfood
hamborgar·i (m/-ar)	Hamburger
ostborgar·i (m/-ar)	Cheesburger
píts·a (f/-ur)	Pizza
pyls·a (f/-ur) með öllu	Hotdog
past·a (n)	Pasta
lasanj·a (n)	Lasagne
samlok·a (f/-ur)	Sandwich

kjöt (n)	Fleisch
kjúkling·ur (m/-ar)	Hähnchen
kjötboll·a (f/-ur)	Frikadelle
hænsnakjöt (n)	Hühnerfleisch
svínakjöt (n)	Schweinefleisch
hrossakjöt (n)	Pferdefleisch
nautakjöt (n)	Rindfleisch
hvalkjöt (n)	Walfleisch
lambakjöt (n)	Lammfleisch
lambalæri (n/-)	Lammkeule
lambakótelett·a (f/-ur)	Lammkotelett
lambahrygg·ur (m/-ir)	Lammrücken
folald (n/folöld)	Fohlen
svið (npl)	gesengter Schafskopf
lund·i (m/-ar)	Papageitaucher
steik (f/-ur)	Steak
snitsel (n)	Schnitzel

grænmeti (n)	Gemüse
grænmetis-	vegetarisch
blómkál (n)	Blumenkohl
brokkolí (n)	Brokkoli
baun (f/-ir)	Bohne
grænar baunir (fpl)	Erbsen
agúrk·a (f/-ur)	Gurke
lauk·ur (m/-ar)	Zwiebel
hvítlauk·ur (m/-ar)	Knoblauch
svepp·ur (m/-ir)	Pilz
gulrót (f/gulrætur)	Karotte
tómat·ur (m/-ar)	Tomate
paprik·a (f/-ur)	Paprika
salat (n/salöt)	Salat

meðlæti (n)	Beilage
kartafl·a (f/kartöflur)	Kartoffel
franskar (fpl)	Pommes
núðl·a (f/-ur)	Nudel
hrísgrjón (n/-)	Reis
sós·a (f/-ur)	Soße

áfengir drykkir (mpl)	alk. Getränke
áfengi (n/-)	Alkohol
bjór (m/-ar)	Bier
rauðvín (n/-)	Rotwein
hvítvín (n/-)	Weißwein
brennivín (n/-)	isl. Kartoffelschnaps
kokteil·l (m/-ar)	Cocktail

eftirrétt·ur (m/-ir)	Nachtisch
kak·a (f/kökur)	Kuchen
ís (m/-ar)	Eis
ávextir (mpl)	Obst
skyrtert·a (f/-ur)	Torte aus Skyr

skyr (n)	isländischer Quark

krydd (n)	**Gewürze**
pipar (m)	Pfeffer
salt (n)	Salz
sykur (m)	Zucker
sinnep (n)	Senf

óáfengir drykkir (mpl)	**alkoholfreie Getränke**
gos (n)	Softgetränk, Limo
kók (f) oder (n)	Cola
appelsín (n)	isl. Orangenlimo
saf·i (m/-ar) = djús (n/m)	Saft
sódavatn (n)	Mineralwasser
mjólk (f)	Milch
kaffi (n)	Kaffee
cappuccino (m)	Cappuccino
espressó (m)	Espresso
te (n)	Tee
kakó (n)	Kakao
heitt súkkulaði (n)	heiße Schokolade

H60

Ég ætla að fá eitthvað að borða.
ich beabsichtige zu bekommen etwas zu essen
Ich möchte etwas essen.

Ég ætla að fá eitthvað að drekka.
ich beabsichtige zu bekommen etwas zu trinken
Ich möchte etwas trinken.

Hvað viltu borða?
was willst-du essen?
Was willst du essen?

Hvað má bjóða þér að drekka?
was darf anbieten dir zu trinken?
Was kann ich dir zu trinken anbieten?

Ég ætla að fá hamborgara.
ich beabsichtige zu bekommen Hamburger-Akk.
Ich hätte gern einen Hamburger.

Ég ætla að fá kók.
ich beabsichtige zu bekommen Cola-Akk.
Ich hätte gern eine Cola.

Wörterliste

H61

Isländisch	**Deutsch**
Ég ætla að fá + *Akk.*	Ich hätte gern
að vilja	wollen
eitthvað	etwas
að fá	bekommen
að bjóða	anbieten
afsakið	Entschuldigung
matseðil·l (m/-seðlar)	Speisekarte
alveg sjálfsagt	selbstverständlich

Isländisch	**Deutsch**
gjörið svo vel	bitte sehr
að panta	bestellen
ykkur	euch *(Dat. von þið)*
appelsínusaf·i (m/-ar)	Orangensaft
vatnsflask·a (f/-flöskur)	Flasche Wasser
tilboð (n/-)	Angebot
rosalega	sehr, total
hugmynd (f/-ir)	Idee

bæði	beide (Mann + Frau)
í forrétt	als Vorspeise
í aðalrétt	als Hauptspeise
í eftirrétt	als Nachtisch
súpa (f/-ur) dagsins	die Tagessuppe
fiskisúp·a (f/-ur)	Fischsuppe
Það hljómar vel.	Das klingt gut.
ostabit·i (m/-ar)	Käsehäppchen
pestó (n)	Pesto
lambasteik (f/-ur)	Lammsteak
lítið steiktur (m) steikt (f)/(n)	englisch gebraten

meðalsteiktur (m) steikt (f)/(n)	medium gebraten
vel steiktur (m) steikt (f)/(n)	durchgebraten
ekki lengur	nicht mehr
grænmetisæt·a (f/-ur)	Vegetarier(in)
að vera til	da sein
gómsætur (m) -sæt (f) -sætt (n)	lecker
rjóm·i (m)	Sahne
eitthvað fleira?	noch etwas?
þetta er komið	das ist alles
vatnsglas (n/-glös)	ein Glas Wasser

Text zur Lektion

H62

Hanna und Michael haben sich eben an einen Tisch im Restaurant gesetzt.

Hanna:	Afsakið, má ég fá matseðilinn, takk?	Entschuldigung, kann ich bitte die Speisekarte bekommen?
Kellner:	Alveg sjálfsagt. Gjörið svo vel.	Selbstverständlich. Bitte sehr.
Michael:	Takk. Ó, matseðillinn er á íslensku.	Oh, die Speisekarte ist auf Isländisch.
Hanna:	Ætlar þú ekki að panta á íslensku?	Möchtest du nicht auf Isländisch bestellen?
Michael:	Jú, ég vil gera það.	Doch, das will ich machen.
Kellner:	Hvað má bjóða ykkur að drekka?	Was kann ich Ihnen zu trinken anbieten?
Michael:	Ég ætla að fá kók, takk.	Ich hätte gern eine Cola.
Hanna:	Ég ætla að fá appelsínusafa.	Ich hätte gern einen Orangensaft.
Kellner:	Viljið þið líka vatnsflösku?	Wollen Sie auch eine Flasche Wasser?
Hanna:	Já, takk.	Ja, danke.
Michael:	Ég er rosalega svangur. Ég ætla að fá þriggja rétta tilboðið.	Ich habe totalen Hunger. Ich werde das Dreigänge-Angebot nehmen.
Hanna:	Góð hugmynd. Ég líka.	Gute Idee. Ich auch.

Kellner:	Hér eru drykkirnir: Vatnsflaska, kók og appelsínusafi. Gjörið svo vel.	Hier sind die Getränke: eine Flasche Wasser, eine Cola und ein Orangensaft. Bitte sehr.
Kellner:	Eruð þið tilbúin að panta?	Haben Sie gewählt?
Hanna:	Já, við ætlum bæði að fá þriggja rétta tilboðið.	Wir hätten gern beide das Dreigänge-Angebot.
Michael:	Í forrétt ætla ég að fá súpu. Hvað er súpa dagsins?	Als Vorspeise möchte ich eine Suppe. Was ist die Tagessuppe?
Kellner:	Súpa dagsins er íslensk fiskisúpa.	Die Tagessuppe ist isländische Fischsuppe.
Michael:	Það hljómar vel. Ég ætla að fá fiskisúpu.	Das klingt gut. Ich möchte eine Fischsuppe.
Hanna:	Ég ætla að fá ostabita með pestó.	Ich nehme die Käsehäppchen mit Pesto.
Michael:	Í aðalrétt ætla ég að fá lambasteik.	Als Hauptgericht nehme ich ein Lammsteak.
Kellner:	Lítið, meðal eða vel steikt?	Englisch, medium oder durchgebraten?
Michael:	Meðalsteikt, takk.	Medium, bitte.
Kellner:	Hvaða meðlæti viltu fá?	Welche Beilage möchten Sie?
Michael:	Ég ætla að fá franskar og baunir, takk.	Ich hätte gern Pommes und Bohnen.
Hanna:	Ég ætla bara að fá sumarsalat, takk.	Ich möchte bitte nur einen Sommersalat.
Michael:	Nú? Ertu ekki svöng lengur?	Nanu, bist du nicht mehr hungrig?
Hanna:	Jú, en ég er grænmetisæta. Ég borða ekki kjöt.	Doch, aber ich bin Vegetarierin. Ich esse kein Fleisch.
Kellner:	Það er líka til gómsætt grænmetislasanja.	Es gibt auch leckere Gemüselasagne.
Hanna:	Nei, takk. Salatið er fínt.	Nein, danke. Der Salat ist in Ordnung.
Michael:	Í eftirrétt ætla ég að fá súkkulaðiköku.	Als Nachtisch nehme ich einen Schokoladenkuchen.
Kellner:	Með rjóma?	Mit Sahne?
Michael:	Já, auðvitað.	Ja, selbstverständlich.
Hanna:	Ég ætla að fá skyrtertu í eftirrétt, takk.	Ich möchte bitte die Skyrtorte als Nachtisch.
Kellner:	Eitthvað fleira?	Noch etwas?
Hanna:	Nei, takk. Þetta er komið.	Nein, danke. Das ist alles.

Grammatik im Überblick

Der Akkusativ

Der Akkusativ ist einer der **vier Fälle im Isländischen**. Entgegen dem Deutschen ist er im Isländischen der 2. Fall und nicht der 4. Fall. Man fragt mit **wen/was?** nach dem Akkusativ. Folgende charakteristische Endungen hat der **Akkusativ im Singular**:

	männlich		weiblich			sächlich	
Nom. Sing.	-i	-ur, -l, -n, -	-a	-ing	-	-a	-
Akk. Sing.	-a	-	-u*	-ingu	-	-a	-

* Die Endung -u löst Umlaut a > ö aus.

Im **Plural** sind nur die männlichen Akkusativformen vom Nominativ Plural abweichend. Es verschwindet in der Regel das **-r** der Pluralendung:
Nom. **hestar**, **vinir** → *Akk.* **hesta**, **vini**
Weibliche und sächliche Substantive verändern sich im Akkusativ Plural nicht.

Das Verb ætla

H63

Das Verb **ætla** wird wie viele isländische Verben gebeugt. Es ist ein sogenanntes schwaches Verb (mehr dazu in Lektion 14). Es drückt eine Absicht aus, wenn es mit einem Infinitiv steht:

ég ætla – ich beabsichtige
þú ætlar – du beabsichtigst
hann ætlar – er beabsichtigt
við ætlum – wir beabsichtigen
þið ætlið – ihr beabsichtigt
þeir ætla – sie beabsichtigen *(mpl)*

Ég **ætla að fara** til Íslands. Ich werde nach Island fahren.
Við **ætlum að fá** vatnsglas. Wir hätten gern ein Glas Wasser.

Die Verben mega und vilja

H64

Die Verben **mega** *(dürfen)* und **vilja** *(wollen)* sind unregelmäßig:

ég má – ich darf
þú mátt – du darfst
hann má – er darf
við megum – wir dürfen
þið megið – ihr dürft
þeir mega – sie dürfen *(mpl)*
mátt + þú = máttu

ég vil – ich will
þú vilt – du willst
hann vill – er will
við viljum – wir wollen
þið viljið – ihr wollt
þeir vilja – sie wollen *(mpl)*
vilt + þú = viltu

Lektion 12

Nach dem Essen

Hanna und Michael haben gut gegessen. Alle drei Gänge haben ausgezeichnet geschmeckt.

Michael: Das war total lecker. So gut habe ich schon lange nicht mehr gegessen.
Hanna: Die isländische Küche wird immer besser.
Michael: Wie frage ich denn nach der Rechnung?

H65

Má ég fá reikninginn? *darf ich bekommen Rechnung-die-Akk.* Kann ich die Rechnung bekommen?	Já, alveg sjálfsagt. *ja ganz selbstgesagt* Ja, selbstverständlich.

Michael: Das ist doch hier wieder ein Akkusativ bei ‹reikninginn›, oder? Aber diesmal mit Artikel.
Hanna: Ja, genau. Gut erkannt. Der Artikel ist im Akkusativ ganz leicht. Da brauchst du dir nicht viel Neues einzuprägen:

Ein **männliches Substantiv** hat im **Akkusativ Singular** ebenfalls den bestimmten Artikel -**(i)nn**. Im **Nominativ Plural** lautet der bestimmte Artikel -**nir** und im **Akkusativ Plural** -**(i)na**:

Nom. Sing.	Þetta er **hamborgari·nn**.	Das ist der Hamburger.
Akk. Sing.	Ég borða **hamborgara·nn**.	Ich esse den Hamburger.
Nom. Sing.	Þetta er **reikningur·inn**.	Das ist eine Rechnung
Akk. Sing.	Má ég fá **reikning·inn**?	Kann ich die Rechnung haben?
Nom. Plur.	Þetta eru **hamborgarar·nir**.	Das sind die Hamburger.
Akk. Plur.	Ég borða **hamborgara·na**.	Ich esse die Hamburger.

Ein **weibliches Substantiv** hat im **Akkusativ Singular** den bestimmten Artikel -**(i)na**. Im **Nominativ** und **Akkusativ Plural** lautet der bestimmte Artikel -**nar**:

Nom. Sing.	Þetta er **kaka·n**.	Das ist der Kuchen.
Akk. Sing.	Ég borða **köku·na**.	Ich esse den Kuchen.

Nom. Sing.	Þetta er **gulrót·in**.	Das ist die Karotte.
Akk. Sing.	Ég borða **gulrót·ina**.	Ich esse die Karotte.
Nom. Plur.	Þetta eru **kartöflur·nar**.	Das sind die Kartoffeln.
Akk. Plur.	Ég borða **kartöflur·nar**.	Ich esse die Kartoffeln.

Ein **sächliches Substantiv** hat im **Nominativ** und **Akkusativ Singular** den bestimmten Artikel -**(i)ð**. Im **Nominativ** und **Akkusativ Plural** lautet der bestimmte Artikel -**(i)n**:

Nom. Sing.	Þetta er **epli·ð**	Das ist der Apfel.
Akk. Sing.	Ég borða **epli·ð**.	Ich esse den Apfel.
Nom. Plur.	Þetta eru **epli·n**.	Das sind die Äpfel.
Akk. Plur.	Ég borða **epli·n**.	Ich esse die Äpfel.

Wörterliste

H66

Isländisch	Deutsch
ánægður (m), ánægð (f), ánægt (n) með + *Akk.*	zufrieden mit
seigur (m), seig (f), seigt (n)	zäh
meyr (m)/(f), meyrt (n)	zart
girnilegur (m), girnileg (f), girnilegt (n)	köstlich
pakksaddur (m), -södd (f), -satt (n)	pappsatt
ferskur (m), fersk (f), ferskt (n)	frisch
að borga sitt í hvoru lagi	getrennt zahlen
Það kemur ekki til greina.	Das kommt nicht in Frage.
Ég býð þér.	Du bist eingeladen.
nauðsynlegur (m), -leg (f), -legt (n)	nötig
í peningum	in bar

Isländisch	Deutsch
með kreditkorti	mit Kreditkarte
Ekkert að þakka.	Nichts zu danken.
algengur (m), algeng (f), algengt (n)	üblich, gängig
er hægt að...?	ist es möglich, ... zu ... ?
þjórfé (n)	Trinkgeld
skyld·a (f/-ur)	Pflicht
dós (f/-ir)	Dose
við + *Akk.*	an, bei (örtlich)
inngang·ur (m/-ar)	Eingang
afrit (n/-)	Quittung, Beleg
kom·a (f/-ur)	Kommen, Ankunft

Text zur Lektion

H67

Hanna und Michael haben den letzten Gang beendet.

Hanna:	Ertu ánægður með matinn þinn?	Bist du mit deinem Essen zufrieden?
Michael:	Já, rosalega ánægður. Lambasteikin var alls ekki seig heldur mjög meyr. Hún var ótrúlega girnileg.	Ja, total zufrieden. Das Lammsteak war überhaupt nicht zäh, sondern sehr zart. Es war unglaublich lecker.
Hanna:	Gaman að heyra það. Ertu saddur núna?	Schön, das zu hören. Bist du jetzt satt?
Michael:	Já, pakksaddur. Ertu líka södd?	Ja, pappsatt. Bist du auch satt?
Hanna:	Já. Salatið mitt var mjög ferskt og girnilegt.	Ja. Mein Salat war sehr frisch und köstlich.
Kellner:	Má bjóða ykkur eitthvað fleira?	Kann ich Ihnen noch etwas anbieten?
Michael:	Nei, takk.	Nein, danke.
Hanna:	Má ég fá reikninginn, takk?	Kann ich bitte die Rechnung bekommen?
Kellner:	Alveg sjálfsagt.	Selbstverständlich.
Hanna:	Er hægt að borga sitt í hvoru lagi?	Ist es möglich, getrennt zu zahlen?
Michael:	Nei heyrðu, það kemur ekki til greina. Ég býð þér. Ég ætla að borga.	Nein, hör mal, das kommt nicht in Frage. Du bist eingeladen. Ich werde zahlen.
Hanna:	Það er ekki nauðsynlegt.	Das ist nicht nötig.
Michael:	Jú, við borgum saman.	Doch, wir bezahlen zusammen.
Kellner:	Fínt, í peningum eða með korti?	Okay, in bar oder mit Karte?
Michael:	Er hægt að borga með kreditkorti.	Ist es möglich, mit Kreditkarte zu zahlen?
Kellner:	Já, sjálfsagt.	Ja, selbstverständlich.
Hanna:	Takk fyrir mig.	Danke für die Einladung.
Michael:	Ekkert að þakka. Er algengt að gefa þjórfé?	Nichts zu danken. Ist es üblich, Trinkgeld zu geben?
Hanna:	Þú mátt gefa þjórfé en það er ekki skylda. Annars er líka dós fyrir peninga við innganginn.	Du darfst Trinkgeld geben, aber das ist keine Pflicht. Ansonsten ist auch eine Dose für Geld am Eingang.

Kellner:	Hér er reikningurinn, gjörðu svo vel.	Hier ist die Rechnung, bitte sehr.
	...	...
	Viltu afrit?	Möchten Sie eine Quittung?
Michael:	Já, takk.	Ja, bitte.
Kellner:	Takk fyrir komuna. Bless bless.	Danke für Ihr Kommen. Auf Wiedersehen.
Michael:	Takk fyrir okkur. Bless.	Wir haben zu danken. Auf Wiedersehen.

Grammatik im Überblick

Der bestimmte Artikel im Akkusativ

Im Akkusativ wird der bestimmte Artikel an die Akkusativform des Substantivs angefügt. Vor Vokalen verschwindet das -i- des bestimmten Artikels:

	m	f	n
Nom. Sing.	-(i)nn	-(i)n	-(i)ð
Akk. Sing.	-(i)nn	-(i)na	-(i)ð

	m	f	n
Nom. Plur.	-nir	-nar	-(i)n
Akk. Plur.	-(i)na	-nar	-(i)n

Das Verb vera im Präteritum

Das Verb **vera** hat folgende Formen im Präteritum (einfache Vergangenheit):

H68

ég var	–	ich war	**við vorum**	–	wir waren
þú varst	–	du warst	**þið voruð**	–	ihr wart
hann var	–	er war	**þeir voru**	–	sie waren *(mpl)*

varst + þú = varstu

Lektion 13

Hast du schon bezahlt?

Hanna ist noch einmal schnell auf die Toilette verschwunden. Währenddessen bezahlt Michael. Sie kommt wieder und setzt sich noch kurz an den Tisch.

Hanna: Hast du schon bezahlt?

Michael: Ja, das habe ich. Es ist recht teuer, in Island essen zu gehen.

Hanna: Das stimmt. In Deutschland ist es günstiger.

Michael: Wie stelle ich denn deine Frage vom Anfang auf Isländisch?

H69

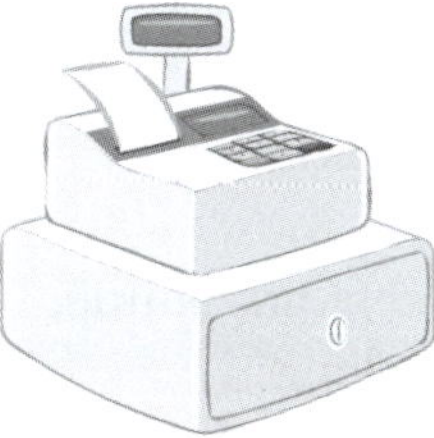

Ertu búinn að borga?
bist-du fertig (m) zu bezahlen
Hast du schon bezaht?

Já, ég er búinn að borga.
ja ich bin fertig (m) zu bezahlen
Ja, ich habe schon bezahlt.

Hvað er Hanna búin að búa lengi í Þýskalandi?
was ist Hanna fertig (f) zu wohnen lange in Deutschland
Wie lange wohnt Hanna schon in Deutschland?

Hún er búin að búa þar í mörg ár.
sie ist fertig (f) zu wohnen dort in viele Jahre
Sie wohnt dort schon seit vielen Jahren.

Michael: Das ist ja eine lustige Konstruktion. ‹**búinn**› richtet sich wohl danach, ob ich männlich oder weiblich bin?

Hanna: Genau. Du musst ‹**búinn**› dem Subjekt in **Geschlecht** (männlich, weiblich, sächlich) und **Zahl** (Einzahl, Mehrzahl) anpassen. Danach folgt **að mit Infinitiv**. So kannst du sagen, was du schon gemacht hast bzw. mit welcher Handlung du fertig bist.

Wörterliste

H70

Isländisch	Deutsch
búinn (m), búin (f), búið (n)	fertig
hvað ... lengi	wie lange
að búa	wohnen

Isländisch	Deutsch
að æfa sig	üben
að dansa við + Akk.	tanzen mit

Text zur Lektion

H71

Hanna kommt von der Toilette wieder.

Hanna:	Ertu búinn að borga?	Hast du schon bezahlt?
Michael:	Já, ég er búinn að borga.	Ja, ich habe schon bezahlt.
Hanna:	Ertu búinn að fá afrit?	Hast du schon eine Quittung bekommen?
Michael:	Já, ég er búinn að fá afritið.	Ja, ich habe schon die Quittung bekommen.
Hanna:	Þú ert búinn að læra mikla íslensku.	Du hast schon viel Isländisch gelernt.
Michael:	Takk. Ég er búinn að æfa mig mikið.	Danke. Ich habe schon viel geübt.
	Hvað ertu búin að búa lengi í Þýskalandi?	Wie lange wohnst du schon in Deutschland?
Hanna:	Ég er búin að búa þar í fjögur ár.	Ich wohne dort schon seit vier Jahren.
	Hvað ert þú búinn að vera lengi á Íslandi?	Wie lange bist du schon auf Island?
Michael:	Ég er búinn að vera hér í einn dag.	Ich bin hier schon seit einem Tag.
	Ertu búin að borða?	Hast du schon gegessen?
Hanna:	Já, ég er búin að borða.	Ja, ich habe schon gegessen.
Michael:	Eru pabbi þinn og mamma búin að búa lengi á Húsavík?	Wohnen dein Papa und deine Mama schon lange in Húsavík?
Hanna:	Já, þau eru búin að búa þar í mörg ár.	Ja, sie wohnen dort schon seit vielen Jahren.

Grammatik im Überblick

Die Konstruktion ‹vera búinn að gera›

Die Konstruktion wird verwendet, wenn wir von Ereignissen in der Vergangenheit berichten möchten. Oft wird davon berichtet, was man schon gemacht hat oder was man schon länger macht und höchtwahrscheinlich noch weiterhin tun wird. ‹**búinn**› passt sich dem Subjekt in Geschlecht und Zahl an.

	männlich	weiblich	sächlich
Sing.	búinn	búin	búið
Plur.	búnir	búnar	búin

Túristinn er **búinn** að skoða mikið. Túristarnir eru **búnir** að skoða mikið.	Der Tourist hat **schon** viel gesehen. Die Touristen haben **schon** viel gesehen.
Stelpan er **búin** að dansa við Ara. Eru allar stelpur **búnar** að að dansa við Ara?	Das Mädchen hat **schon** mit Ari getanzt. Haben **schon** alle Mädchen mit Ari getanzt?
Barnið er **búið** að borða. Eru börnin **búin** að borða?	Das Kind hat **schon** gegessen. Haben die Kinder **schon** gegessen?
Hvað er Hanna **búin** að búa lengi í Þýskalandi? Hún er **búin** að búa þar í fjögur ár. ... í eitt ár ... í tvö ár ... í þrjú ár ... í mörg ár	Wie lange wohnt Hanna **schon** in Deutschland? Sie wohnt dort **schon** seit vier Jahren. ... seit einem Jahr ... seit zwei Jahren ... seit drei Jahren ... seit vielen Jahren

Lektion 14

Was machst du in der Freizeit?

Laugavegur

Hanna und Michael haben das Restaurant verlassen und schlendern noch etwas durch die Innenstadt.

Michael: Was machen die Isländer denn eigentlich in ihrer Freizeit? Hier gibt es doch nicht viel zu tun, oder?

Hanna: Oh doch. Wir Isländer sind sehr unternehmungslustig. Viele gehen regelmäßig schwimmen, treiben Sport, schauen sich Filme im Kino an, gehen feiern und vieles mehr.

Michael: Wie frage ich denn nach den Interessen?

H72

Hver eru áhugamálin þín?
was-Plur. sind Interessen-die deine?
Was sind deine Hobbys?

Áhugamál mín eru fótbolti og blak.
Interessen meine sind Fußball und Volleyball
Meine Hobbys sind Fußball und Volleyball.

Hvað gerir þú í frítímanum?
was machst du in Freizeit-der-Dat.?
Was machst du in der Freizeit?

Ég spila fótbolta og blak í frítímanum.
Ich spiele Fußball-Akk. und Volleyball-Akk.
Ich spiele Fuß- und Volleyball in der Freizeit.

Michael: Die Verben muss ich ja dann sicher auch beugen, oder?

Hanna: Gut, dass du danach fragst. Im Isländischen haben wir wie im Deutschen **schwache** und **starke Verben**. Schwache Verben verändern ihren Wortstamm in der Regel nicht, z.B. ich spiele, er spielt, ich spielte, ich habe gespielt. Starke Verben verändern ihren Wortstamm, z.B. ich stehle, er stiehlt, ich stahl, ich habe gestohlen. Wir schauen uns erst einmal nur die **schwachen Verben** an. Da gibt es drei Klassen, die unterschiedliche Endungen haben. In der **a-Klasse** endet die Ich-Form auf **-a**, in der **i-Klasse** auf **-i** und in der **Nullklasse** gibt es keine Endung. Es ist hier auch wieder ratsam, die Klasse mitzulernen, damit du die Verben richtig beugen kannst. Du musst auf jeden Fall noch beachten, dass in der Wir-Form durch das **u** in der Endung **a** zu **ö** umgelautet wird.

H73

a-Klasse	i-Klasse	Nullklasse
að tala – sprechen	**að læra** – lernen	**að telja** – zählen
ég tala – ich spreche	**ég læri** – ich lerne	**ég tel** – ich zähle
þú talar – du sprichst	**þú lærir** – du lernst	**þú telur** – du zählst
hann talar – er spricht	**hann lærir** – er lernt	**hann telur** – er zählt
við tölum – wir sprechen	**við lærum** – wir lernen	**við teljum** – wir zählen
þið talið – ihr sprecht	**þið lærið** – ihr lernt	**þið teljið** – ihr zählt
þeir tala – sie sprechen	**þeir læra** – sie lernen	**þeir telja** – sie zählen

Wörterliste

H74

Legende: Schwache Verben werden ab dieser Lektion mit Informationen zu ihrer Klasse angegeben: (a) = a-Klasse, (-ði)/(-di)/(-ti)* = i-Klasse, (0) = Nullklasse

* Hier wird zusätzlich der Dentallaut für die Präteritumbildung angegeben (siehe Lektion 29)

Isländisch	Deutsch
áhugamál (n/-)	Interesse, Hobby
blak (n)	Volleyball
frítím·i (m/-ar)	Freizeit
í frítímanum	in der Freizeit
að telja (0)	zählen
að stunda (a) íþróttir	Sport treiben
handbolt·i (m/-ar)	Handball
að fara í sund	schwimmen gehen
mikið	viel
að skokka (a)	joggen
að stunda (a) jóga	Yoga machen
íþróttakon·a (f/-ur)	Sportlerin
íþróttamað·ur (m/-menn)	Sportler
að hata (a) + *Akk.*	hassen
hreyfing (f/-ar)	Bewegung
að horfa (-ði) á + *Akk.*	anschauen
tölvuleik·ur (m/-ir)	Computerspiel
að hitta (i) + Akk.	treffen

Isländisch	Deutsch
bíómynd (f/-ir)	Kinofilm
að hlusta (a) á + *Akk.*	anhören
jafnvel	sogar
að semja (0)	verfassen
tónlistarmaður (m/-menn)	Musiker
að spila (a) á + *Akk.*	spielen (Instr.)
hljóðfæri (n/-)	Instrument
gítar (m/-ar)	Gitarre
trommur (fpl)	Schlagzeug, Trommeln
píanó (n/-)	Klavier, Piano
snilling·ur (m/-ar)	Genie
flaut·a (f/-ur)	Flöte
harp·a (f/hörpur)	Harfe
ýmislegt	Verschiedenes
sumir (mpl), sumar (fpl), sum (npl)	manche
golf (n)	Golf
á sumrin	im Sommer
á veturna	im Winter

að fara í ræktina	zum Sport gehen
flestir (mpl)	die meisten
að eiga	besitzen, haben
sumarbústað·ur (m/-ir)	Sommerhaus
úti í sveitinni	auf dem Lande
að fara á hestbak	reiten gehen
að fara í fjallgöngu	wandern gehen
að fara á djammið	feiern gehen
að sofa lengi	lange schlafen
daginn eftir	am Tag darauf
stundum	manchmal
að prjóna (a) + *Akk.*	stricken
að hekla (a) + *Akk.*	häkeln

illa	schlecht *(Adverb)*
vel	gut *(Adverb)*
handa + *Dat.*	für
lopapeys·a (f/-ur)	Islandpulli
sem	der/die/das *(Relativpronomen)*
að vita	wissen
að sýna (-di) + *Dat.* + *Akk.*	zeigen
flóamarkað·ur (m/-ir)	Flohmarkt
sjálfur (m), sjálf (f), sjálft (n)	selbst
flinkur (m), flink (f), flinkt (n)	geschickt
þar sem	wo *(Relativpr.)*
fólk (n)	Leute
að selja (0) + *Dat.* + *Akk.*	verkaufen

Text zur Lektion

H75

Michael:	Hvað gerir þú í frítímanum?	Was machst du in der Freizeit?
Hanna:	Ég stunda íþróttir.	Ich treibe Sport.
Michael:	Hvaða íþróttir stundar þú?	Welchen Sport treibst du?
Hanna:	Ég spila handbolta, syndi mikið, skokka stundum eða stunda jóga.	Ich spiele Handball, schwimme viel, jogge manchmal oder mache Yoga.
Michael:	Vá, þú ert algjör íþróttakona.	Wow, du bist eine totale Sportlerin.
Hanna:	Eru íþróttir líka áhugamálin þín?	Ist Sport auch dein Hobby?
Michael:	Nei, ég hata hreyfingu.	Nein, ich hasse Bewegung.
	Ég horfi bara á fótbolta í sjónvarpinu.	Ich schaue nur Fußball im Fernsehen.
Hanna:	Hvað gerir þú fleira í frítímanum?	Was machst du noch in der Freizeit?
Michael:	Ég spila tölvuleiki, hitti vini, horfi á bíómyndir og hlusta á tónlist.	Ich spiele Computerspiele, treffe Freunde, schaue Kinofilme und höre Musik.
	Ég sem jafnvel tónlist sjálfur.	Ich komponiere sogar selbst Musik.
Hanna:	Ertu tónlistarmaður?	Bist du Musiker?

Hanna:	Spilar þú á hljóðfæri?	Spielst du ein Instrument?
Michael:	Já, ég spila á gítar, trommur og píanó.	Ja, ich spiele Gitarre, Schlagzeug und Klavier.
Hanna:	Vá, snillingur ertu. Ég spila á flautu. Ég vil læra á hörpu. Það væri gaman.	Wow, du bist ja ein Genie. Ich spiele Flöte. Ich will Harfe lernen. Das wäre toll.
Michael:	Hvað gera Íslendingar í frítímanum?	Was machen Isländer in der Freizeit?
Hanna:	Þeir gera ýmislegt. Margir stunda íþróttir. Sumir spila handbolta eða golf á sumrin. Á veturna fara margir í ræktina. Flestir fara reglulega í sund og út í náttúruna. Sumir eiga sumarbústað úti í sveitinni. Þar er hægt að fara á hestbak eða í fjallgöngu. Margir Íslendingar fara á djammið um helgar og sofa lengi daginn eftir.	Sie machen Verschiedenes. Viele treiben Sport. Manche spielen Handball oder Golf im Sommer. Im Winter gehen viele ins Fitnessstudio. Die meisten gehen regelmäßig schwimmen und fahren in die Natur. Manche haben ein Sommerhaus auf dem Lande. Da ist es möglich zu reiten oder zu wandern. Viele Isländer gehen am Wochenende feiern und schlafen den Tag darauf lange.
Michael:	Prjónar þú stundum?	Strickst du manchmal?
Hanna:	Já, stundum. En ég prjóna illa. Amma mín prjónar og heklar rosalega vel. Hún selur líka lopapeysurnar sem hún prjónar sjálf. Hún er mjög flink við þetta.	Ja, manchmal. Aber ich stricke schlecht. Meine Oma strickt und häkelt total gut. Sie verkauft auch die Islandpullis, die sie selbst strickt. Sie ist sehr geschickt darin.
Michael:	Æðislegt, mig langar líka að eiga lopapeysu. Vill amma þín prjóna peysu handa mér?	Toll, ich hätte auch gern einen Islandpulli. Würde deine Oma einen Pullover für mich stricken?
Hanna:	Ég veit það ekki. En ég sýni þér flóamarkað þar sem fólk eins og amma mín selur lopapeysur og ýmislegt annað.	Ich weiß es nicht. Aber ich zeige dir einen Flohmarkt, wo Leute wie meine Oma Islandpullis und verschiedenes anderes verkaufen.
Michael:	Frábært. Ég hlakka mikið til.	Wunderbar. Ich freue mich sehr darauf.

Grammatik im Überblick

Die Konjugation der schwachen Verben

Die schwachen Verben lassen sich in drei Unterklassen einteilen, die jeweils charakteristische Endungen in der Einzahl haben. Die Pluralendungen lauten gleich. Folgende Endungen sind zu unterscheiden:

	a-Klasse	i-Klasse	Nullklasse
ég	-a	-i	-
þú	-ar	-ir	-ur*
hann	-ar	-ir	-ur*

	a-Klasse	i-Klasse	Nullklasse
við	-um		-jum
þið	-ið*		-jið*
þeir	-a		-ja

* Bei i-Klasse und der Nullklasse gibt es hier teilweise Abweichungen, auf die an dieser Stelle jedoch nicht näher eingegangen wird. (siehe Kurzgrammatik 2.1 Schwache Verben)

Das Verb **eiga**

Das Verb **eiga** ist ein unregelmäßiges Verb mit der Grundbedeutung «besitzen» bzw. «haben». In Verbindung mit einem Infinitiv drückt es eine Notwendigkeit aus.

H76

ég á – ich besitze		**við eigum** – wir besitzen	
þú átt – du besitzt		**þið eigið** – ihr besitzt	
hann á – er besitzt		**þeir eiga** – sie besitzen	

átt + þú = áttu

Ég **á** hús og bíl. — Ich habe ein Haus und ein Auto.
Megum við **eiga** peysurnar? — Dürfen wir die Pullover behalten?
Þú **átt** að læra íslensku — Du sollst/musst Isländisch lernen.

Das Verb **vita**

Das Verb **vita** ist ein unregelmäßiges Verb mit der Grundbedeutung «wissen».

H77

ég veit – ich weiß
þú veist – du weißt
hann veit – er weiß
við vitum – wir wissen
þið vitið – ihr wisst
þeir vita – sie wissen

veist + þú = veistu

Das Relativpronomen sem

Ein Relativpronomen ist ein bezügliches Fürwort, d.h. es leitet einen Nebensatz ein, der sich auf die vorher genannte Person oder Sache bezieht. Im Isländischen wird dafür **sem** verwendet. Bei Orten («wo») wird **þar sem** gebraucht.

Þetta er stelpan **sem** ég þekki vel.	Das ist das Mädchen, **das** ich gut kenne.
Ég þekki manninn **sem** þú ert að tala um.	Ich kenne den Mann, **über den** du sprichst.
Amma bakar kökuna **sem** ég má borða.	Oma backt den Kuchen, **den** ich essen darf.
Við förum á veitingahúsið **þar sem** hún borðar alltaf.	Wir gehen in das Restaurant, **wo** sie immer isst.

Lektion 15

Auf den Kirchturm

Hallgrímskirkja

Michael: Wohin gehen wir jetzt? Ins Hotel?

Hanna: Bist du schon müde? Wenn nicht, können wir noch in eine Bar gehen oder ich zeige dir noch etwas von der Innenstadt. Es ist ja lange hell draußen.

Michael: Eine kleine Tour durch die Innenstadt klingt gut. Du musst mir aber auf dem Weg erklären, wie das mit den Richtungsangaben funktioniert.

Hanna: Auf die Frage hvert? (wohin?) steht wie im Deutschen der Akkusativ.

H78

Hvert ertu að fara? *wohin bist-du zu fahren* Wohin gehst/fährst du?	Ég er að fara í miðbæinn. *ich bin zu fahren in Innenstadt-die-Akk.* Ich gehe/fahre in die Innenstadt.
Hvert eruð þið að fara? *wohin seid ihr zu fahren* Wohin geht/fahrt ihr?	Við erum að fara á bar. *wir sind zu fahren in Bar-Akk.* Wir gehen in eine Bar.

Michael: Den Akkusativ kann ich ja nun schon und die Beugung der Verben kann ich ja eigentlich auch, aber die Formen von «fahren/gehen» sehen ungewöhnlich aus.

Hanna: Ich hatte dir ja erklärt, dass es schwache Verben (wie *tala, læra, telja*) und starke Verben gibt. «fara» ist so ein starkes Verb. Im Singular kommt es dort zu einem Umlaut.

a, ö, o	→ **e**	f**a**ra → ég f**e**r, st**ö**kkva → ég st**e**kk, s**o**fa → ég s**e**f
ó, á	→ **æ**	r**ó**a → ég r**æ**, l**á**ta → ég l**æ**t
ú, jú, jó	→ **ý**	b**ú**a → ég b**ý**, l**jú**ga → ég l**ý**g, b**jó**ða → ég b**ý**ð
au	→ **ey**	hl**au**pa → ég hl**ey**p
já	→ **é**	s**já** → ég s**é**

Die Ich-Form ist immer endungslos. Die Endungen der Du- und Er-Form richten sich nach dem letzten Buchstaben des Stamms (Infinitiv minus -a). Die Pluralendungen sind wie bei den schwachen Verben:

H79

Regelfall	Stamm auf -r	Stamm auf Vokal	Stamm auf s
að sofa – schlafen	**að fara** – fahren	**að búa** – wohnen	**að lesa** – lesen
ég sef – ich schlafe	**ég fer** – ich fahre	**ég bý** – ich wohne	**ég les** – ich lese
þú sefur – du schläfst	**þú ferð** – du fährst	**þú býrð** – du wohnst	**þú lest** – du liest
hann sefur – er schläft	**hann fer** – er fährt	**hann býr** – er wohnt	**hann les** – er liest
við sofum – wir schlafen	**við förum** – wir fahren	**við búum** – wir wohnen	**við lesum** – wir lesen
þið sofið – ihr schlaft	**þið farið** – ihr fahrt	**þið búið** – ihr wohnt	**þið lesið** – ihr lest
þeir sofa – sie schlafen	**þeir fara** – sie fahren	**þeir búa** – sie wohnen	**þeir lesa** – sie lesen

Michael sefur. Sofið þið líka?

Hanna tekur mynd. Takið þið líka mynd?

Michael býr til mat. Búið þið líka til mat?

Hanna les bók. Lesið þið líka bók?

Michael fær reikninginn. Fáið þið líka reikninginn?

Wörterliste

H80

Legende: Starke Verben werden ab dieser Lektion zusätzlich in der Ich-Form angegeben.

Isländisch	Deutsch
miðbæ·r (m/-ir)	Innenstadt
að stökkva (ég stekk)	springen
að sofa (ég sef)	schlafen
að róa (ég ræ)	rudern
að láta (ég læt)	lassen
að búa (ég bý)	wohnen
að ljúga (ég lýg)	lügen
að bjóða (ég býð)	anbieten
að hlaupa (ég hleyp)	laufen

Isländisch	Deutsch
að sjá (ég sé)	sehen
að taka mynd (ég tek)	ein Bild machen
að búa til mat (ég bý)	Essen zubereiten
að lesa (ég les)	lesen
að fá (ég fæ)	bekommen
ferð (f/-ir)	Fahrt, Reise
þreytandi	anstrengend
samt	trotzdem
hress og kátur (m), hress og kát (f), hresst og kátt (n)	frisch und munter

bjartur (m) björt (f), bjart (n)	hell
sammála	einverstanden
turn (m/-ar)	Turm
að fara upp (ég fer)	hochfahren/-gehen
þaðan	von dort
að hafa útsýni yfir + *Akk.*	eine Aussicht haben über
þangað	dorthin
heimsókn (f/-ir)	Besuch

að þekkja (-ti)	kennen
þrep (n/-)	Treppenstufe
lyft·a (f/-ur)	Fahrstuhl
myndavél (f/-ar)	Fotoapparat
fyrir framan + *Akk.*	vor (örtlich)
að virka (a)	funktionieren
að ýta (-ti) á takkann	auf den Auslöser drücken
´einfaldlega	einfach

Text zur Lektion

H81

Michael:	Hvert erum við að fara núna?	Wohin gehen wir jetzt?
Hanna:	Ég veit það ekki.	Ich weiß es nicht.
	Ertu þreyttur? Eigum við að fara á hótelið?	Bist du müde? Sollen wir ins Hotel gehen?
Michael:	Dagurinn var langur og ferðin þreytandi. Samt er ég hress og kátur.	Der Tag war lang und die Reise anstrengend. Trotzdem bin ich frisch und munter.
Hanna:	Frábært. Viltu skoða miðbæinn?	Toll. Willst du dir die Innenstadt ansehen?
	Það er lengi bjart á sumrin.	Es ist lange hell im Sommer.
Michael:	Já. Sammála. Hvert eigum við að fara?	Ja. Einverstanden. Wohin sollen wir gehen?
Hanna:	Förum í Hallgrímskirkju. Þar er hægt að fara upp í turninn. Þaðan hefurðu frábært útsýni yfir miðbæinn.	Gehen wir in die Hallgríms-Kirche. Dort kann man auf den Turm steigen. Von dort hast du eine wunderbare Aussicht über die Innenstadt.
Michael:	Það hljómar vel. Förum þangað. Ferðu oft upp í turninn þegar þú ert í Reykjavík?	Das klingt gut. Gehen wir dorthin! Gehst du oft auf den Turm, wenn du in Reykjavík bist?
Hanna:	Nei, ég fer bara þegar ég er með gesti í heimsókn. Ég þekki útsýnið.	Nein, ich gehe nur, wenn ich Gäste zu Besuch habe. Ich kenne die Aussicht.
Michael:	Eigum við að telja þrepin þegar við göngum upp?	Sollen wir die Stufen zählen, wenn wir hochgehen?

Hanna:	Nei, ég tek lyftuna upp.	Nein, ich nehme den Fahrstuhl hoch.
Michael:	Lyftuna? Ertu ekki að grínast?	Den Fahrschuhl? Verschaukelst du mich?
	Er þetta ekki kirkja?	Ist das keine Kirche?
Hanna:	Jú, en hún er ekki gömul.	Doch, aber sie ist nicht alt.
	Hvar er myndavélin þín?	Wo ist dein Fotoapparat?
Michael:	Hún er hérna. Viltu taka mynd?	Er ist hier. Willst du ein Bild machen?
Hanna:	Já. Kannski tek ég mynd af þér fyrir framan Hallgrímskirkju.	Ja. Vielleicht mache ich ein Bild von dir vor der Hallgríms-Kirche.
Michael:	Takk. Veistu hvernig hún virkar?	Danke. Weißt du, wie er funktioniert?
Hanna:	Já. Ég ýti einfaldlega á takkann.	Ja. Ich drücke einfach den Auslöser.
	... Komið.	... Fertig.

Grammatik im Überblick

Die Konjugation der starken Verben

Die starken Verben zeichnen sich durch ihre Umlautung in der Einzahl aus. Dabei sind nur **a**, **ö**, **o**, **á**, **ó**, **ú**, **jó**, **jú**, **au** und **já** betroffen. Die restlichen Vokale verändern sich im Präsens nicht. Die Endungen in der Mehrzahl sind dieselben wie bei den schwachen Verben. In der Einzahl entsprechen die Endungen denen der Nullklasse. Der letzte Buchstabe des Stammes entscheidet über die Personalendung:

	Normalfall	auf -r	auf Vokal	auf -s
ég	-	-	-	-
þú	-ur	-ð	-rð	-t
hann	-ur	-	-r	-

	Mehrzahl
við	-um
þið	-ið
þeir	-a

Bei der Nullklasse der schwachen Verben gelten in der Einzahl dieselben Regeln.

Lektion 16

Auf dem Kirchturm

Michael: Jetzt sind wir endlich auf dem Kirchturm. Moment mal. Ich sage im Deutschen ‹Ich gehe auf den Kirchturm›, aber ‹Ich bin auf dem Kirchturm›. Gibt es diesen Unterschied auch im Isländischen?

Hanna: Ja, das funktioniert auf dieselbe Weise in beiden Sprachen. Gibst du einen Zielort bzw. eine Richtung an **(wohin?)**, benutzt du den **Akkusativ**. Wenn du aber gerade im Stillstand bist bzw. du an einem Ort verweilst **(wo?)**, benutzt du den **Dativ**.

H82

Hvert erum við að fara?
wohin sind wir zu fahren
Wohin gehen wir?

Við erum að fara í miðbæinn.
wir sind zu fahren in Innenstadt-die-Akk.
Wir gehen in die Innenstadt.

Hvar erum við?
wo sind wir
Wo sind wir?

Við erum í miðbænum.
wir sind in Innenstadt-der-Dat.
Wir sind in der Innenstadt.

Michael: Alles klar. Jetzt musst du mir aber auch noch erklären, wie ich den Dativ bilde.

Hanna: Nichts leichter als das:

Ein **männliches Substantiv** auf -i hat im **Dativ Singular** ein **-a** als Endung. Alle anderen männlichen Substantive enden entweder auf **-i** oder sind **endungslos**. Im **Dativ Plural** ist die Endung immer **-um**, wobei **Umlaut a > ö** auftritt:

ohne Artikel

Nom. Sing.	pabb·**i**	hund·**ur**	bíl·**l**
Akk. Sing.	pabb·**a**	hund	bíl
Dat. Sing.	pabb·**a**	hund·**i**	bíl

Nom. Plur.	pabb·**ar**	hund·**ar**	bíl·**ar**
Akk. Plur.	pabb·**a**	hund·**a**	bíl·**a**
Dat. Plur.	pöbb·**um**	hund·**um**	bíl·**um**

mit Artikel

Nom. Sing.	pabbi·**nn**	hundur·**inn**	bíll·**inn**
Akk. Sing.	pabba·**nn**	hund·**inn**	bíl·**inn**
Dat. Sing.	pabba·**num**	hundi·**num**	bíl·**num**

Nom. Plur.	pabbar·**nir**	hundar·**nir**	bílar·**nir**
Akk. Plur.	pabba **na**	hunda·**na**	bíla·**na**
Dat. Plur.	pöbbu·**num**	hundu·**num**	bílu·**num**

Ein **weibliches Substantiv** auf -a hat im **Dativ Singular** ein **-u** als Endung, wobei **Umlaut a > ö** auftritt. Weibliche Substantive, die auch im Akkusativ Singular ein -u erhalten, haben auch im Dativ Singular dieses -u. Alle anderen weiblichen Substantive sind **endungslos**. Im **Dativ Plural** ist die Endung immer **-um**, wobei **Umlaut a > ö** auftritt:

ohne Artikel

Nom. Sing.	kak·**a**	æfing	mynd
Akk. Sing.	kök·**u**	æfing·**u**	mynd
Dat. Sing.	kök·**u**	æfing·**u**	mynd

Nom. Plur.	kök·**ur**	æfing·**ar**	mynd·**ir**
Akk. Plur.	kök·**ur**	æfing·**ar**	mynd·**ir**
Dat. Plur.	kök·**um**	æfing·**um**	mynd·**um**

mit Artikel

Nom. Sing.	kaka·**n**	æfing·**in**	mynd·**in**
Akk. Sing.	köku·**na**	æfingu·**na**	mynd·**ina**
Dat. Sing.	köku·**nni**	æfingu·**nni**	mynd·**inni**

Nom. Plur.	kökur·**nar**	æfingar·**nar**	mynd**ir**·**nar**
Akk. Plur.	kökur·**nar**	æfingar·**nar**	mynd**ir**·**nar**
Dat. Plur.	köku·**num**	æfingu·**num**	mynd**u**·**num**

Ein **sächliches Substantiv** auf -a hat im **Dativ Singular** auch ein **-a** als Endung. Alle anderen sächlichen Substantive enden auf **-i**, das das ausgehende -i des Stammes autauscht *(z. B. Nom. Sing. epli, Dat. Sing. *epli·i → epl·i).* Im **Dativ Plural** ist die Endung immer **-um**, wobei **Umlaut a > ö** auftritt:

ohne Artikel

Nom. Sing.	hjart·**a**	barn	epli
Akk. Sing.	hjart·**a**	barn	epli
Dat. Sing.	hjart·**a**	barn·**i**	epl·**i**

Nom. Plur.	hjört·**u**	börn	epli
Akk. Plur.	hjört·**u**	börn	epli
Dat. Plur.	hjört·**um**	börn ·**um**	epl·**um**

mit Artikel

Nom. Sing.	hjarta·**ð**	barn·**ið**	epli·**ð**
Akk. Sing.	hjarta·**ð**	barn·**ið**	epli·**ð**
Dat. Sing.	hjarta·**nu**	barni·**nu**	epli·**nu**

Nom. Plur.	hjörtu·**n**	börn·**in**	epli·**n**
Akk. Plur.	hjörtu·**n**	börn·**in**	epli·**n**
Dat. Plur.	hjörtu·**num**	börnu·**num**	eplu·**num**

H83

Ég fer ...	**Ich gehe ...**	**Ég er ...**	**Ich bin ...**
í bankann	in die Bank	í bankanum	in der Bank
í skólann	in die Schule	í skólanum	in der Schule
í vinnuna	zur Arbeit	í vinnunni	auf der Arbeit
í kirkjuna	in die Kirche	í kirkjunni	in der Kirche
í búðina	in den Laden	í búðinni	im Laden
í turninn	auf den Turm	í turninum	auf dem Turm
á veitingahúsið	ins Restaurant	á veitingahúsinu	im Restaurant
á kaffihúsið	ins Café	á kaffihúsinu	im Café
á spítalann	ins Krankenhaus	á spítalanum	im Krankenhaus

á pósthúsið	zur Post	á pósthúsinu	auf der Post
á safnið	ins Museum	á safninu	im Museum
á hótelið	ins Hotel	á hótelinu	im Hotel
á skrifstofuna	ins Büro	á skrifstofunni	im Büro
á barinn	in die Bar	á barnum	in der Bar

wohin? → Akkusativ **wo? → Dativ**

Wörterliste

H84

Legende: Männliche und sächliche Substantive werden ab dieser Lektion zusätzlich mit dem Dativ Singular angegeben. (÷ = keine Mehrzahl vorhanden)

Isländisch	Deutsch
skól·i (m/-a, -ar)	Schule
vinn·a (f/ -ur)	Arbeit
kirkj·a (f/-ur)	Kirche
kaffihús (n/-i, -)	Café
spítal·i (m/-a, -ar)	Krankenhaus
pósthús (n/-i, -)	Post
safn (n/-i, söfn)	Museum
skrifstof·a (f/-ur)	Büro
enn	noch
að loka (a) + *Dat.*	schließen
mínút·a (f/-ur)	Minute
nógur (m), nóg (f)/(n)	genug
að kosta (a) + Akk.	kosten
mið·i (m/-a, -ar)	Ticket
krón·a (f/-ur)	Krone *(Währung)*
fyrir fullorðna	für Erwachsene
það gerir	das macht
skemmtiferð (f/-ir)	Ausflug

Isländisch	Deutsch
að kenna (-di) + *Dat.* + *Akk.*	beibringen
til hægri	rechts
skrítinn (m), skrítin (f), skrítið (n)	komisch, seltsam
órólegur (m), -leg (f), -legt (n)	unruhig, nervös
Er eitthvað að?	Ist etwas los?
allt í fínu lagi	alles in Ordnung
æðislegur (m), æðisleg (f), æðislegt (n)	toll
fjarski (m/-a, ÷)	Ferne
veður (n/veðri, -)	Wetter
að vera lofthræddur (m), -hrædd (f), -hrætt (n)	Höhenangst haben
að plata (a) + Akk.	verschaukeln
sannur (m), sönn (f), **satt** (n)	wahr, echt
að halda áfram (ég held)	weitermachen
að fara niður (ég fer)	hinunterfahren
að bíða eftir + *Dat.* (ég bíð)	warten auf
sjáumst síðar	bis gleich
góða skemmtun	viel Spaß

Text zur Lektion

H85

Michael und Hanna betreten den Ticketverkauf in der Hallgríms-Kirche.

Verkäuferin:	Góða kvöldið.	Guten Abend.
Michael:	Gott kvöld. Er enn hægt að fara upp í turninn?	Guten Abend. Ist es noch möglich, den Turm zu besteigen?
Verkäuferin:	Já, en við lokum eftir þrjátíu mínútur.	Ja, aber wir schließen in 30 Minuten.
Michael:	Það er nóg. Hvað kostar miði?	Das reicht. Was kostet eine Eintrittskarte?
Verkäuferin:	Miðinn kostar 800 krónur fyrir fullorðna og 100 krónur fyrir börn.	Das Ticket kostet 800 Kronen für Erwachsene und 100 Kronen für Kinder.
Michael:	Ég ætla að fá tvo miða fyrir fullorðna.	Ich hätte gern zwei Tickets für Erwachsene.
Verkäuferin:	Það gerir 1.600 krónur.	Das sind dann 1.600 Kronen.
Hanna:	Viltu líka borga fyrir mig?	Willst du auch für mich bezahlen?
Michael:	Já. Þú kennir mér íslensku og ég býð þér í skemmtiferðir... Gjörðu svo vel.	Ja. Du bringst mir Isländisch bei und ich lade dich zu Ausflügen ein ... Bitte sehr.
Verkäuferin:	Takk. Lyftan er til hægri við innganginn.	Danke. Der Fahrstuhl ist rechts am Eingang.

Michael:	Skrítið að taka lyftu upp í kirkjuturn. Þú varst svo óróleg í lyftunni. Er eitthvað að?	Komisch, einen Fahrstuhl hoch in einen Kirchturm zu nehmen. Du warst so nervös im Fahrstuhl. Ist etwas los?
Hanna:	Ég er bara svolítið hrædd í lyftum. En núna er allt í fínu lagi.	Ich habe nur ein bisschen Angst in Fahrstühlen. Aber jetzt ist alles in Ordnung.
Michael:	Vá ... Útsýnið yfir miðbæinn er æðislegt.	Wow ... Die Aussicht über die Innenstadt ist toll.
	Sjáðu, þarna er jökull í fjarska.	Schau, dort ist ein Gletscher in der Ferne.
Hanna:	Þetta er Snæfellsjökull. Hann er á Snæfellsnesi norðan Reykjavíkur.	Das ist der Snæfellsjökull. Er ist auf Snæfellsnes nördlich von Reykjavík.
	Það er bara hægt að sjá hann í góðu veðri.	Man kann ihn nur bei gutem Wetter sehen.
Michael:	Komdu hingað. Þú sérð ekkert þaðan.	Komm her. Du siehst nichts von dort.
Hanna:	Jú jú. Ég sé nóg.	Doch, doch. Ich sehe genug.
Michael:	Þú ert að plata mig.	Du verschaukelst mich doch.

	Hvað er að?	Was ist los?
Hanna:	Ég er líka lofthrædd.	Ich habe auch Höhenangst.
Michael:	Samt ert þú núna með mér í turninum. Þú ert sönn vinkona.	Trotzdem bist du jetzt mit mir auf dem Turm. Du bist eine echte Freundin.
Hanna:	Takk. Þú mátt halda áfram að skoða miðbæinn ofan úr turninum. Ég fer niður og bíð eftir þér við innganginn.	Danke. Du darfst weiter die Innenstadt vom Turm aus anschauen. Ich fahre hinunter und warte auf dich am Eingang.
Michael:	Allt í lagi. Sjáumst síðar.	Alles klar. Bis gleich.
Hanna:	Góða skemmtun.	Viel Spaß.

Grammatik im Überblick

Der Dativ der Substantive

Der Dativ wird auf die Frage ‹**wo?**› benutzt. Er bezeichnet einen Stillstand. Ein Gegenstand oder eine Person verweilt an einem Ort. Der Dativ wird auch als **indirektes Objekt** verwendet, wonach man mit ‹**wem/was?**› fragt. Nominativ, Akkusativ und Dativ haben folgende charakteristische Endungen:

	männlich		weiblich			sächlich	
Nom. Sing.	-i	-ur, -l, -n, -	-a	-ing	-	-a	-
Akk. Sing.	-a	-	-u*	-ingu	-	-a	-
Dat. Sing.	-a	-i/-	-u*	-ingu	-	-a	-i
Nom. Plur.	-ar	-ar/-ir	-ur*	-ingar	-ir/-ar	-u*	-*
Akk. Plur.	-a	-a/-i	-ur*	-ingar	-ir/-ar	-u*	-*
Dat. Plur.	→			-um*		←	

* Hier kommt es zum **u-Umlaut a > ö/u.**

Beachte: **maður** (Mann) hat Sonderformen: Dat. Sing. **manni**, Dat. Plur. **mönnum**

Konan kennir **manninum** tungumálið.	Die Frau bringt **dem Mann** die Sprache bei.
Maðurinn selur **konunni** miðann.	Der Mann verkauft **der Frau** das Ticket.
Mamma segir **barninu** söguna.	Mama erzählt **dem Kind** die Geschichte.
Pabbi segir **börnunum** sögurnar.	Papa erzählt **den Kindern** die Geschichten.

Lektion 17

Das Wetter

Hanna und Michael sind wieder im Hotel. Es ist immer noch hell draußen. Die nächsten Tage versprechen aufregend zu werden. Hoffentlich spielt das Wetter auch mit.

Michael: Heute war ja tolles Wetter. Wie soll es denn morgen werden?

Hanna: Lass uns mal im Internet nachschauen. Aber eines kann ich dir schon einmal sagen. Dem Wetterbericht auf Island darfst du nicht trauen. Das Wetter kann sich von einer Minute zur anderen drastisch ändern.

🎧 **H86**

Hvernig er veðrið?
wie ist Wetter-das
Wie ist das Wetter?

Veðrið er gott.
Wetter-das ist gutes
Das Wetter ist schön.

Hvernig verður veðrið á morgun?
wie wird Wetter-das auf morgen
Wie wird das Wetter morgen?

Það verður rigning á morgun.
das wird Regen auf morgen
Es wird morgen regnen.

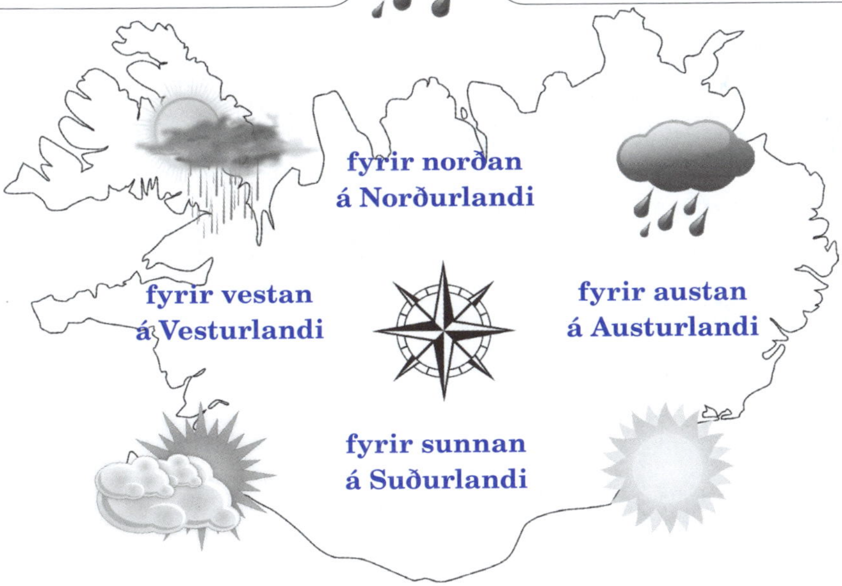

fyrir norðan
á Norðurlandi

fyrir vestan
á Vesturlandi

fyrir austan
á Austurlandi

fyrir sunnan
á Suðurlandi

H87

Á Suðurlandi er gott veður. Þar er hlýtt og heiðskírt. Það verður sólskin allan daginn.
In Südisland ist gutes Wetter. Dort ist es warm und heiter. Es wird den ganzen Tag Sonnenschein geben.

Fyrir austan er vont veður. Þar er kalt og alskýjað. Það verður rigning allan daginn.
Im Osten ist schlechtes Wetter. Dort ist es kalt und bedeckt. Es wird den ganzen Tag regnen.

Á Norðurlandi er breytilegt veður. Þar er svalt og hálfskýjað. Það skiptast á skin og skúrir.
In Nordisland ist wechselhaftes Wetter. Dort ist es frisch und wolkig. Sonnenschein und Schauer wechseln sich ab.

Fyrir vestan er ágætt veður. Þar er hlýtt og úrkomulaust. Það verður logn allan daginn.
Im Westen ist tolles Wetter. Dort ist es warm und trocken. Es wird den ganzen Tag windstill sein.

H88–H90

Veðrið er ...	Das Wetter ist ...
gott	gut
ágætt	sehr gut
frábært	wunderbar
fínt	toll
vont	schlecht
sæmilegt	durchwachsen
ömurlegt	scheußlich

Það er ...	Es ist ...
heitt	heiß
hlýtt	warm
svalt	frisch
kalt	kalt
heiðskírt	heiter, wolkenlos

breytilegt	wechselhaft
hálfskýjað	teils bewölkt
léttskýjað	leicht bewölkt
alskýjað	bedeckt
úrkomulaust	trocken
hvasst	windig

veður (n)	Wetter
sólskin (n)	Sonnenschein
úrkom·a (f)	Niederschlag
rigning (f)	Regen
skúr (f/-ir)	Regenschauer
súld (f)	Nieselregen
slydd·a (f)	Schneeregen
haglél (n)	Hagel

snjó·r (m)	Schnee
snjókom·a (f)	Schneefall
logn (n)	Windstille
vind·ur (m/-i, -ar)	Wind
rok (n/i, -)	Sturm
storm·ur (m/-i, -ar)	heftiger Sturm

þok·a (f)	Nebel
frost (n)	Frost
sumar (n/sumri, sumur)	Sommer
haust (n/-i, -)	Herbst
vetur (m/vetri, -)	Winter
vor (n/-i, -)	Frühling

H91

Vorið á Íslandi er fallegt. **Á vorin** er oft breytilegt veður.
Sumarið á Íslandi er stutt. **Á sumrin** er bjart allan daginn.
Haustið á Íslandi er óþægilegt. **Á haustin** er oft rok.
Veturinn á Íslandi er langur. **Á veturna** er dimmt og kalt.

Monate: **janúar, febrúar, mars, apríl, maí, júní, júlí, ágúst, september, október, nóvember, desember**

Wörterliste

H92

Isländisch	Deutsch
á morgun	morgen
allan daginn	den ganzen Tag
óþægilegur (m), -leg (f), -legt (n)	unangenehm
dimmur (m), dimm (f), dimmt (n)	dunkel
að kíkja (-ti) á + *Akk.*	ansehen
veðurspá (f/-r)	Wettervorhersage
því miður	leider
frekar	eher, ziemlich
að skilja (0) + *Akk.*	verstehen
fyrir hádegið	vormittags
eftir hádegið	nachmittags
seinna	später
glampandi	strahlend
að blása (það blæs)	wehen, blasen

Isländisch	Deutsch
hálendi (n/-i, ÷)	Hochland
hins vegar	andererseits
ískaldur (m), -köld (f), -kalt (n)	eiskalt
mildur (m), mild (f), milt (n)	mild
mestallan tímann	die meiste Zeit
sem betur fer	zum Glück
á næstu dögum	in den nächsten Tagen
ekki á morgun heldur hinn	übermorgen
aftur	wieder
að nota (a) tækifærið	die Gelegenheit nutzen
að fara í skemmtiferð (ég fer)	einen Ausflug machen
inni	drinnen
að kynna (-ti) + *Akk.*	jdn. vorstellen

Text zur Lektion

H93

Michael:	Hvernig verður veðrið á morgun?	Wie wird morgen das Wetter?
Hanna:	Eigum við að kíkja á veðurspána?	Sollen wir uns die Wettervorhersage anschauen?
Michael:	Já. Gerum það.	Ja. Lass uns das machen.
Hanna:	Það verður ömurlegt veður á morgun. Því miður. Það verður rigning allan daginn.	Es wird scheußliches Wetter morgen. Leider. Es wird den ganzen Tag regnen.
Michael:	Það verður líka hvasst og frekar kalt. Ég skil það ekki. Í dag var fínt veður, úrkomulaust og sólskin.	Es wird auch windig und eher kalt. Ich verstehe das nicht. Heute war schönes Wetter, trocken und Sonnenschein.
Hanna:	Veðrið á Íslandi er mjög breytilegt.	Das Wetter auf Island ist sehr wechselhaft.
	Stundum er rok og slydda en 20 mínútum seinna er glampandi sólskin.	Manchmal ist Sturm und Schneeregen und 20 Minuten später ist strahlender Sonnenschein.
Michael:	Hvernig er veðrið á Íslandi á sumrin?	Wie ist das Wetter in Island im Sommer?
Hanna:	Sumarið er frekar kalt og stutt. Það blæs oft svalur vindur. Stundum er líka snjór fyrir norðan og á hálendinu. Hins vegar er bjart allan daginn.	Der Sommer ist eher kalt und kurz. Es weht oft ein kühler Wind. Manchmal gibt es auch Schnee im Norden und im Hochland. Andererseits ist es den ganzen Tag hell.
Michael:	Er veturinn ískaldur á Íslandi?	Ist der Winter eiskalt in Island?
Hanna:	Nei, veturinn er frekar mildur. Það er oft slydda í Reykjavík. Dagurinn á veturna er mjög stuttur. Þá er dimmt mestallan tímann.	Nein, der Winter ist eher mild. Es ist oft Schneeregen in Reykjavík. Der Tag im Winter ist sehr kurz. Dann ist es die meiste Zeit dunkel.
Michael:	Sem betur fer er sumar núna. Hvernig verður veðrið á næstu dögum?	Zum Glück ist jetzt Sommer. Wie wird das Wetter in den nächsten Tagen?
Hanna:	Ekki á morgun heldur hinn verður aftur gott veður. Það verður heiðskírt og hlýtt. Við ættum að nota tækifærið til að fara í skemmtiferð.	Übermorgen wird wieder gutes Wetter. Es wird wolkenlos und warm. Wir sollten die Gelegenheit nutzen, um einen Ausflug zu machen.

Michael:	Og hvað eigum við að gera á morgun?	Und was sollen wir morgen machen?
Hanna:	Í svona veðri er gott að vera inni. Förum á safn. Eftir hádegið ætla ég að kynna vinkonu mína fyrir þér.	Bei so einem Wetter ist es gut, drinnen zu sein. Lass uns ins Museum gehen. Am Nachmittag stelle ich dir meine Freundin vor.
Michael:	Það hljómar vel.	Das klingt gut.

Lektion 18

Wochenplanung

Nach einer erholsamen Nacht sind Hanna und Michael bereit, Island zu erkunden. Michael möchte gerne eine Wochenplanung machen. Hanna weiß sicher, was man unbedingt gesehen haben muss.

Þjóðminjasafn Íslands

Michael: Du hast nun genau eine Woche Zeit, mir etwas von der Insel zu zeigen. Lass uns mal lieber einen Plan machen.

Hanna: Typisch Deutsch. Ihr müsst immer alles planen. Dann lass uns die Planung gleich auf Isländisch machen. Dazu brauchen wir die Wochentage. Die isländische Woche beginnt traditionell mit dem Sonntag.

H94

sunnudagur ● mánudagur ● þriðjudagur ● miðvikudagur ● fimmtudagur ● föstudagur ● laugardagur

Hvaða dagur er í dag?
welcher Tag ist in Tag?
Welcher Wochentag ist heute?

Í dag er mánudagur.
in Tag ist Montag
Heute ist Montag.

Hvað ætlum við að gera á mánudaginn?
was beabsichtigen wir zu tun auf Montag-den-Akk.
Was machen wir am Montag?

Á mánudaginn ætlum við að hitta vinkonu.
auf Montag-den-Akk. beabsichtigen wir zu treffen Freundin-Akk.
Am Montag treffen wir eine Freundin.

H95

á mánudaginn	am Montag	**í dag**	heute
á þriðjudaginn	am Dienstag	**í morgun**	heute Morgen
á miðvikudaginn	am Mittwoch	**í kvöld**	heute Abend
á fimmtudaginn	am Donnerstag	**í gær**	gestern
á föstudaginn	am Freitag	**í fyrradag**	vorgestern
á laugardaginn	am Samstag	**á morgun**	morgen
á sunnudaginn	am Sonntag	**ekki á morgun, heldur hinn**	übermorgen

Wörterliste

H96

Legende: Ab dieser Lektion tritt bei den Substantiven an die vorletzte Stelle in der Klammer die Endung des Genitivs Singular. Der Genitiv wird in Lektion 19 genau behandelt.

Isländisch	Deutsch
að spyrja (0) + *Akk.*	jdn. fragen
að skipuleggja (0) + *Akk.*	organisieren, planen
vik·a (f/-u, -ur)	Woche
þýskur (m), þýsk (f), þýskt (n)	deutsch
þess vegna	deswegen
safn (n/-i, -s, söfn)	Sammlung, Museum
landnám (n/-i, -s, ÷)	Landnahme
til dagsins í dag	bis heute
saga (f/sögu, sögur)	Geschichte
að hafa áhuga á + *Dat.*	Interesse haben
framandi	fremd
viðkunnanlegur (m), -leg (f), -legt (n)	nett, sympathisch

Isländisch	Deutsch
að sjá aftur (ég sé) + *Akk.*	wiedersehen
hana	sie *Akk. Sing. von hún*
fjölskyld·a (f/-u, -ur)	Familie
vin·ur (m/-i, -ar, -ir)	Freund
að fara norður (ég fer)	nach Norden fahren
að fara austur (ég fer)	nach Osten fahren
í áttina til + *Gen.*	in Richtung
lón (n/-i, -s, -)	Lagune
síðasti (m), síðasta (f/n)	letzte/r/s
loksins	schließlich
til + *Gen.*	nach, zu (Richtungsangabe bei Orten, Ländern, Personen)

Text zur Lektion

H97

Hanna und Michael planen die Woche.

Michael:	Hvaða dagur er í dag?	Welcher Wochentag ist heute?
Hanna:	Í gær var sunnudagur en í dag er mánudagur. Af hverju spyrðu?	Gestern war Sonntag und heute ist Montag. Warum fragst du?
Michael:	Ég vil skipuleggja vikuna.	Ich möchte die Woche planen.
Hanna:	Þú ert svo þýskur. Er nauðsynlegt að gera það?	Du bist so deutsch. Ist es nötig, das zu tun?
Michael:	Já. Ég vil skoða margt. Hvað eigum við að gera í dag?	Ja. Ich will mir viel anschauen. Was sollen wir heute machen?
Hanna:	Í dag verður mjög vont veður. Þess vegna ætlum við á Þjóðminjasafn Íslands.	Heute wird sehr schlechtes Wetter. Deswegen gehen wir ins isländische Nationalmuseum.

Michael:	Það hljómar vel. Hvað er hægt að skoða þar?	Das klingt gut. Was kann man dort sehen?
Hanna:	Safnið sýnir sögu Íslands frá landnámi til dagsins í dag.	Das Museum zeigt die Geschichte Islands von der Landnahme bis heute.
Michael:	Flott. Ég hef áhuga á sögu framandi landa.	Toll. Ich interessiere mich für die Geschichte fremder Länder.
Hanna:	Eftir hádegið ætlum við að hitta vinkonu mína. Hún heitir Hrafnhildur og er mjög viðkunnanleg. Ég hlakka til að sjá hana aftur.	Am Nachmittag treffen wir meine Freundin. Sie heißt Hrafnhildur und ist sehr freundlich. Ich freue mich sie wiederzusehen.
Michael:	Saknar þú oft fjölskyldunnar og vinanna frá Íslandi þegar þú ert í Þýskalandi?	Vermisst du die Familie und die Freunde aus Island oft, wenn du in Deutschland bist?
Hanna:	Já, stundum. En höldum áfram.	Ja, manchmal. Aber lass uns weitermachen.
Michael:	Hvað ætlum við að gera á morgun?	Was machen wir morgen?
Hanna:	Á morgun er þriðjudagur. Á þriðjudaginn verður gott veður. Ég ætla að sýna þér Þingvelli, Geysi og Gullfoss.	Morgen ist Dienstag. Am Dienstag wird schönes Wetter. Ich werde dir Þingvellir, Geysir und Gullfoss zeigen.
Michael:	Ekki á morgun heldur hinn er miðvikudagur. Á miðvikudaginn förum við norður.	Übermorgen ist Mittwoch. Am Mittwoch fahren wir nach Norden.
Hanna:	Allt í lagi. Á fimmtudaginn sýni ég þér Mývatnssveitina.	Okay. Am Donnerstag zeige ich dir die Gegend um den Mývatn.
Michael:	Ætlum við að fara svo austur?	Fahren wir dann nach Osten?
Hanna:	Einmitt. Við förum í áttina til Egilsstaða á föstudaginn. Á laugardaginn ætlum við að skoða Jökulsárlón á Suðurlandi.	Genau. Wir fahren in Richtung Egilsstaðir am Freitag. Am Samstag schauen wir uns die Gletscherlagune in Süd-island an.
Michael:	Sunnudagurinn er síðasti dagurinn. Hvað ætlum við að gera á sunnudaginn?	Der Sonntag ist der letzte Tag. Was machen wir am Sonntag?
Hanna:	Á Suðurlandi eru tveir fallegir fossar.	In Südisland gibt es zwei schöne Wasserfälle.
Michael:	Á mánudaginn förum við aftur til Þýskalands.	Am Montag fliegen wir schließlich wieder nach Deutschland.

Þetta er Strokkur á Vesturlandi.

Þetta er Mývatn á Norðurlandi.

Þetta er Skógafoss á Suðurlandi.

Grammatik im Überblick

Die Zukunft

Im Isländischen gibt es keine spezielle Futurform. Die Zukunft wird oft durch **Zeitangaben** (á morgun, á mánudaginn, ...) ausgedrückt. Bei beabsichtigten Handlungen wird **ætla að + Infinitiv** (Lektion 11) verwendet. Wenn bei der Handlung ein Wille einhergeht, kann **vilja + Infinitiv** (Lektion 11) verwendet werden.

Die Himmelsrichtungen

Abhängig von Bewegung oder Stillstand werden die Himmelsrichtungen folgendermaßen verwendet:

H98

Ég fer ...	Ich fahre ...	**Ég er ...**	Ich bin ...
norður	nach Norden	**fyrir norðan**	im Norden
suður	nach Süden	**fyrir sunnan**	im Süden
vestur	nach Westen	**fyrir vestan**	im Westen
austur	nach Osten	**fyrir austan**	im Osten

Lektion 19

Wessen Freundin ist das?

Auf dem Weg zum isländischen Nationalmuseum stellt Michael Hanna einige Fragen zur Grammatik.

Michael: Du sagtest, es gebe vier Fälle im Isländischen. Da fehlt uns ja noch einer.

Hanna: Ja, der Genitiv. Von den vier Fällen wird der am wenigsten gebraucht, aber andererseits benutzen wir ihn deutlich mehr als im Deutschen. Es gibt einige Verben und Präpositionen, nach denen der Genitiv steht. Und dann drücken wir natürlich auch den Besitzer mit dem Genitiv aus. Aber zunächst etwas zur Bildung des Genitivs:

H99

Ein **männliches Substantiv** auf -i hat im **Genitiv Singular** ein **-a** als Endung. Alle anderen männlichen Substantive enden entweder auf **-s** oder seltener auf **-ar**. Im **Genitiv Plural** ist die Endung immer **-a**:

ohne Artikel

Nom. Sing.	pabb·**i**	hund·**ur**	vin·**ur**
Akk. Sing.	pabb·**a**	hund	vin
Dat. Sing.	pabb·**a**	hund·**i**	vin·**i**
Gen. Sing.	pabb·**a**	hund·**s**	vin·**ar**

Nom. Plur.	pabb·**ar**	hund·**ar**	vin·**ir**
Akk. Plur.	pabb·**a**	hund·**a**	vin·**i**
Dat. Plur.	pöbb·**um**	hund·**um**	vin·**um**
Gen. Plur.	pabb·**a**	hund·**a**	vin·**a**

mit Artikel

Nom. Sing.	pabbi·**nn**	hundur·**inn**	vinur·**inn**
Akk. Sing.	pabba·**nn**	hund·**inn**	vin·**inn**
Dat. Sing.	pabba·**num**	hundi·**num**	vini·**num**
Gen. Sing.	pabba·**ns**	hunds·**ins**	vinar·**ins**

Nom. Plur.	pabbar·**nir**	hundar·**nir**	vinir·**nir**
Akk. Plur.	pabba·**na**	hunda·**na**	vini·**na**
Dat. Plur.	pöbbu·**num**	hundu·**num**	vinu·**num**
Gen. Plur.	pabba·**nna**	hunda·**nna**	vina·**nna**

Beachte: **maður** (Mann) hat Sonderformen: Gen. Sing. **manns**, Gen. Plur. **manna**

Ein **weibliches Substantiv** auf -a hat im **Genitiv Singular** ein **-u** als Endung, wobei **Umlaut a > ö** auftritt. Alle anderen weiblichen Substantive enden meistens auf **-ar**. Im **Genitiv Plural** ist die Endung meistens **-a**, wobei weibliche Substantive auf -a im Nom. Sing. oft **-na** als Endung haben:

🎧 H100

ohne Artikel

Nom. Sing.	kak·**a**	æfing	mynd
Akk. Sing.	kök·**u**	æfing·**u**	mynd
Dat. Sing.	kök·**u**	æfing·**u**	mynd
Gen. Sing.	kök·**u**	æfing·**ar**	mynd·**ar**

Nom. Plur.	kök·**ur**	æfing·**ar**	mynd·**ir**
Akk. Plur.	kök·**ur**	æfing·**ar**	mynd·**ir**
Dat. Plur.	kök·**um**	æfing·**um**	mynd·**um**
Gen. Plur.	kak·**na**	æfing·**a**	mynd·**a**

mit Artikel

Nom. Sing.	kaka·**n**	æfing·**in**	mynd·**in**
Akk. Sing.	köku·**na**	æfingu·**na**	mynd·**ina**
Dat. Sing.	köku·**nni**	æfingu·**nni**	mynd·**inni**
Gen. Sing.	köku·**nnar**	æfingar·**innar**	myndar·**innar**

Nom. Plur.	kökur·**nar**	æfingar·**nar**	myndi**r**·**nar**
Akk. Plur.	kökur·**nar**	æfingar·**nar**	myndi**r**·**nar**
Dat. Plur.	köku·**num**	æfingu·**num**	myndu·**num**
Gen. Plur.	kakna·**nna**	æfinga·**nna**	mynda·**nna**

Ein **sächliches Substantiv** auf -a hat im **Genitiv Singular** auch ein **-a** als Endung. Alle anderen sächlichen Substantive enden auf **-s**. Im **Genitiv Plural** ist die Endung immer **-a**, wobei sächliche Substantive auf -a im Nom. Sing. im Genitiv Plural i. d. R. **-na** als Endung haben:

🎧 H101

ohne Artikel

Nom. Sing.	hjart·**a**	barn	epli
Akk. Sing.	hjart·**a**	barn	epli
Dat. Sing.	hjart·**a**	barn ·**i**	epl·**i**
Gen. Sing.	hjart·**a**	barn ·**s**	epli·**s**

Nom. Plur.	hjört·**u**	börn	epli
Akk. Plur.	hjört·**u**	börn	epli
Dat. Plur.	hjört·**um**	börn·**um**	epl·**um**
Gen. Plur.	hjart·**na**	barn·**a**	epl·**a**

mit Artikel

Nom. Sing.	hjarta·**ð**	barn·**ið**	epli·**ð**
Akk. Sing.	hjarta·**ð**	barn·**ið**	epli·**ð**
Dat. Sing.	hjarta·**nu**	barni·**nu**	epli·**nu**
Gen. Sing.	hjarta·**ns**	barns·**ins**	eplis·**ins**

Nom. Plur.	hjörtu·**n**	börn·**in**	epli·**n**
Akk. Plur.	hjörtu·**n**	börn·**in**	epli·**n**
Dat. Plur.	hjörtu·**num**	börnu·**num**	eplu·**num**
Gen. Plur.	hjartna·**nna**	**barna**·**nna**	epla·**nna**

Anwendung des Genitivs

- bei Besitzverhältnissen (der Besitz steht ohne Artikel)

Þetta er vinur Hönnu. Hann heitir Michael.

Þetta er vinkona Michaels. Hún heitir Hanna.

Þetta er taska konunnar sem heitir Hanna.

Þetta er kort mannsins sem heitir Michael.

Þetta er Þjóðminjasafn Íslands.

- bei Richtungsangaben mit der Präposition **til** (til wird v. a. in Verbindung mit Personen, Ländern und Städten verwendet)

  Ég fer **til** ömmu og afa. — Ich fahre zu Oma und Opa.
  Við komum **til** Íslands. — Wir kommen nach Island.
  Ferðu **til** Egilsstaða á morgun? — Fährst du morgen nach Egilsstaðir?

- nach bestimmten Präpositionen

  á milli zwischen — **án** ohne
  vegna wegen

- nach bestimmten Verben

  sakna (a) vermissen
  njóta (ég nýt) genießen

Nomenflexion im Überblick

Nun haben wir alle Fälle kennengelernt und können alle regelmäßigen Substantive richtig beugen.

	männlich		weiblich			sächlich	
Nom. Sing.	-i	-ur, -l, -n, -	-a	-ing	-	-a	-
Akk. Sing.	-a	-	-u*	-ingu	-	-a	-
Dat. Sing.	-a	-i / -	-u*	-ingu	-	-a	-i
Gen. Sing.	-a	-s / -ar	-u*	-ingar	-ar	-a	-s
Nom. Plur.	-ar	-ar / -ir	-ur*	-ingar	-ir / -ar	-u*	-*
Akk. Plur.	-a	-a / -i	-ur*	-ingar	-ir / -ar	-u*	-*
Dat. Plur	→			-um*			←
Gen. Plur.	-a		-na	-a		-na	-a

* Hier kommt es zum **u-Umlaut a > ö/u**.

Seit Lektion 18 tritt bei den Substantiven an die vorletzte Stelle in der Klammer die Endung des Genitivs Singular, wenn er vom Dativ abweicht:

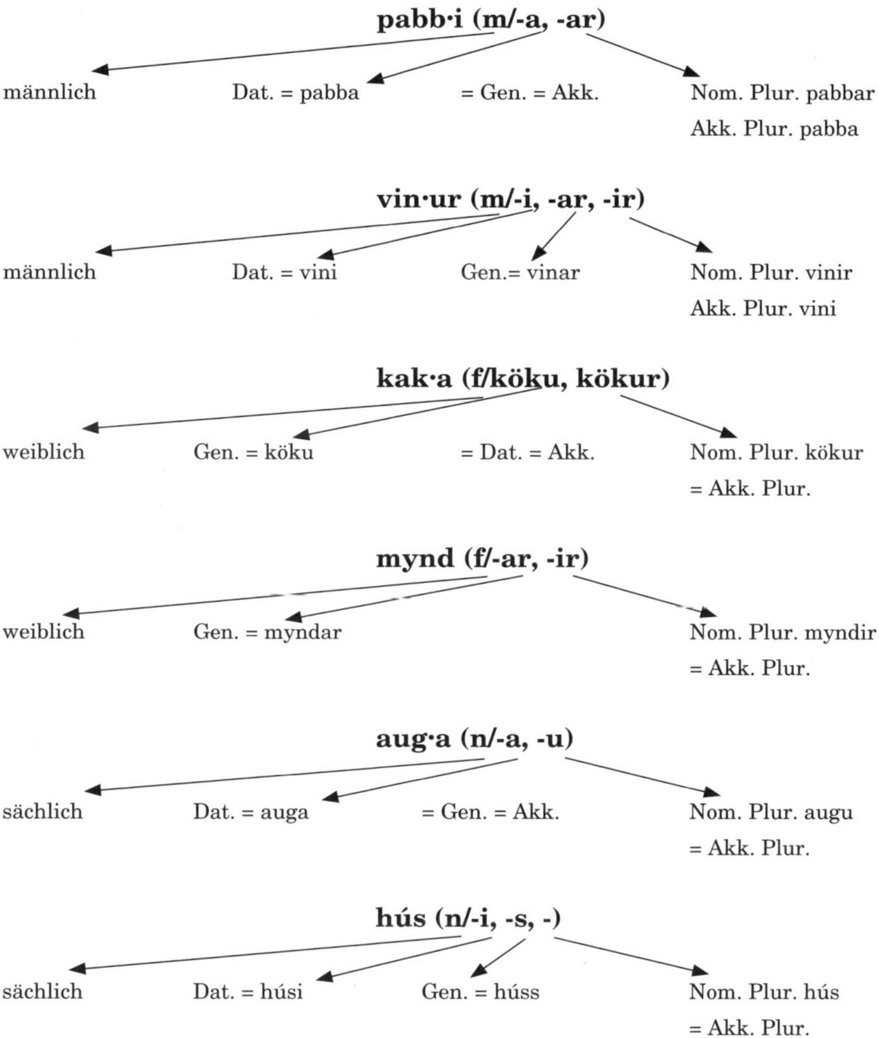

Lektion 20

Wie spät ist es?

Nach mehreren Stunden kommen Hanna und Michael aus dem Nationalmuseum.

Michael: Das war sehr interessant. Was machen wir jetzt? Willst du mir nicht den Flohmarkt zeigen?
Hanna: Du meinst **Kolaportið**? Der ist leider nur am Wochenende geöffnet. Wie spät ist es denn?
Michael: Halb drei. Wann treffen wir deine Freundin?
Hanna: Um drei. Dann können wir gemütlich in die Innenstadt zurücklaufen.
Michael: Da fällt mir ja gleich auf, dass ich noch gar nicht die Uhrzeit auf Isländisch kann.
Hanna: Stimmt. Dann wird es höchste Zeit. Dazu brauchen wir wieder die Zahlen. Für die Stunden brauchen wir die sächlichen Zahlen (**eitt**, **tvö**, **þrjú**, **fjögur**) und für die Minuten die weiblichen (**eina**, **tvær**, **þrjár**, **fjórar**).
Michael: Warum ‹eina› und nicht ‹ein›?
Hanna: ‹eina› ist der Akkusativ von ‹ein›.

H102

Hvað er klukkan?
was ist Uhr-die
Wie spät ist es?

Klukkan er eitt.
Uhr-die ist eins
Es ist ein Uhr.

Klukkan hvað hittum við Hrafnhildi?
Uhr-die was treffen wir Hrafnhildur-Akk.
Um wie viel Uhr treffen wir H.?

Við hittum hana klukkan þrjú.
wir treffen sie-Akk. Uhr-die drei
Wir treffen sie um drei Uhr.

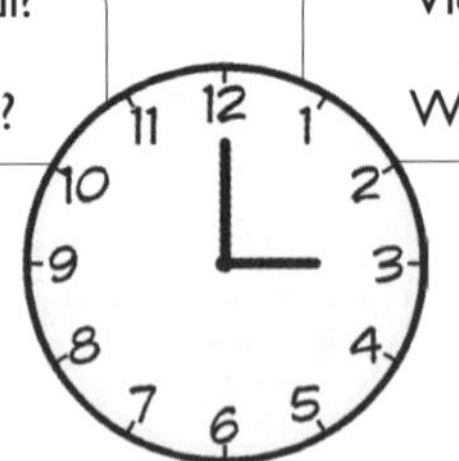

H103

2:00	Klukkan er **tvö**.	13:01	Klukkan er **eina mínútu yfir eitt**.
3:00	Klukkan er **þrjú**.	15:10	Klukkan er **tíu mínútur yfir þrjú**.
5:00	Klukkan er **fimm**.	16:24	Klukkan er **tuttugu og fjórar mínútur yfir fjögur**.
2:30	Klukkan er **hálf þrjú**.	13:37	Klukkan er **tuttugu og þrjár mínútur í tvö**.
2:15	Klukkan er **korter yfir tvö**.	12:53	Klukkan er **sjö mínútur í eitt**.
2:45	Klukkan er **korter í þrjú**.	11:59	Klukkan er **eina mínútu í tólf**.

Klukkan er **tæplega** tvö.	Es ist **kurz vor** zwei.
Klukkan er **rúmlega** tvö.	Es ist **kurz nach** zwei.

Michael: Das ist ja gar nicht so schwer. Jetzt noch eine Sache: Du sprichst ja immer sehr langsam und deutlich mit mir. Ich habe Angst, Hrafnhildur nicht zu verstehen. Kannst du mir nicht ein paar Phrasen beibringen, damit ich sagen kann, wenn ich etwas nicht verstanden habe?

H104

Fyrirgefðu. *vergib*	–	Entschuldigung.
Ég skil þetta ekki. *ich verstehe dieses nicht*	–	Ich verstehe das nicht.
Viltu segja þetta aftur? *willst-du sagen dieses wieder*	–	Würdest du das noch einmal sagen?
Viltu endurtaka þetta? *willst-du wiederholen dieses*	–	Würdest du das wiederholen?
Þú talar alltof hratt. *du sprichst alles zu schnell*	–	Du sprichst viel zu schnell.
Viltu tala hægar? *willst-du sprechen langsamer*	–	Würdest du langsamer sprechen?
Þú talar of óskýrt. *du sprichst zu undeutlich*	–	Du sprichst zu undeutlich.
Viltu tala skýrar? *willst-du sprechen deutlicher*	–	Würdest du deutlicher sprechen?

Wörterliste

H105

Isländisch	Deutsch
opinn (m), opin (f), opið (n)	geöffnet
að labba (a)	schlendern
að vera hræddur við + *Akk.*	Angst haben vor
íslensk·a (f/-u, ÷)	Isländisch

Isländisch	Deutsch
að skilja (0) ekki neitt	nichts verstehen
að biðja um + *Akk.* (ég bið)	bitten um
örugglega	sicherlich
Þetta reddast.	Das wird schon.

Text zur Lektion

H106

Michael:	Það var áhugavert á safninu. Hvað ætlum við að gera núna? Viltu sýna mér flóamarkaðinn?	Es war interessant im Museum. Was machen wir jetzt? Willst du mir den Flohmarkt zeigen?
Hanna:	Hann er bara opinn um helgar, því miður. Hvað er klukkan?	Er ist leider nur am Wochenende geöffnet. Wie spät ist es?
Michael:	Klukkan er hálf þrjú. Klukkan hvað hittum við Hrafnhildi?	Es ist halb drei. Um wie viel Uhr treffen wir Hrafnhildur?
Hanna:	Klukkan þrjú. Eigum við að labba í miðbæinn?	Um drei. Sollen wir in die Innenstadt laufen?
Michael:	Já, gerum það. Ég er svolítið hræddur.	Ja, lass uns das machen. Ich habe ein bisschen Angst.
Hanna:	Við hvað?	Wovor?
Michael:	Þú talar alltaf mjög hægt við mig. Íslenskan þín er mjög skýr. Hrafnhildur talar örugglega hratt og óskýrt. Kannski skil ég ekki neitt.	Du sprichst immer sehr langsam mit mir. Dein Isländisch ist sehr deutlich. Hrafnhildur spricht sicher schnell und undeutlich. Vielleicht verstehe ich nichts.
Hanna:	Þá biður þú hana um að tala hægar og skýrar. Þetta reddast.	Dann bittest du sie, langsamer und deutlicher zu sprechen. Das wird schon.

Lektion 21

Im Café

Hanna und Michael sind im Café angekommen und warten auf Hrafnhildur. Michael hat sich schon einen Kaffee geholt und kommt gerade wieder an den Tisch.

Michael: Ich bin mit dem Kaffeeangebot etwas überfordert. Die Verkäuferin hat mir so viele Fragen gestellt. Alles habe ich nicht verstanden. Kannst du mir das erklären?

Hanna: Das ist gar nicht so viel anders als in Deutschland. Auf der Tafel stehen verschiedene Kaffeespezialitäten. Die dürften dir alle bekannt sein. Am günstigsten ist es, einfachen Filterkaffee zu nehmen. Siehst du die große Thermoskanne dort? Das ist der Filterkaffee. Du bezahlst nur eine Tasse und kannst dir so viel nachholen, wie du willst.

H107

Ég ætla að fá kaffibolla, takk.
ich beabsichtige zu bekommen Kaffeetasse-Akk. danke
Ich hätte gern eine Tasse Kaffee.

Ætlar þú að fá uppáhellt kaffi?
beabsichtigst du zu bekommen aufgegossenen Kaffee
Möchten Sie einfachen Filterkaffee?

Er ábót á kaffið?
ist Nachschlag auf Kaffee-den-Akk.
Ist der Kaffee zum Nachholen?

Já, uppáhellt kaffi er með áfyllingu.
ja aufgegossener Kaffee ist mit Auffüllung-Akk.
Ja, Filterkaffee ist zum Nachschenken.

Wörterliste

H108

Isländisch	Deutsch
venjulegur (m), -leg (f), -legt (n)	gewöhnlich
að eiga við + *Akk.*	meinen
ha?	wie bitte?
malað kaffi	gemahlener Kaffee
að útskýra (-ði) + *Akk.*	erklären
eins mikið og	so viel wie

Isländisch	Deutsch
hvorugt	keines von beidem
við hliðina á + *Dat.*	neben
kaffibrús·i (m/-a, -ar)	Thermoskanne für Kaffee
að ná í + *Akk.* (ég næ)	(sich) holen
að bíða eftir + *Dat.* (ég bíð)	warten auf

Text zur Lektion

H109

Bevor Michael Hanna nach den Kaffeegewohnheiten der Isländer fragt, hat er versucht, seinen Kaffee allein an der Theke zu bestellen.

Verkäuferin:	Góðan dag.	Guten Tag.
Michael:	Góðan daginn. Ég ætla að fá kaffi.	Guten Tag. Ich hätte gern einen Kaffee.
Verkäuferin:	Viltu espressó, cappuccino, americano ...?	Möchten Sie einen Espresso, Cappuccino, Americano ...?
Michael:	...nei, bara venjulegt kaffi.	... nein, nur einen normalen Kaffee.
Verkäuferin:	Áttu við uppáhellt kaffi?	Meinen Sie Filterkaffee?
Michael:	Ha? Ég skil ekki.	Wie bitte? Ich verstehe nicht.
Verkäuferin:	Fyrir uppáhellt kaffi notum við malað kaffi en ekki baunir. Það er alltaf ábót á uppáhellt kaffi.	Für Filterkaffee verwenden wir gemahlenen Kaffee und keine Bohnen. Filterkaffee ist immer zum Nachholen.
Michael:	Ha? Ég skil ekki. Viltu útskýra þetta?	Wie bitte? Ich verstehe das nicht. Würden Sie das bitte erklären?
Verkäuferin:	Kaffið er með áfyllingu. Þú mátt drekka eins mikið og þú vilt.	Der Kaffee ist zum Nachschenken. Du darfst so viel trinken, wie du willst.
Michael:	Flott. Þá ætla ég að fá kaffibolla.	Toll. Dann nehme ich eine Tasse Kaffee.
Verkäuferin:	Það gerir 450 krónur.	Das macht 450 Kronen.

Michael:	Gjörðu svo vel.	Bitte sehr.
Verkäuferin:	Takk. Hér er kaffibolli. Uppáhellt kaffi er þarna.	Danke. Hier ist eine Kaffeetasse. Filterkaffee gibt es dort.
Hanna:	Hvernig kaffi er þetta?	Was für ein Kaffee ist das?
Michael:	Bara uppáhellt kaffi.	Nur Filterkaffee.
Hanna:	Notarðu ekki mjólk og sykur út í kaffi?	Trinkst du deinen Kaffee nicht mit Milch und Zucker?
Michael:	Jú. Hér er hvorugt á borðinu.	Doch. Hier ist keines von beidem auf dem Tisch.
Hanna:	Mjólk og sykur eru við hliðina á kaffibrúsanum.	Milch und Zucker sind neben der Kaffeekanne.
Michael:	Takk. Ég næ í svolítið. Viltu ekki kaffi?	Danke. Ich hole mir etwas. Willst du keinen Kaffee?
Hanna:	Jú, ég bíð bara eftir Hrafnhildi. Sjáðu, hún er að koma.	Doch, ich warte nur auf Hrafnhildur. Schau, sie kommt gerade.

Þetta er kaffibolli. Ætlarðu að fá kaffibolla?

Þetta er kaffibrúsi. Það er uppáhellt kaffi í kaffibrúsanum.

Þetta eru mjólk og sykur. Notarðu mjólk og sykur út í kaffi?

Þetta eru kaffibaunir. Fyrir espressó mölum við kaffibaunir.

Lektion 22

Smalltalk

Hanna und Hrafnhildur begrüßen sich herzlich. Hanna stellt Hrafnhildur Michael vor. Er hält sich aber die ganze Zeit etwas im Hintergrund. Er versteht nicht viel, da die beiden Freundinnen voller Euphorie viel zu schnell sprechen. Als Hrafnhildur sich einen Kaffee holt, fragt Michael nach.

Michael: Ihr sprecht ganz schön schnell. Da komme ich nicht hinterher.
Hanna: Das tut mir leid. Hast du eine Frage?
Michael: Ja, bei eurer Begrüßung hast du nicht ‹góðan daginn›, ‹hæ› oder Ähnliches gesagt, sondern irgendetwas anderes, das ich nicht verstanden habe.
Hanna: Ich habe dir ja gesagt, dass es auch noch andere Möglichkeiten gibt. Hier müssen wir aber darauf achten, ob wir einen Mann oder eine Frau begrüßen und ob es mehr als eine Person ist:

H110

(Komdu) sæll.
(komm-du) selig
(Komdu) blessaður. – Grüß dich. *(zu einem Mann)*
(komm-du) gesegnet
(Komdu) sæll og blessaður.
(komm-du) selig und gesegnet

(Komdu) sæl.
(Komdu) blessuð. – Grüß dich. *(zu einer Frau)*
(Komdu) sæl og blessuð.

(Komið þið) sælir.
(Komið þið) blessaðir. – Grüß euch. *(zu mehr als einem Mann)*
(Komið þið) sælir og blessaðir.

(Komið þið) sælar.
(Komið þið) blessaðar. – Grüß euch. *(zu mehr als einer Frau)*
(Komið þið) sælar og blessaðar.

(Komið þið) sæl.
(Komið þið) blessuð. – Grüß euch. *(zu einer gemischten Gruppe)*
(Komið þið) sæl og blessuð.

Hanna: ‹Komdu› und ‹Komið þið› kannst du also auch weglassen. Bei der Verabschiedung nehmen wir stattdessen ‹vertu› in der Einzahl bzw. ‹verið þið› in der Mehrzahl. Das darfst du aber nicht weglassen, z. B.:

H111

Vertu sæll/blessaður. *sei-du selig/gesegnet*	– Tschüss. *(zu einem Mann)*
Verið þið sælir/blessaðir.	– Tschüss. *(zu mehr als einem Mann)*

Michael: Wie alt ist Hrafnhildur eigentlich? Wo arbeitet sie? Hat sie einen Freund? Hat sie Kinder?

Hanna: Frag sie doch einfach selbst.

Michael: Das kann ich doch gar nicht. Wie frage ich denn danach auf Isländisch?

Hanna: Das Alter geben wir mit dem Genitiv an. Deswegen brauchen wir die Zahlen 1–4 im Genitiv (**eins**, **tveggja**, **þriggja**, **fjögurra**).

H112

Hvað ertu gamall? *was bist-du alt (m)* Wie alt bist du?	Ég er tuttugu og eins árs gamall. *ich bin zwanzig und eines Jahres-Gen. alt (m)* Ich bin 21 Jahre alt.
Hvað er Hanna gömul? *was ist Hanna alt (f)* Wie alt ist Hanna?	Hanna er tuttugu og tveggja ára gömul. *Hanna ist zwanzig und zweier Jahre-Gen. alt (f)* Hanna ist 22 Jahre alt.
Hvað er Michael gamall? *was ist Michael alt (m)* Wie alt ist Michael?	Hann er tuttugu og fjögurra ára gamall. *er ist zwanzig und vierer Jahre-Gen. alt (m)* Er ist 24 Jahre alt.
Hvað er barnið gamalt? *was ist Kind-das alt (n)* Wie alt ist das Kind?	Það er þriggja ára gamalt. *das ist dreier Jahre-Gen. alt (n)* Es ist drei Jahre alt.

Michael: Also nach ‹eins› kommt ‹árs› und nach den anderen Zahlen immer ‹ára›. Richtig?

Hanna: Genau. Nun zu deinen anderen Fragen:

H113

Áttu kærasta/kærustu? *besitzt-du Liebsten/Liebste-Akk.*	–	Hast einen Freund / eine Freundin?
Ertu giftur (m)/gift (f)? *bist-du gegeben (m/f)*	–	Bist du verheiratet?
Áttu börn? *besitzt-du Kinder-Akk.*	–	Hast du Kinder?
Nei, ég á ekki börn. *nein ich besitze nicht Kinder-Akk.*	–	Nein, ich habe keine Kinder.
Já, ég á einn son / eina dóttur. *ja ich besitze einen Sohn/eine Tochter-Akk.*	–	Ja, ich habe einen Sohn / eine Tochter.
Já, ég á tvo syni / tvær dætur. *ja ich besitze zwei Söhne/zwei Töchter-Akk.*	–	Ja, ich habe zwei Söhne / zwei Töchter.
Við hvað vinnur þú? *bei was arbeitest du*	–	Was bist du von Beruf?
Ég er læknir. *ich bin Arzt*	–	Ich bin Arzt.
Hvar vinnur þú? *Wo arbeitest du?*	–	Wo arbeitest du?
Ég vinn á spítala. *ich arbeite auf Krankenhaus-Dat.*	–	Ich arbeite im Krankenhaus.

Verschiedene Berufe

H114

Isländisch	Deutsch
bakar·i (m/-a, -ar)	Bäcker
málar·i (m/-a, -ar)	Maler
smið·ur (m/-, -s, -ir)	Schreiner/Tischler
rafvirk·i (m/-ja, -jar)	Elektriker
vagnstjór·i (m/-a, -ar)	Busfahrer
ljósmyndar·i (m/-a, -ar)	Fotograf
leikar·i (m/-a, -ar)	Schauspieler
kokk·ur (m/-i, -s, -ar)	Koch
kennar·i (m/-a, -ar)	Lehrer

Isländisch	Deutsch
þjón·n (m/-i, -s, -ar)	Kellner
lækni·r (m/-i, -s, -ar)	Arzt
tannlækni·r (m/-i, -s, -ar)	Zahnarzt
sölumaður (m)	Verkäufer
lögreglumaður (m)	Polizist
flugfreyj·a (f/-u, -ur)	Flugbegleiterin
háskólanem·i (m/-a, -ar)	Student
hárgreiðslukon·a (f/-u, -ur)	Frisörin
lausamaður (m)	Freiberufler

Wörterliste

🎧 **H115**

Isländisch	Deutsch
elskan mín	mein/e Liebe/r
Gaman að kynnast þér.	Schön, dich kennen zu lernen.
móðurmál (n/-i, -s, -)	Muttersprache
ensk·a (f/-u, ÷)	Englisch
dansk·a (f/dönsku, ÷)	Dänisch
fransk·a (f/frönsku, ÷)	Französisch
guð minn góður	oh mein Gott
blaðamaður (m)	Journalist
forvitinn (m), forvitin (f), forvitið (n)	neugierig
leikskól·i (m/-a, -ar)	≈ Kindergarten
að syngja (ég syng)	singen
að föndra (a)	basteln

Isländisch	Deutsch
tungumál (n/-i, -s, -)	Sprache
að leigja (-ði) + *Akk.*	mieten
að læra viðskipti	Wirtschaft studieren
aukavinn·a (f/-u, -ur)	Nebenjob
hljómsveit (f/-ar, -ir)	Musikband
tónleikar (mpl)	Konzert
að halda (ég held)	halten
leyndarmál (n/-i, -s, -)	Geheimnis
að vera til	existieren
draumakon·a (f/-u, -ur)	Traumfrau
ástfanginn (m), -fangin (f), - fangið (n) af + *Dat.*	verliebt in

Text zur Lektion

🎧 **H116**

Hanna und Hrafnhildur begrüßen sich.

Hanna:	Hæ, elskan mín. Komdu sæl.	Hallo, meine Liebe. Grüß dich.
Hrafnhildur:	Sæl og blessuð. Gaman að sjá þig aftur.	Grüß dich. Schön, dich wiederzusehen.
Hanna:	Takk, sömuleiðis. Hvað syngur í þér?	Danke, gleichfalls. Wie geht es dir?
Hrafnhildur:	Allt ágætt. Hvað segir þú?	Hervorragend. Wie geht es dir?
Hanna:	Allt þetta fína. Má ég kynna Michael vin minn fyrir þér?	Sehr gut. Darf ich dir meinen Freund Michael vorstellen?
Michael:	Góðan daginn. Ég er Michael.	Guten Tag. Ich bin Michael.
Hrafnhildur:	Sæll, Michael. Gaman að kynnast þér. Talarðu íslensku?	Grüß dich. Schön, dich kennen zu lernen. Sprichst du Isländisch?
Michael:	Já, smá íslensku. Hanna er að kenna mér tungumálið.	Ja, ein bisschen Isländisch. Hanna bringt mir die Sprache bei.

Nachdem Michael alle nötigen Smalltalk-Phrasen von Hanna gelernt hat, verschwindet sie auf Toilette.

Hrafnhildur:	Þú ert frá Þýskalandi, ekki satt?	Du bist aus Deutschland, oder?
Michael:	Jú, einmitt. Við Hanna leigjum saman.	Ja, genau. Hanna und ich mieten zusammen eine Wohnung.
Hrafnhildur:	Þú talar góða íslensku.	Du sprichst gutes Isländisch.
Michael:	Takk. Hanna er góður kennari.	Danke. Hanna ist eine gute Lehrerin.
	Hvaða tungumál talar þú?	Welche Sprachen sprichst du?
Hrafhnhildur:	Móðurmálið mitt er íslenska. Ég tala líka ensku, dönsku og frönsku.	Meine Muttersprache ist Isländisch. Ich spreche auch Englisch, Dänisch und Französisch.
Michael:	Má ég spyrja þig að einu?	Darf ich dich mal was fragen?
Hrafnhildur:	Guð minn góður. Ertu blaðamaður?	Mein Gott. Bist du Journalist?
Michael:	Nei, ég er bara forvitinn.	Nein, ich bin nur neugierig.
	Hvað ertu gömul?	Wie alt bist du?
Hrafnhildur:	Ég er tuttugu og sex ára gömul.	Ich bin 26 Jahre alt. Und du?
	En þú? Hvað ertu gamall?	Wie alt bist du?
Michael:	Ég er tuttugu og fjögurra ára gamall.	Ich bin 24 Jahre alt.
	Við hvað vinnur þú?	Was bist du von Beruf?
Hrafnhildur:	Ég er kennari.	Ich bin Lehrerin.
Michael:	Hvað kennirðu?	Was unterrichtest du?
Hrafnhildur:	Ég er kennari í leikskóla.	Ich bin Erzieherin im Kindergarten.
Michael:	Hvað gerir þú í vinnunni?	Was machst du auf der Arbeit?
Hrafnhildur:	Ég passa börn. Við syngjum, spilum og föndrum saman. Það er gaman.	Ich passe auf Kinder auf. Wir singen, spielen und basteln zusammen. Das macht Spaß.
	Við hvað vinnur þú?	Was machst du beruflich?
Michael:	Ég er háskólanemi í Þýskalandi.	Ich bin Student in Deutschland.
Hrafnhildur:	Hvað ertu að læra?	Was studierst du?
Michael:	Ég er að læra viðskipti.	Ich studiere Wirtschaft.
Hrafnhildur:	Vinnur þú líka aukavinnu?	Hast du auch einen Nebenjob?
Michael:	Já. Ég er tónlistarmaður. Hjómsveitin mín heldur oft tónleika.	Ja. Ich bin Musiker. Meine Band spielt oft Konzerte.

Hrafnhildur:	Æðislegt. Því miður hef ég ekki oft tíma til að fara á tónleika.	Super. Leider habe ich nicht oft Zeit, um auf Konzerte zu gehen.
Michael:	Af hverju? Áttu börn?	Warum? Hast du Kinder?
Hrafnhildur:	Einmitt. Ég á einn son og eina dóttur. Kalli er eins árs og Gunna þriggja ára.	Genau. Ich habe einen Sohn und eine Tochter. Kalli ist ein Jahr und Gunna drei.
Michael:	Ertu gift?	Bist du verheiratet?
Hrafnhildur:	Nei, ég á bara kærasta. En þú?	Nein, ich habe nur einen Freund. Und du?
Michael:	Ég á ekki börn og ekki kærustu. Má ég segja þér leyndarmál?	Ich habe keine Kinder und keine Freundin. Darf ich dir ein Geheimnis sagen?
Hrafnhildur:	Alveg sjálfsagt.	Selbstverständlich.
Michael:	Draumakonan mín er til. Ég er ástfanginn af Hönnu.	Meine Traumfrau existiert. Ich bin in Hanna verliebt.

Grammatik im Überblick

Die Zahlen 1–4

Die Zahlen 1–4 werden nicht nur dem Geschlecht angepasst, sondern auch dem Fall:

H117

	1			2			3			4		
Nom.	einn	ein	eitt	tveir	tvær	tvö	þrír	þrjár	þrjú	fjórir	fjórar	fjögur
Akk.	einn	eina	eitt	tvo	tvær	tvö	þrjá	þrjár	þrjú	fjóra	fjórar	fjögur
Dat.	einum	einni	einu	tveimur			þremur			fjórum		
Gen.	eins	einnar	eins	tveggja			þriggja			fjögurra		

Familienbezeichnungen

sonur (Sohn) und **dóttir** (Tochter) weichen in ihrer Flexion von den bis hierher gelernten Mustern ab. Wie **dóttir** gehen auch **faðir** (Vater), **móðir** (Mutter), **bróðir** (Bruder) und **systir** (Schwester).

H118

	sonur (m)	dóttir (f)	faðir (m)	móðir (f)	bróðir (m)	systir (n)
Nom. Sing.	sonur	dóttir	faðir	móðir	bróðir	systir
Akk. Sing.	son	dóttur	föður	móður	bróður	systur
Dat. Sing.	syni	dóttur	föður	móður	bróður	systur
Gen. Sing.	sonar	dóttur	föður	móður	bróður	systur
Nom. Plur.	synir	dætur	feður	mæður	bræður	systur
Akk. Plur.	syni	dætur	feður	mæður	bræður	systur
Dat. Plur.	sonum	dætrum	feðrum	mæðrum	bræðrum	systrum
Gen. Plur.	sona	dætra	feðra	mæðra	bræðra	systra

Þetta er lítil fjölskylda.

Jón á föður og móður. Hann á líka tvo afa og tvær ömmur. Eiríkur heitir föðurafi Jóns. Guðrún heitir föðuramma Jóns. Anna er dóttir Gunnars og Maríu. Hún er líka móðir Jóns. Jón er sonur Páls Eiríkssonar og Önnu Gunnarsdóttur. Guðrún og María eru ömmur Jóns. Eiríkur og Gunnar eru afar Jóns.

Lektion 23

Mit dem Mietauto unterwegs

Þingvellir

Der nächste Tag. Hanna und Michael fahren los, um sich die drei meistbesuchten Touristenattraktionen des Landes anzuschauen: *Þingvellir, Geysir* und *Gullfoss*. Nachdem Hanna den Mietwagen abgeholt hat, geht es los.

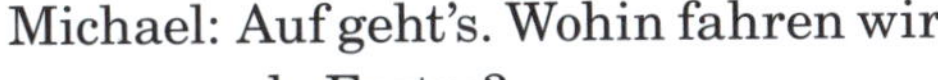

Michael: Auf geht's. Wohin fahren wir als Erstes?

Hanna: Þingvellir. *þing* bedeutet Volksversammlung und *vellir* ist der Plural von *völlur*, was Feld bedeutet. Schon kurz nach der Besiedlung der Insel im 9. Jahrhundert war Þingvellir ein wichtiger Ort. Hier wurden jährlich Volksversammlungen abgehalten. Es ist also eines der ältesten Parlamente der Welt. Heute ist es auch so sehenswert, da man hautnah erleben kann, wie sich die nordamerikanische und die eurasische Kontinentalplatte auseinanderbewegen. Die Schlucht wirst du dann sehen.

Michael: Das klingt ja spannend. Und danach zeigst du mir einen Geysir?

Hanna: Genau. *Geysir* ist übrigens der Eigenname einer Springquelle. Das, was ihr einen Geysir nennt, ist auf Isländisch *goshver*. Der *Geysir* spuckt heute nur noch sehr unregelmäßig. Daneben ist aber der *Strokkur*. Der bricht alle paar Minuten aus. Danach zeige ich dir noch einen überwältigenden Wasserfall, den *Gullfoss*. Das bedeutet Goldwasserfall.

Michael: Ein tolles Programm. Was mir diese Nacht noch im Kopf herumgeschwirrt ist, sind die Adjektive.
Ich könnte zwar sagen *Gullfoss er fallegur*, also die Einzahlformen bilden, aber nicht die Formen für die Mehrzahl. *Þingvellir eru ...?*

Hanna: ... *fallegir*.

Die **männliche Form des Adjektivs** hat im Plural die Endung **-ir**. Wenn das Adjektiv mehrsilbig ist, verliert es den unbetonten Stammvokal:

Beispiele:

(sterk·ur)	**sterk·ir menn**	starke Männer
	mennirnir eru sterk·ir	die Männer sind stark

(blá·r)	**blá·ir bílar**	blaue Autos
	bílarnir eru blá·ir	die Autos sind blau
(forvitin·n)	**forvitnir strákar**	neugierige Jungen
	strákarnir eru forvitnir	die Jungen sind neugierig

Die **weibliche Form des Adjektivs** hat im Plural die Endung -**ar**. Wenn das Adjektiv mehrsilbig ist, verliert es den unbetonten Stammvokal:
Beispiele:

(rauð·ur)	**rauð·ar rósir**	rote Rosen
	rósirnar eru rauð·ar	die Rosen sind rot
(gamal·l)	**gaml·ar bækur**	alte Bücher
	bækurnar eru gaml·ar	die Bücher sind alt

Die **sächliche Form des Adjektivs** entspricht immer der Einzahlform der weiblichen Adjektive:
Beispiele:

(þæg·ur)	**þæg börn**	brave Kinder
	börnin eru þæg	die Kinder sind brav
(ný·r)	**ný hótel**	neue Hotels
	hótelin eru ný	die Hotels sind neu
(gamal·l)	**gömul hús**	alte Häuser
	húsin eru gömul	die Häuser sind alt

Wörterliste
H119

Isländisch	Deutsch
goshver (m/-, -s, -ir)	Geysir
völlur (m/velli, vallar, vellir)	Feld
flugvöllur (m)	Flughafen
Get ég aðstoðað?	Kann ich weiterhelfen?
bílaleig·a (f/-u, -ur)	Autovermietung
bílaleigubíl·l (m/-, -s, -ar)	Mietauto
að vera eftir	übrig sein
persón·a (f/-u, -ur)	Person
nógu	genug *(Adverb)*

Isländisch	Deutsch
á dag	pro Tag
frá og með deginum í dag	ab heute
afslátt·ur (m)	Rabatt
ekki fyrr en	erst
öryggi (n/-i, -s, -)	Sicherheit
að skilja eftir (0) + *Akk.*	hinterlassen
kreditkortanúmer (n/-i, -s, -)	Kreditkarten-nummer
að skila (a) + *Dat.*	zurückgeben
að taka langan tíma (það tekur)	lange dauern

Text zur Lektion

H120

Hanna holt einen Mietwagen.

Verkäufer:	Góðan daginn. Get ég aðstoðað?	Guten Tag. Kann ich weiterhelfen?
Hanna:	Góðan dag. Ég ætla að leigja bíl.	Guten Tag. Ich möchte ein Auto mieten.
Verkäufer:	Það eru ekki margir bílaleigubílar eftir. Hér er lítill og fínn bíll. Hvað eruð þið mörg?	Es sind nicht mehr viele Mietautos übrig. Hier ist ein kleines und feines Auto. Wie viele sind Sie?
Hanna:	Við erum bara tvö.	Wir sind nur zu zweit.
Verkäufer:	Þá er bíllinn nógu stór.	Dann ist das Auto groß genug.
Hanna:	Hvað kostar hann á dag?	Wie viel kostet es pro Tag.
Verkäufer:	Hvað viltu leigja hann í langan tíma?	Wie lange wollen Sie es mieten?
Hanna:	Frá og með deginum í dag til mánudags.	Ab heute bis Montag.
Verkäufer:	Því miður er ekki afsláttur fyrr en eftir eina viku. Bíllinn kostar sex þúsund og sjö hundruð krónur á dag.	Leider gibt es erst einen Rabatt nach einer Woche. Das Auto kostet 6.700 Kronen pro Tag.
Hanna:	Fínt. Ég ætla að fá hann.	Okay. Ich hätte es gern.
Verkäufer:	Til öryggis átt þú að skilja kreditkortanúmerið þitt eftir hjá mér.	Zur Sicherheit müssen Sie Ihre Kreditkartennummer bei mir hinterlegen.

Hanna kommt wieder ins Hotel.

Hanna:	Ég var á flugvellinum í Reykjavík til að ná í bílaleigubíl. Bíllinn er frekar lítill en nógu stór fyrir tvo. Við eigum að skila bílnum á mánudaginn.	Ich war am Flughafen in Reykjavík, um ein Mietauto zu holen. Das Auto ist eher klein, aber groß genug für zwei. Wir müssen das Auto am Montag zurückgeben.
Michael:	Allt í lagi. Ég hlakka til að skoða Þingvelli, Geysi og Gullfoss. Tekur langan tíma til að fara til Þingvalla?	In Ordnung. Ich freue mich, Þingvellir, Geysir und Gullfoss zu besichtigen. Dauert es lange nach Þingvellir zu fahren?

Hanna:	Nei, það er bara svona fjörutíu og fimm mínútna ferð þangað.	Nein, es ist nur eine 45-minütige Fahrt dorthin.

Grammatik im Überblick

Adjektive in der Mehrzahl

Die Adjektive richten sich in Geschlecht, Zahl und Fall nach dem Wort, auf das sie sich beziehen. Folgende Endungen werden in der Mehrzahl an den Adjektivstamm angefügt:

männlich = þeir	weiblich = þær	sächlich = þau
-ir	-ar	- (a > ö, u)
z. B. lang·ir, erfið·ir, blá·ir, gaml·ir, fín·ir, góð·ir	z. B. lang·ar, erfið·ar, blá·ar, gaml·ar, fín·ar, góð·ar	z. B. löng, erfið, blá, gömul, fín, góð

Die männlichen Substantive dagur und völlur

dagur *(Tag)* hat eine unregelmäßige Form im Dativ Singular. **völlur** *(Feld)* gehört einem Paradigma an, wonach nur sehr wenige Substantive gebeugt werden.

H121

	dagur (m)	völlur (m)
Nom. Sing.	dagur	völlur
Akk. Sing.	dag	völl
Dat. Sing.	degi	velli
Gen. Sing.	dags	vallar
Nom. Plur.	dagar	vellir
Akk. Plur.	daga	velli
Dat. Plur.	dögum	völlum
Gen. Plur.	daga	valla

ebenso: köttur (Katze), blómvöndur (Blumenstrauß), ávöxtur (Frucht)

fimm kettir

ís með ávöxtum

H122

frá mánudegi til föstudags	von Montag bis Freitag
á miðvikudaginn	am Mittwoch
á þriðjudegi	an einem Dienstag
á sunnudögum	sonntags (wörtlich: an Sonntagen)
frá og með deginum í dag / í gær / á morgun	ab heute/gestern/morgen
flugvöllur	Flughafen
Keflavíkurflugvöllur	Flughafen in Keflavík (internationale Flüge)
að fara á flugvöllinn	auf den Flughafen fahren
að vera á flugvellinum	auf dem Flughafen sein
að skoða Þingvelli	Þingvellir besichtigen
að vera á Þingvöllum	in Þingvellir sein
að fara til Þingvalla	nach Þingvellir fahren

Lektion 24

Wem gehört was?

Strokkur

Nach dem Besuch in Þingvellir geht es weiter nach Geysir.

Michael: Schau. Geysir ist sogar ausgeschildert.

Hanna: Ja. So heißt auch der Ort, wo die besagte Springquelle liegt. Der Geysir spuckt heute nur sehr unregelmäßig. Angeblich hat er das Wasser zu seiner besten Zeit bis zu 170m in die Luft geschossen. Der Strokkur, der direkt daneben liegt, schießt seine Wasserfontäne ca. alle 10 Minuten in die Luft. Sie erreicht aber nur eine Höhe von 25 bis 35 m.

Michael: Also gibt es auf jeden Fall etwas zu sehen. Bis wir da sind, könntest du mir ja noch etwas Isländisch beibringen. Ich kann schon ‹mein Telefon› sagen: *síminn minn.* Aber wie sieht es mit der Mehrzahl aus? *Símarnir ...?*

Hanna: ... *mínir!* Das sind genau dieselben Endungen wie bei den Adjektiven:

H123

Eru þetta símarnir þínir?
sind dieses Telefone-die deine (m)
Sind das deine Telefone?

Já, þetta eru símarnir mínir.
ja dieses sind Telefone-die meine (m)
Ja, das sind meine Telefone.

Eru þetta bækurnar þínar?
sind dieses Bücher-die deine (f)
Sind das deine Bücher?

Já, þetta eru bækurnar mínar.
ja dieses sind Bücher-die meine (f)
Ja, das sind meine Bücher.

Eru þetta kortin þín?
sind dieses Karten-die deine (n)
Sind das deine Karten?

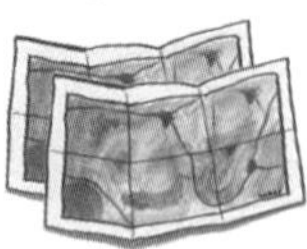

Já, þetta eru kortin mín.
ja dieses sind Karten-die meine (n)
Ja, das sind meine Karten.

Michael: Und wie sage ich: ihr Buch, sein Buch, unsere Bücher, ...?
Hanna: Das ist ganz einfach. Da nehmen wir immer den Genitiv der Personalpronomen (er, sie, es, wir, ihr, sie). Da brauchen wir auch nichts weiter zu beachten, was z. B. das Geschlecht oder die Zahl angeht.

H124

Hann á hest.	**hesturinn hans**	Við eigum kött.	**kötturinn okkar**
Hún á töskur.	**töskurnar hennar**	Þið eigið hús.	**húsið ykkar**
Barnið á vini.	**vinir þess**	Þeir/þær/þau eiga börn.	**börnin þeirra**

Michael: Warum hast du bei «vinir» keinen Artikel angefügt?
Hanna: Bei Familienbezeichnungen und Freunden lässt man den Artikel weg, wenn danach ein besitzanzeigendes Fürwort (Possessivpronomen) kommt. Weißt du was? Wenn wir gerade bei den Pronomen sind, bringe ich dir auch gleich die restlichen Personalpronomen bei.

H125

	1. P.	2. P.	3. P. m.	3. P. f.	3. P. n.	reflexiv
Nom. Sing.	ég	þú	hann	hún	það	-
Akk. Sing.	mig	þig	hann	hana	það	sig
Dat. Sing.	mér	þér	honum	henni	því	sér
Gen. Sing.	mín	þín	hans	hennar	þess	sín
Nom. Plur.	við	þið	þeir	þær	þau	-
Akk. Plur.	okkur	ykkur	þá	þær	þau	sig
Dat. Plur.	okkur	ykkur	→	þeim	←	sér
Gen. Plur.	okkar	ykkar	→	þeirra	←	sín

Michael: Was sind denn diese Reflexivpronomen?
Hanna: Das sind rückbezügliche Fürwörter, d. h. sie beziehen sich auf das Subjekt des Satzes, z. B.

Ich rasiere **mich**.	Ég raka **mig**.	Du rasierst **dich**.	Þú rakar **þig.**
Er rasiert **sich**.	Hann rakar **sig**.	Wir rasieren **uns**.	Við rökum **okkur**.
Ihr rasiert **euch**.	Þið rakið **ykkur**.	Sie rasieren **sich**.	Þeir raka **sig**.

Wörterliste
H126

Isländisch	Deutsch
að raka sig (a)	sich rasieren
foreldrar (mpl)	Eltern
nálægt + *Dat.*	in der Nähe von
að heimsækja *(-sótti)* + *Akk.*	besuchen
að fara til + Gen.	fahren zu/nach
að verða að + *Inf.* (ég verð)	müssen
í sumar	diesen Sommer
að munu *(unregelm.)*	wohl werden
bráðum	bald
að koma í heimsókn (ég kem)	zu Besuch kommen
að koma með (ég kem)	mitkommen

Isländisch	Deutsch
að halda + *Akk.* (ég held)	denken, glauben
að fá sér + *Akk.* að borða (ég fæ)	sich etwas zu essen holen
skyndibitastað·ur (m/-, -ar, -ir)	Schnellimbiss
að flýta sér (-ti)	sich beeilen
að leggja undir sig (0) + *Akk.*	erobern
laus (m/f), laust (n)	frei, unbesetzt
að kaupa sér + *Akk.*	sich kaufen
að ráða frá + *Dat.* (ég ræð)	abraten von
Kína (n)	China
að hjálpa + *Dat.*	helfen
vandlátur (m), -lát (f), -látt (n)	anspruchsvoll

Text zur Lektion
H127

Hanna und Michael sind auf dem Weg nach Geysir und unterhalten sich.

Michael:	Hvar búa foreldrar þínir?	Wo wohnen deine Eltern?
Hanna:	Foreldrar mínir búa úti í sveitinni nálægt Húsavík.	Meine Eltern wohnen auf dem Lande in der Nähe von Húsavík.
Michael:	Heimsækjum við þá ekki?	Besuchen wir sie nicht?
Hanna:	Nei, við höfum ekki tíma til þess.	Nein, wir haben keine Zeit dazu.
Michael:	Saknar þú þeirra ekki?	Vermisst du sie nicht?
Hanna:	Jú jú. Ég ætla að fara til þeirra þegar þú ferð aftur til Þýskalands.	Doch. Ich werde zu ihnen fahren, wenn du wieder nach Deutschland fährst
Michael:	Kemurðu ekki heim með mér?	Kommst du nicht mit mir nach Hause?
Hanna:	Nei. Ég verð á Íslandi í sumar.	Nein. Ich bleibe den Sommer über auf Island.
Michael:	Ég mun sakna þín.	Ich werde dich wohl vermissen.

Hanna:	Sumarið á Íslandi er stutt. Ég ætla að koma heim bráðum. Hrafnhildur kemur í heimsókn í október.	Der Sommer auf Island ist kurz. Ich werde bald heimkommen. Hrafnhildur kommt im Oktober zu Besuch.
Michael:	Koma börnin hennar líka með?	Kommen ihre Kinder auch mit?
Hanna:	Nei, ég held ekki. En kærastinn hennar kemur með. Mamma hans mun passa börnin þeirra.	Nein, ich glaube nicht. Aber ihr Freund kommt mit. Seine Mutter wird wohl auf deren Kinder aufpassen.
Michael:	Eigum við ekki að fá okkur að borða?	Sollen wir uns nicht etwas zu essen holen?
	Ég er rosalega svangur.	Ich habe totalen Hunger.
Hanna:	Á Geysi er skyndibitastaður. Klukkan er tólf. Við verðum að flýta okkur áður en túristarnir leggja veitingahúsið undir sig. Annars verður erfitt að finna laust borð.	In Geysir gibt es einen Schnellimbiss. Es ist 12 Uhr. Wir müssen uns beeilen, bevor die Touristen das Restaurant erobern. Sonst wird es schwer, einen freien Tisch zu finden.
Michael:	Er líka minjagripaverslun á Geysi?	Gibt es auch einen Souvenirshop in Geysir?
Hanna:	Já. En hún er ótrúlega dýr. Hvað viltu kaupa þér?	Ja. Aber er ist unglaublich teuer. Was willst du dir kaufen?
Michael:	Ég veit ekki. Kannski kaupi ég mér lopapeysu.	Ich weiß nicht. Vielleicht kaufe ich mir einen Islandpulli.
Hanna:	Ég ræð þér frá því. Ég veit ekki hvort þær eru íslenskar eða koma frá Kína. Þær eru líka mjög dýrar í svona minjagripaverslun.	Ich rate dir davon ab. Ich weiß nicht, ob sie isländisch sind oder aus China kommen. Sie sind auch sehr teuer in so einem Souvenirshop.
Michael:	Viltu hjálpa mér að finna lopapeysu?	Würdest du mir helfen, einen Islandpulli zu finden?
Hanna:	Já. Ég hjálpa þér. Annars prjóna ég hana handa þér. En þú mátt ekki vera vandlátur. Ég er ekki flink við það.	Ja. Ich helfe dir. Ansonsten stricke ich ihn für dich. Du darfst aber nicht anspruchsvoll sein. Ich bin nicht geschickt darin.
Michael:	Þetta reddast.	Das wird schon.

Grammatik im Überblick

Die besitzanzeigenden Fürwörter minn und þinn

Um den Besitzer zu nennen, wird **minn** *(mein)* und **þinn** *(dein)* verwendet. Die Fürwörter richten sich nach dem Geschlecht und der Zahl des Besitzes. Sie stehen i. d. R. nach dem Substantiv, das den bestimmten Artikel mit sich führt. Verwandtschaftsbezeichnungen stehen ohne Artikel.

männlich = hann		weiblich = hún		sächlich = það	
Sg. minn	þinn	mín	þín	mitt	þitt
Pl. mínir	þínir	mínar	þínar	mín	þín

z. B.	z. B.	z. B.
lampi·nn minn	taska·n mín	barn·ið mitt
bróðir þinn	bók·in þín	hótel·ið þitt
lampar·nir mínir	töskur·nar mínar	börn·in mín
bræður þínir	bækur·nar þínar	hótel·in þín

Die übrigen Possessivpronomen sind die Genitive der Personalpronomen. Sie sind unveränderlich:
hans (sein), **hennar** (ihr), **þess** (sein), **okkar** (unser), **ykkar** (euer), **þeirra** (ihr)

Die Zukunft mit munu

Neben **ætla að + Infinitiv** und **vilja + Infinitiv** gibt es auch die Möglichkeit mit **munu + Infinitiv**, die Zukunft wiederzugeben. Dabei ist aber nicht sicher, ob die Handlung wirklich stattfinden wird.

H128

ég mun koma – ich werde wohl kommen
þú munt koma – du wirst wohl kommen — **munt + þú = muntu**
hann mun koma – er wird wohl kommen
við munum koma – wir werden wohl kommen
þið munuð koma – ihr werdet wohl kommen
þeir munu koma – sie werden wohl kommen

Lektion 25

Wir müssen einkaufen

Am nächsten Tag sind Hanna und Michael auf dem Weg in den Norden. Ihr Ziel ist Akureyri, die Hauptstadt des Nordens und die viertgrößte Stadt Islands. Die beiden kommen am späten Nachmittag in ihrer Ferienwohnung an.

Akureyrarkirkja

Michael: Gehen wir heute Abend essen oder kochen wir hier etwas?
Hanna: Lass uns hier etwas kochen. Das ist günstiger. Dazu müssen wir aber einkaufen gehen.
Michael: Dann bring mir aber im Vorfeld schon ein paar Phrasen bei. Dann können wir das auf Isländisch erledigen.

H129

Hvað eigum við að hafa í matinn í kvöld?
was besitzen wir zu haben in Essen-das-Akk in Abend-Akk.?
Was sollen wir heute Abend essen?

Kannski fisk?
vielleicht Fisch-Akk.
Vielleicht Fisch?

Við þurfum að kaupa í matinn.
wir brauchen zu kaufen in Essen-das-Akk.
Wir müssen Essen einkaufen gehen.

Hvað vantar okkur?
was fehlt uns-Akk.
Was brauchen wir?

Okkur vantar fisk.
uns-Akk. fehlt Fisch-Akk.
Wir brauchen Fisch?

Hanna: Bei der Konstruktion ‹okkur vantar fisk› steht die Person, die etwas braucht bzw. der etwas fehlt, im **Akkusativ**. Das, was einem fehlt, steht auch im **Akkusativ**.

🎧 H130

Mig/okkur vantar... — Ich brauche / Wir brauchen ...

... **einn pakka** (af sígarettum) — ... eine Packung (Zigaretten)
... **eitt stykki** (af kótelettum) — ... ein Stück (Kotelett)
... **eitt kíló** (af eplum) — ... ein Kilo (Äpfel)
... **hundrað grömm** (af nautahakki) — ... 100 Gramm (Rinderhackfleisch)
... **eina dós** (af túnfiski) — ... eine Dose (Thunfisch)
... **eina flösku** (af víni) — ... eine Flasche (Wein)
... **eina dollu** (af skyri) — ... einen Becher (Skyr)
... **eina mjólkurfernu** — ... eine Milchtüte

ACHTUNG: af + Dativ

Verschiedene Läden

🎧 H131

Isländisch	Deutsch
bakarí (n/-i, -s, -)	Bäckerei
fiskbúð (f/-ar, -ir)	Fischgeschäft
pósthús (n/-i, -s, -)	Post
bank·i (m/-a, -ar)	Bank
apótek (n/-i, -s, -)	Apotheke

Isländisch	Deutsch
stórmarkað·ur (m/-i, -ar, -ir)	Supermarkt
matvörubúð (f/-ar, -ir)	Lebensmittel-geschäft
sjopp·a (f/-u, -ur)	Shop, Kiosk
bókabúð (f/-ar, -ir)	Buchladen
fatabúð (f/-ar, -ir)	Kleidungsgeschäft

Wörterliste

🎧 H132

Isländisch	Deutsch
að þurfa + *Akk.* (ég þarf)	brauchen
að þurfa að + Infinitiv	müssen
mig vantar + Akk.	mir fehlt
að gista (-i)	übernachten
orlofsíbúð (f/-ar, -ir)	Ferienwohnung
stof·a (f/-u, -ur)	Wohnzimmer
eldhús (n/-i, -s, -)	Küche
einkabaðherbergi (n/-i, -s, -)	eigenes Bad

Isländisch	Deutsch
svefnherbergi (n/-i, -s, -)	Schlafzimmer
að elda (a) + *Akk.*	kochen
tillag·a (f/-lögu, -lögur)	Vorschlag
kartöflur (fpl)	Kartoffeln
rauðkál (n/-i, -s, -)	Rotkohl
hangikjöt (n/-i, -s, ÷)	geräuchertes Lammfleisch
séríslenskur (m), -íslensk (f), -íslenskt (n)	typisch isländisch

sko	nun, also, schau
smjör (n/-i, -s, ÷)	Butter
púðursykur (m/-sykri, -s, ÷)	Farinzucker
kjötborð (n/-i, -s, -)	Fleischtheke
kæli·r (m/-i, -s, -ar)	Kühlraum
fyrir morgundaginn	für morgen
morgunmat·ur (m/-, -ar, ÷)	Frühstück
mjólkurfern·a (f/-u, -ur)	Milchtüte
doll·a (f/-u, -ur)	Becher

í viðbót	zusätzlich
álegg (n/-i, -s, -)	Aufschnitt
sult·a (f/-u, -ur)	Marmelade
súrmjólk (f/-ur, ÷)	Sauermilch
ost·ur (m/-i, -s, -ar)	Käse
ristað brauð (n)	Toast
að smyrja (0)	schmieren
að passa vel (a)	gut passen
að gleyma (-di) + *Dat.*	vergessen

Text zur Lektion

H133

Hanna und Michael sind auf dem Weg nach Akureyri.

Michael:	Ætlum við að gista á hóteli á Akureyri?	Werden wir in einem Hotel in Akureyri übernachten?
Hanna:	Nei. Við gistum í orlofsíbúð með stofu, eldhúsi, einkabaðherbergi og svefnherbergi.	Nein. Wir übernachten in einer Ferienwohnung mit Wohnzimmer, Küche, eigenem Bad und Schlafzimmer.
Michael:	Æðislegt. Eigum að fara út að borða í kvöld eða elda í orlofsíbúðinni?	Toll. Sollen wir heute Abend essen gehen oder in der Ferienwohnung kochen?
Hanna:	Eldum heima. Það er ódýrara.	Lass uns zu Hause kochen. Das ist günstiger.
	Hvað eigum við að hafa í matinn í kvöld?	Was sollen wir heute Abend kochen?
Michael:	Lambakjötið var girnilegt.	Das Lammfleisch war köstlich.
Hanna:	Þú veist að ég er grænmetisæta.	Du weißt, dass ich Vegetarierin bin.
Michael:	Borðum við ekkert kjöt í kvöld?	Essen wir heute Abend kein Fleisch?
Hanna:	Hér er tillaga: Við höfum brúnaðar kartöflur og rauðkál í matinn í kvöld. Handa þér kaupum við líka hangikjöt. Það er séríslenskt reykt lambakjöt.	Hier ist ein Vorschlag: Wir essen heute Abend karamellisierte Kartoffeln und Rotkohl. Für dich kaufen wir auch Hangikjöt. Das ist typisch isländisches geräuchertes Lammfleisch.
Michael:	Sammála.	Einverstanden.

H134

Im Lebensmittelgeschäft:

Hanna:	Sko, hér eru kartöflur og rauðkál. Fyrir brúnaðar kartöflur vantar okkur smjör og púðursykur.	Also, hier sind Kartoffeln und Rotkohl. Für karamellisierte Kartoffeln brauchen wir Butter und Farinzucker.
Michael:	Mig vantar líka hangikjöt. Þarf ég að fara í kjötborðið?	Ich brauche noch Hangikjöt. Muss ich zur Fleischtheke gehen?
Hanna:	Nei, við fáum það í kælinum.	Nein, das bekommen wir im Kühlraum.
	Viltu hafa skyr í eftirrétt?	Willst du Skyr zum Nachtisch?
Michael:	Já, góð hugmynd. Heyrðu, þurfum við ekki að kaupa í matinn fyrir morgundaginn?	Ja, gute Idee. Sag mal, müssen wir nicht Essen für morgen einkaufen?
Hanna:	Jú, einmitt. Okkur vantar morgunmat. Viltu taka eina mjólkurfernu og tvær dollur af skyri í viðbót?	Ja, genau. Wir brauchen Frühstück. Würdest du eine Milchtüte und zwei Becher Skyr zusätzlich nehmen?
Michael:	Þá vantar okkur líka brauð, álegg og sultu.	Dann brauchen wir noch Brot, Aufschnitt und Marmelade.
Hanna:	Ég borða líka súrmjólk í morgunmat. Viltu ná í eina fernu af henni?	Ich trinke auch Sauermilch zum Frühstück. Würdest du eine Packung davon holen?
Michael:	Ég borða alltaf ristað brauð með osti í morgunmat. Eigum við ekki að kaupa ost?	Ich esse immer Toast mit Käse zum Frühstück. Sollen wir nicht Käse kaufen?
Hanna:	Jú jú. Við þurfum líka að smyrja samlokur fyrir ferðina á morgun. Þar passar ostur vel.	Doch. Wir müssen auch Sandwiches für die Fahrt morgen schmieren. Da passt Käse gut.
Michael:	Ekki gleyma kaffinu.	Nicht den Kaffee vergessen.
Hanna.	Það var pakki af kaffi í orlofsíbúðinni.	Es gab ein Päckchen Kaffee in der Ferienwohnung.
Michael:	Er þá ekki allt komið?	Ist das dann nicht alles?
Hanna:	Jú. Það er komið. Flýtum okkur að borga. Ég er svöng.	Doch. Das ist alles. Beeilen wir uns zu bezahlen. Ich habe Hunger.
Michael:	Ég er líka svangur.	Ich habe auch Hunger.

Grammatik im Überblick

Das unpersönliche Verb vanta

vanta (fehlen) wird als unpersönliches Verb bezeichnet, weil das Subjekt nicht im Nominativ steht. Das Verb steht immer in der 3. Person Einzahl. Die Person, der etwas fehlt, und die Sache, die jemandem fehlt, stehen im Akkusativ. Im Deutschen wird die Konstruktion oft mit «brauchen» wiedergegeben.

mig **þig** **hann/hana/það** **okkur** **ykkur** **þá/þær/þau**	+ **vantar**	+ Akkusativ (z. B. pylsu, ost, mat, einn pakka, ...)

Das Verb þurfa

Das Verb **þurfa** ist ein unregelmäßiges Verb und bedeutet «brauchen». **þurfa að + Infinitiv** drückt einen persönlichen Bedarf oder eine logische Notwendigkeit aus.

H135

ég þarf – ich brauche		
þú þarft – du brauchst		**þarft + þú = þarftu**
hann þarf – er braucht		
við þurfum – wir brauchen		Ég **þarf** leigubíl. – Ich brauche ein Taxi.
þið þurfið – ihr braucht		Hann **þarf** að fara. – Er muss gehen.
þeir þurfa – sie brauchen		**Þurfum** við að kaupa í matinn? – Müssen wir einkaufen?

Ein beliebtes isländisches Gericht, besonders um die Weihnachtszeit, ist **Hangikjöt** mit karamellisierten Kartoffeln und Rotkohl. Hangikjöt *(dt. Hängefleisch)* ist geräuchertes Lammfleisch.

Lektion 26

Eine Panne

Am nächsten Tag geht es zum Mývatn, einem großen See östlich von Akureyri. Das Gebiet ist von Vulkanismus geprägt. Es gibt sprudelnde Schwefelschlammtöpfe, erstarrte Tuffsteinformationen und Pseudokrater zu sehen. Vorher machen die beiden noch Halt am Goðafoss, einem beeindruckenden Wasserfall.

Goðafoss

Hanna: Wir sollten nun bald tanken.
Michael: Wie frage ich denn nach einer Tankstelle?

H136

Ég ætla að fá bensín.
ich beabsichtige zu bekommen Benzin-Akk.
Ich möchte tanken.

Hvar er næsta bensínstöð?
wo ist nächste Tankstelle
Wo ist die nächste Tankstelle?

níutíu og átta oktan	Super 98
níutíu og fimm oktan	Super 95
blýlaust	bleifrei
dísel	Diesel

Á hvaða dælu varstu?
auf welcher Pumpe-Dat. warst-du
An welcher Zapfsäule waren Sie?

Á dælu eitt/tvö/þrjú/fjögur/...
auf Pumpe-Dat. eins/zwei/drei/vier...
An der Eins/Zwei/Drei/Vier/...

Die nächste Tankstelle befindet sich direkt am Mývatn. Die Fahrt geht weiter. Plötzlich gibt es einen lauten Knall. Hanna fährt rechts ran.

Hanna: Ist das Auto kaputt? ... Oh nein, wir haben einen Platten.
Michael: Wir haben doch sicher einen Ersatzreifen. Ich wechsele den Reifen einfach. Nebenbei kannst du mir ja gleich mal das «Pannenvokabular» beibringen.

H137

Ég er bensínlaus.	Ich habe kein Benzin mehr.
Bíllinn minn er bilaður.	Mein Auto ist kaputt.
Það sprakk hjá mér.	Ich habe einen Platten.
Kanntu að skipta um dekk?	Kannst du Reifen wechseln?
Hvar er næsta verkstæði?	Wo ist die nächste Werkstatt?

Wörterliste

H138

Isländisch	Deutsch
bensín (n/-i, -s, ÷)	Benzin
bensínstöð (f/-var, -var)	Tankstelle
næsti (m), næsta (f/n)	nächste
dæl·a (f/-u, -ur)	Zapfsäule
verkstæði (n/-i, -s, -)	Werkstatt
næstum (því)	fast
rétt við + *Akk.*	direkt bei
varageymi·r (m/-i, -s, -ar)	Reservekanister
að þakka (a) + *Dat.* kærlega	herzlich danken

Isländisch	Deutsch
Hvað í ósköpunum ...	Was um alles in der Welt ...
bilaður (m), biluð (f), bilað (n)	kaputt
varadekk (n/-i, -s, -)	Ersatzreifen
að kunna (ég kann) + *Akk.*	können, fähig sein
tjakk·ur (m/-, -s, -ar)	Wagenheber
skott (n/-i, -s, -)	Schwanz; Kofferraum
slangur (n/slangri, -s, ÷)	Slang
farangursgeymsl·a (f/-u, -ur)	Kofferraum

Text zur Lektion

H139

Am Goðafoss fragt Hanna nach der nächsten Tankstelle.

Hanna:	Fyrirgefðu, ég er næstum bensínlaus. Veistu hvar næsta bensínstöð er?	Entschuldigung, ich habe fast kein Benzin mehr. Wissen Sie, wo die nächste Tankstelle ist?
Mann:	Í hvaða átt ferðu?	In welche Richtung fahren Sie?
Hanna:	Til Mývatns.	Zum Mývatn.
Mann:	Næsta bensínstöð er rétt við Mývatn. Kemst þú þangað? Annars er ég með varageymi. Hvaða bensín notarðu?	Die nächte Tankstelle ist direkt beim Mývatn. Schaffen Sie es dorthin? Sonst habe ich einen Reservekanister. Welches Benzin brauchen Sie?

Hanna:	Níutíu og fimm oktan. Ég þakka þér kærlega, en það er ekki nauðsynlegt. Ég kemst á næstu bensínstöð.	Super 95. Ich danke Ihnen herzlich, aber das ist nicht nötig. Ich schaffe es zur nächsten Tankstelle.

Nachdem der Reifen geplatzt ist, steigen Hanna und Michael aus.

Hanna:	Hvað í ósköpunum var þetta? Er bíllinn bilaður?	Was um alles in der Welt war das? Ist das Auto kaputt?
Michael:	Nei, það sprakk hjá okkur.	Nein, wir haben einen Platten.
Hanna:	Næsta verkstæði er örugglega við Mývatn. Á ég að hringja þangað?	Die nächste Werkstatt ist sicherlich am Mývatn. Soll ich dort anrufen?
Michael:	Erum við ekki með varadekk?	Haben wir keinen Ersatzreifen?
Hanna:	Jú. Kanntu að skipta um dekk?	Kannst du Reifen wechseln?
Michael:	Auðvitað kann ég það.	Natürlich kann ich das.
Hanna:	Flott. Tjakkurinn og varadekkið eru í skottinu	Toll. Der Wagenheber und der Ersatzreifen sind im ‹Schwanz›.
Michael:	Ha? Í skottinu?	Wie bitte? Im Schwanz?
Hanna:	Fyrirgefðu. Þetta er íslenskt slangur. Í farangursgeymslunni.	Entschuldige. Das ist isländischer Slang. Im Kofferraum.
Michael:	Allt í lagi. Viltu hjálpa mér?	Okay. Würdest du mir helfen?

Grammatik im Überblick

Das Verb kunna

kunna *(können)* wird ausschließlich dann verwendet, wenn man eine Fähigkeit erlernt hat.

H140

ég kann – ich kann
þú kannt – du kannst
hann kann – er kann
við kunnum – wir können
þið kunnið – ihr könnt
þeir kunna – sie können

kannt + þú = kanntu

Ég **kann** íslensku. – Ich kann Isländisch.
Hann **kann** að synda. – Er kann schwimmen.
Kunnið þið að keyra bíl? – Könnt ihr Auto fahren?

Wind und Wetter machen den Autofahrern das Leben auf Island schwer. Manche Straßen sind nur wenige Monate im Jahr befahrbar.

Auf **www.vegagerdin.is** können sich Autofahrer Informationen über die Straßenverhältnisse und das Wetter auf ganz Island holen.

Auskünfte erhält man auch unter der Telefonnummer 1777.

Lektion 27

Eis auf Island

Hanna und Michael sind nun in Egilsstaðir, einem Ort im Osten des Landes. Die beiden haben viel Glück mit dem Wetter. Es scheint die Sonne und es sind angenehme 16°C.

Hanna: Jetzt habe ich Appetit auf ein Eis.
Michael: Ein Eis? Bei diesen Temperaturen?
Hanna: Wir Isländer essen immer Eis. Da spielen Temperaturen keine Rolle. Selbst wenn im Winter Minusgrade herrschen, holen wir uns Eis. Dann fahren wir halt mit unserem Auto bis an die Eisbude, springen schnell in den Laden und fahren mit dem Eis wieder heim. *Svona er Ísland!*
Michael: Wie sage ich denn auf Isländisch, dass ich auf etwas Lust bzw. Appetit habe?
Hanna: Erinnerst du dich noch an *mig vantar* (Lektion 25)? Das war ein unpersönliches Verb. Mit ***langa (Lust haben)*** funktioniert es genauso. Das Subjekt steht im **Akkusativ** und das, worauf ich Lust habe, wird i. d. R. mit der Präposition *í* und dem **Akkusativ** ausgedrückt.

H141

Hvað langar þig í núna?
was verlangt dich in jetzt
Worauf hast du Appetit? / Was möchtest du?

Mig langar í ís.
mich verlangt in Eis-Akk.
Ich möchte ein Eis.

Hvað langar þig að gera í kvöld?
was verlangt dich zu machen in Abend-Akk.
Worauf hast du heute Abend Lust?

Mig langar að fara út.
mich verlangt zu fahren aus
Ich habe Lust auszugehen.

Michael: Und wie sage ich, wenn ich etwas gut finde? Beispielsweise möchte ich dich fragen, wie du Eis findest.
Hanna: Dazu brauchen wir ein anderes unpersönliches Verb: ***finnst***. Den Gebrauch kannst du mit dem deutschen *mir gefällt* vergleichen. Derjenige, dem etwas gefällt, steht im **Dativ**, und das, was einem gefällt, im Nominativ.

H142

Hvernig finnst þér ís? *wie findet sich dir Eis* Wie findest du Eis?	Mér finnst ís góður. *mir findet sich Eis guter (m)* Ich finde Eis gut.
Hvernig finnst ykkur bækur um Ísland? *wie findet sich euch Bücher über Island* Wie findet ihr Bücher über Island?	Okkur finnst bækur um Ísland góðar. *uns findet sich Bücher über Island gute (fpl)* Wir finden Bücher über Island gut.

Weitere Wendungen:

H143

Hvernig finnst þér í vinnunni? Wie gefällt es dir auf der Arbeit?
Hvernig finnst þér á Íslandi? Wie gefällt es dir auf Island?
Mér finnst ... í vinnunni/á Íslandi. Ich finde es ... auf der Arbeit/Island.
... skemmtilegt ... ... gut ...
... gaman ... ... toll ...
... frábært ... ... wunderbar ...
... leiðinlegt ... ... schlecht ...
... ömurlegt ... ... doof ...
Hvað finnst þér gaman að gera á Íslandi? Was machst du gerne auf Island?
Mér finnst gaman að fara í fjallgöngu. Ich wandere gern.

Mér finnst rosalega gaman að læra í skólanum.

Okkur finnst ömurlegt að þrífa. Hvernig finnst ykkur það?

Henni finnst skemmtilegt að lesa spennandi sögur.

Wörterliste

H144

Isländisch	Deutsch
mig langar í + *Akk.*	ich habe Lust auf
mér finnst	mir gefällt
hit·i (m/-a, -ar)	Temperatur

Isländisch	Deutsch
að skipta engu máli (-ti)	keine Rolle spielen
eðlilegur (m), -leg (f), -legt (n)	normal
ísbúð (f/-ar, -ir)	Eisdiele

út um allt	überall
til dæmis	zum Beispiel
þarna hinum megin	dort drüben
eitthvað slíkt	so etwas
kúl·a (f/-u, -ur)	Kugel
súkkulaðiís (m/-, -s, -ar)	Schokoeis

vanilluís (m/-, -s, -ar)	Vanilleeis
box (n/-i, -, -)	Becher, Box
aldrei	nie
sætur (m), sæt (f), sætt (n)	süß
spennandi	spannend
að þrífa (ég þríf) + *Akk.*	putzen

Text zur Lektion

H145

Hanna und Michael gehen durch Egilsstaðir.

Hanna:	Það er rosalega fínt veður í dag. Það er sólskin, bara lítill vindur og ekki of kalt.	Heute ist total schönes Wetter. Es scheint die Sonne, es weht nur wenig Wind und es ist nicht zu kalt.
Michael:	Mér finnst svolítið kalt.	Ich finde es etwas kalt.
Hanna:	Svona er íslenskt sumar. Mig langar í ís núna.	So ist ein isländischer Sommer. Ich habe jetzt Lust auf ein Eis.
Michael:	Í ís? Finnst þér ekki of kalt til að borða ís?	Auf ein Eis? Findest du es nicht zu kalt, um ein Eis zu essen?
Hanna:	Nei, alls ekki. Mér finnst ís alltaf góður. Hitinn skiptir engu máli. Íslendingum finnst jafnvel eðlilegt að fá sér ís á veturna. Ísbúðir eru út um allt.	Nein, überhaupt nicht. Ich finde Eis immer gut. Die Temperatur spielt keine Rolle. Isländer finden es sogar normal, sich im Winter ein Eis zu holen. Eisdielen gibt es überall.
Michael:	Mig langar ekki í ís.	Ich habe keinen Appetit auf ein Eis.
Hanna:	Hvað langar þig í? Eitthvað heitt?	Worauf hast du Lust? Auf etwas Heißes?
Michael:	Já, til dæmis í heitt súkkulaði eða í gott og sterkt kaffi.	Ja, zum Beispiel auf eine heiße Schokolade oder einen guten und starken Kaffee.
Hanna:	Förum á kaffihúsið þarna hinum megin. Þú færð þér kaffi eða eitthvað slíkt og ég fæ mér tvær kúlur af ís. Hvernig finnst þér það?	Gehen wir in das Café dort drüben. Du holst dir einen Kaffee oder so etwas und ich hole mir zwei Kugeln Eis. Wie findest du das?
Michael:	Ég er sammála.	Ich bin einverstanden.

Im Café:

Hanna:	Ég ætla að fá tvær kúlur: eina kúlu af súkkulaðiís og eina af vanilluís.	Ich hätte gern zwei Kugeln: eine Kugel Schokoeis und eine Vanilleeis.
Verkäufer:	Í brauðformi eða í boxi?	In einer Waffel oder im Becher?
Hanna:	Í brauðformi, takk.	In einer Waffel, bitte.
Verkäufer:	Eitthvað fleira?	Noch etwas?
Michael:	Ég ætla að fá kaffibolla.	Ich hätte gern eine Tasse Kaffee.
Verkäufer:	Nú? Langar þig ekki í ís?	Nanu? Möchten Sie kein Eis?
Hanna:	Honum finnst alltof kalt til að borða ís.	Er findet es viel zu kalt, um Eis zu essen.
	Hann er frá Þýskalandi.	Er ist aus Deutschland.
Verkäufer:	Það er aldrei of kalt fyrir ís.	Es ist niemals zu kalt für Eis.

Grammatik im Überblick

Das unpersönliche Verb langa

langa *(Lust haben)* wird als unpersönliches Verb bezeichnet, weil das Subjekt nicht im Nominativ steht. Das Verb steht immer in der **3. Person Einzahl**. Die Person, die auf etwas Lust hat, steht im **Akkusativ**. Das, worauf man Lust hat, steht mit der Präposition **í** und dem **Akkusativ**. Es kann auch **að + Infinitiv** folgen.

mig **þig** **hann/hana/það** **okkur** **ykkur** **þá/þær/þau**	+ **langar**	+ **í + Akkusativ** (pylsu, ost, ís, bíó, sund, ...) + **að + Infinitiv** (fara út, spyrja, sofa, ...)

Das unpersönliche Verb finnst

finnst *(es gefällt)* wird als unpersönliches Verb bezeichnet, weil das Subjekt nicht im Nominativ steht. Das Verb steht immer in der 3. Person. Die Person, der etwas gefällt, steht im **Dativ**. Das, was einem gefällt, steht im **Nominativ**. Das Adjektiv richtet sich in Geschlecht und Zahl nach dem Substantiv im Nominativ. Es kann auch **að + Infinitiv** folgen.

		Subst.	Adjektiv	
mér		+ **ís**	+ **góður**	(Einz. männl.)
þér		+ **pylsa**	+ **góð**	(Einz. weibl.)
honum/henni/því	+ finnst	+ **grænmeti**	+ **gott**	(Einz. sächl.)
okkur		+ **Íslendingar**	+ **skrítnir**	(Mz. männl.)
ykkur		+ **kisur**	+ **sætar**	(Mz. weibl.)
þeim		+ **herbergin**	+ **falleg**	(Mz. sächl.)

		Adjektiv	Infinitiv
mér		+ **gott**	+ **að borða ís**
þér		+ **skemmtilegt**	+ **að fara til Íslands**
honum/henni/því	+ finnst	+ **frábært**	+ **að tala við Íslendinga**
okkur		+ **spennandi**	+ **að læra íslensku**
ykkur		+ **leiðinlegt**	+ **að vinna um helgar**
þeim		+ **ömurlegt**	+ **að vakna snemma um helgar**

Lektion 28

Jökulsárlón

Im Schwimmbad

Es ist mittlerweile Samstag. Michael und Hanna haben sich die Gletscherlagune (**Jökulsárlón**) angesehen und fahren nun weiter Richtung Westen. Hanna möchte Michael noch ein Schwimmbad zeigen: **Seljavallalaug**.

Hanna: Seljavallalaug ist das älteste Schwimmbad des Landes. Es wurde 1923 erbaut. Es ist etwas versteckt und war lange Zeit ein Geheimtipp. Jetzt hat es sich herumgesprochen, dass man da in toller Atmosphäre kostenlos baden kann.

Michael: Die Isländer baden gerne, oder?

Hanna: Auf jeden Fall. Baden gehört zur isländischen Kultur. Jeder kleine Ort hat ein eigenes Schwimmbad. Und da wir das heiße Wasser direkt aus dem Boden bekommen, sind das auch fast alles Freibäder. Viele Isländer gehen regelmäßig schwimmen oder setzen sich einfach nur in einen heißen Pott und plaudern mit den anderen Schwimmbadbesuchern.

Michael: Toll. Auch wenn Seljavallalaug nun nichts kostet, kannst du mir ja trotzdem ein bisschen Schwimmbadvokabular beibringen.

H146

Langar þig í sund?
verlangt dich in Schwimmen
Hast du Lust, schwimmen zu gehen?

Já, endilega. Förum í sund.
ja unbedingt fahren in Schwimmen
Ja, unbedingt. Lass uns schwimmen gehen.

Hvað kostar í sund?
was kostet in Schwimmen
Wie viel kostet der Schwimmbadeintritt?

650 krónur fyrir fullorðna.
650 Kronen für Erwachsene-Akk.
650 Kronen für Erwachsene.

Seljavallalaug

🎧 **H147**

Wichtige Wörter und Wendungen:

sundlaug (f)	Schwimmbad, Schwimmbecken
konur (fpl)	Damen
karlar (mpl)	Herren
Farið úr skónum.	Bitte Schuhe ausziehen.
skápur (m)	Schrank, Spind
sturta (f)	Dusche
Þvoið ykkur með sápu án sundfata.	Bitte mit Seife ohne Badesachen waschen.
heitur pottur (m)	heißer Pott (Whirlpool)
gufubað/eimbað (n)	Dampfbad, Dampfsauna
sundföt (npl)	Badebekleidung
sundbolur (m)	Badeanzug
bikiní (n)	Bikini
sundbuxur (fpl)	Badeshorts
sundskýla (f)	Badehose

In der Nähe des Reykjavíker Flughafens befindet sich die Bucht **Nauthólsvík**. Dort gibt es das Freibad **Ylströnd**, in dem es möglich ist, vom heißen Pott direkt in den Atlantik zu springen. Im Sommer ist es ein beliebtes Ausflugsziel der «Reykvikinger».

Wörterliste

🎧 **H148**

Isländisch	Deutsch
sundlaug (f/-ar, -ar)	Schwimmbad, -becken
dal·ur (m/-, -s, -ir)	Tal
aðgangur að + *Dat.*	Zugang/Eintritt zu
ókeypis	kostenlos
enginn	niemand
klef·i (m/-a, -ar)	Umkleidekabine
að velja (0) + *Akk.*	wählen
Andskotans!	Mist!
sundskýl·a (f/-u, -ur)	Badehose

Isländisch	Deutsch
að vera í + *Dat.*	anhaben *(Kleidung)*
nærbuxur (fpl)	Unterhose
þægilega	angenehm *(Adverb)*
part·ur (m/-i, -s, -ar)	Teil
menning (f/-u, -ar, -ar)	Kultur
að sitja í heita pottinum	im heißen Pott sitzen
að spjalla (a) við + *Akk.*	plaudern mit
víða um landið	im ganzen Land
að fara í gufubað	in die Sauna gehen

H149

Text zur Lektion

Hanna und Michael sind auf dem Weg nach Seljavallalaug.

Hanna:	Langar þig í sund?	Hast du Lust, schwimmen zu gehen?
Michael:	Úti eða inni?	Draußen oder drinnen?
Hanna:	Úti auðvitað.	Draußen natürlich.
Michael:	Finnst þér ekki of kalt til að synda úti?	Findest du es nicht zu kalt, um draußen zu schwimmen?
Hanna:	Vatnið er heitt. Þér verður ekki kalt.	Das Wasser ist heiß. Dir wird nicht kalt.
Michael:	Allt í lagi. Hvert langar þig að fara?	Okay. Wohin möchtest du fahren?
Hanna:	Ég ætla að sýna þér Seljavallalaug. Það er gömul sundlaug í dal.	Ich werde dir Seljavallalaug zeigen. Das ist ein altes Schwimmbad in einem Tal.
Michael:	Hvað kostar í sund?	Was kostet der Eintritt?
Hanna:	Aðgangurinn að Seljavallalauginni er ókeypis.	Der Zugang zu Seljavallalaug ist kostenlos.

Am Schwimmbad:

Hanna:	Frábært. Það er enginn hér. Þarna eru klefarnir.	Wunderbar. Es ist niemand hier. Dort sind die Kabinen.
Michael:	Er þetta karlaklefinn og þetta kvennaklefinn?	Ist das die Herrenumkleidekabine und das die Frauenumkleidekabine?
Hanna:	Það skiptir engu máli. Þú mátt bara velja.	Das ist egal. Du darfst es dir aussuchen.
Michael:	Andskotans! Ég gleymdi sundskýlunni.	Mist. Ich habe die Badehose vergessen.
Hanna:	Vertu þá bara í nærbuxunum.	Dann lass die Unterhose an.

Im Schwimmbecken:

Michael:	Vatnið er þægilega heitt. Mér er ekki kalt. Finnst Íslendingum gaman að fara í sund.	Das Wasser ist angenehm warm. Mir ist nicht kalt. Gehen Isländer gerne schwimmen?
Hanna:	Já. Þetta er partur af menningunni okkar. Íslendingar fara í sund til að sitja í heita pottinum og spjalla við fólk.	Ja. Das ist Teil unserer Kultur. Isländer gehen ins Schwimmbad, um im heißen Pott zu sitzen und mit Leuten zu plaudern.

	Það eru sundlaugar víða um landið.	Es gibt überall im Land Schwimmbäder.
	Það er líka hægt að fara í gufubað.	Es ist auch möglich, ins Dampfbad zu gehen.
Michael:	Mér finnst leiðinlegt að fara í gufubað. Þar verður mér alltaf alltof heitt.	Ich finde es nicht so toll, ins Dampfbad zu gehen. Dort wird mir immer viel zu warm.

Grammatik im Überblick

mir ist warm/kalt

Wie im Deutschen ist auch diese Konstruktion unpersönlich, d. h. der Fühlende steht hier nicht im Nominativ, sondern in diesem Fall im **Dativ**.

mér
þér
honum/henni/því
okkur
ykkur
þeim

} **+ er** **+ heitt/kalt**

Lektion 29

Skógafoss

Was war gestern?

Hanna und Michael schauen sich jetzt zwei sehr bekannte Wasserfälle im Süden des Landes an: den Skógafoss und den Seljalandsfoss. Beide Wasserfälle sind direkt von der Ringstraße zu erreichen.

Michael: Eine Sache musst du mir auf jeden Fall noch beibringen, bevor ich wieder fahre: die Vergangenheit. Du hast mir zwar schon wenige Formen, wie *ég var* (siehe Lektion 12), beigebracht, aber wie sieht es mit den restlichen Formen aus?

Hanna: Das ist noch etwas umfangreicher. Prinzipiell kann sich jeder Ausländer damit helfen, die Verlaufsform ***ég er að + Infinitiv*** in die Vergangenheit zu setzen. Dabei benutzt du das Verb ***vera*** einfach in der Vergangenheit und fügst den Infinitiv mit *að* an. Das ist zwar oft nicht sehr galant, aber du kannst ohne Probleme alles in der Vergangenheit ausdrücken.

H150

Hvað varstu að gera í gær? *was warst-du zu machen in gestern?* Was hast du gestern gemacht?	Ég var að læra íslensku í gær. *ich war zu lernen Isländisch-Akk. in gestern* Ich habe gestern Isländisch gelernt.

Michael: Das ist jetzt wirklich nicht schwer. Aber wie mache ich es 100%ig richtig?

Hanna: Wie du weißt, gibt es **schwache Verben** (Lektion 14) und **starke Verben** (Lektion 15). Schwache Verben verwenden einen sogenannten **Dentallaut (d, ð, t)**, um die Vergangenheit zu bilden *(dt. ich lerne – ich lernte)*. Starke Verben lauten ihren Stammvokal um. Das nennt man **Ablaut** *(dt. ich fahre – ich fuhr)*. Schauen wir uns erst einmal nur die schwachen Verben an:

Für alle schwachen Verben der a-Klasse gelten folgende Regeln:

H151

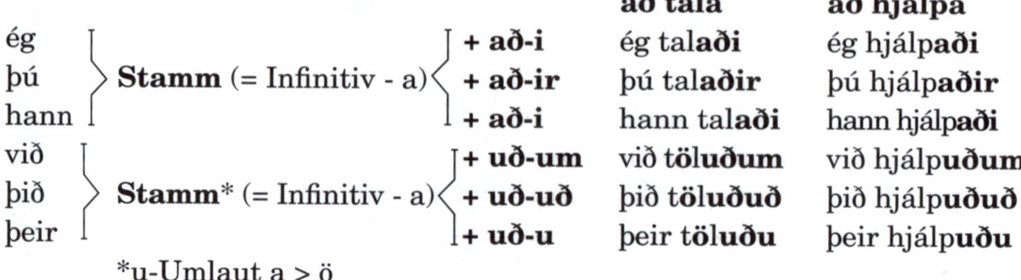

			að tala	**að hjálpa**
ég	**Stamm** (= Infinitiv - a)	**+ að-i**	ég tal**aði**	ég hjálp**aði**
þú		**+ að-ir**	þú tal**aðir**	þú hjálp**aðir**
hann		**+ að-i**	hann tal**aði**	hann hjálp**aði**
við	**Stamm*** (= Infinitiv - a)	**+ uð-um**	við **töluðum**	við hjálp**uðum**
þið		**+ uð-uð**	þið **töluðuð**	þið hjálp**uðuð**
þeir		**+ uð-u**	þeir **töluðu**	þeir hjálp**uðu**

*u-Umlaut a > ö

Bei den **schwachen Verben der i-Klasse** entscheidet der letzte Laut des Stammes darüber, ob **d**, **ð** oder **t** verwendet wird:

H152

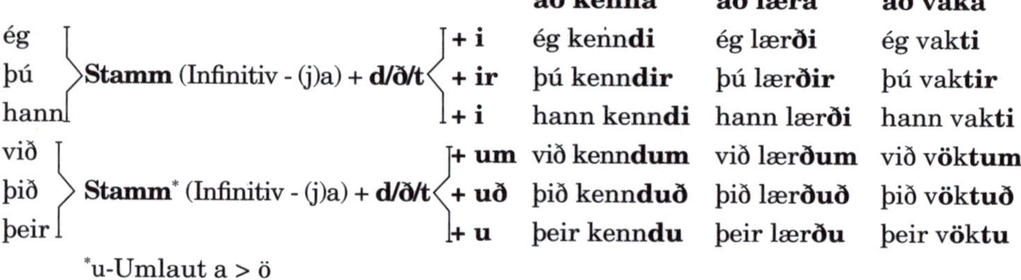

			að kenna	**að læra**	**að vaka**
ég	**Stamm** (Infinitiv - (j)a) + **d/ð/t**	**+ i**	ég kenn**di**	ég lær**ði**	ég vak**ti**
þú		**+ ir**	þú kenn**dir**	þú lær**ðir**	þú vak**tir**
hann		**+ i**	hann kenn**di**	hann lær**ði**	hann vak**ti**
við	**Stamm*** (Infinitiv - (j)a) + **d/ð/t**	**+ um**	við kenn**dum**	við lær**ðum**	við **vöktum**
þið		**+ uð**	þið kenn**duð**	þið lær**ðuð**	þið **vöktuð**
þeir		**+ u**	þeir kenn**du**	þeir lær**ðu**	þeir **vöktu**

*u-Umlaut a > ö

Welcher **Dentallaut** verwendet wird, ist bereits seit Lektion 14 in Klammern angegeben. **Vokal + ð** wird **Vokal + dd. Konsonant + d/ð** wird zu **Konsonant + t**. Oftmals gelten folgende Regeln:

-ð-	nach r, f, g, Vokal	z.B. ég læri → lærði, ég horfi → horfði, ég trúi → trúði
-d-	nach l, m, n, ng	z.B. ég gleymi → gleymdi, ég hringi → hringdi
-dd-	nach Vokal + ð	z.B. ég veiði → veiddi, ég greiði mér → greiddi mér
-t-	nach d, l, k, p, s, t, ð	z.B. ég syndi → synti, ég herði → herti, ég bæti → bætti

H153

Wichtige unregelmäßige Formen sind:

að segja (sagen): ég sagði, þú sagðir, hann sagði, við sögðum, þið sögðuð, þeir sögðu

að kaupa (kaufen): ég keypti, þú keyptir, hann keypti, við keyptum, þið keyptuð, þeir keyptu

að sækja (holen): ég sótti, þú sóttir, hann sótti, við sóttum, þið sóttuð, þeir sóttu

Achtung: **að ná** (erreichen, holen) und **að hafa** (haben) werden in der Gegenwart stark, aber in der Vergangenheit schwach gebeugt:

að ná: *Gegenwart* ég næ, þú nærð, hann nær, ... ; *Vergangenheit* **ég náði, þú náðir, hann náði, ...**
að hafa: *Gegenwart* ég hef, þú hefur, ... ; *Verg.* **ég hafði, þú hafðir, hann hafði, við höfðum, ...**

Bei den **schwachen Verben der Nullklasse** entscheidet ebenso der letzte Laut des Stammes darüber, ob **d**, **ð** oder **t** verwendet wird. Dabei gelten dieselben Regeln wie bei der i-Klasse. Zudem tritt der sogenannte **Rückumlaut** auf:

H154

			að telja	**að flýja**	**að flytja**
ég		**+ i**	ég tal**di**	ég flú**ði**	ég flut**ti**
þú	**Stamm*** (Infinitiv - ja) + d/ð/t	**+ ir**	þú tal**dir**	þú flú**ðir**	þú flut**tir**
hann		**+ i**	hann tal**di**	hann flú**ði**	hann flut**ti**
við		**+ um**	við t**öldum**	við flú**ðum**	við flut**tum**
þið	**Stamm*** (Infinitiv - ja) + d/ð/t	**+ uð**	þið t**ölduð**	þið flú**ðuð**	þið flut**tuð**
þeir		**+ u**	þeir t**öldu**	þeir flú**ðu**	þeir flut**tu**

* Rückumlaut: e > a In der Mehrzahl tritt wiederum **u-Umlaut a > ö** auf.
ý > ú
y > u

Vokal + ð wird hier ebenfalls **Vokal + dd**: ég kveð → kvaddi, ég gleð → gladdi

Wichtige **unregelmäßige Formen** sind:

H155

að leggja (legen): ég lagði, þú lagðir, hann lagði, við lögðum, þið lögðuð, þeir lögðu
að setja (setzen): ég setti, þú settir, hann setti, við settum, þið settuð, þeir settu
að selja (verkaufen): ég seldi, þú seldir, hann seldi, við seldum, þið selduð, þeir seldu

Wichtige Zeitadverbien:

H156

í fyrradag	vorgestern	**eftir hádegi(ð)**	nachmittags
í gær	gestern	**áðan**	vorhin
í gærkvöldi	gestern Abend	**seinna**	später
í dag	heute	**síðan = þá = svo**	dann, danach
í morgun	heute Morgen	**áður**	vorher
í kvöld	heute Abend	**um helgina**	am Wochenende
í nótt	heute Nacht	**á síðustu dögum**	in den letzten Tagen
á morgun	morgen	**í síðustu viku**	in der letzten Woche
fyrir hádegi(ð)	vormittags	**í síðasta mánuði**	im letzten Monat
um hádegi(ð)	mittags	**í fyrra**	im letzten Jahr

fyrir einu ári / einum mánuði / einni viku / einum degi
vor 1 Jahr/Monat/Woche/Tag
fyrir tveimur árum/mánuðum/vikum/dögum
vor 2 Jahren/Monaten/Wochen/Tagen
fyrir þremur árum/mánuðum/vikum/dögum
vor 3 Jahren/Monaten/Wochen/Tagen
fyrir fjórum árum/mánuðum/vikum/dögum
vor 4 Jahren/Monaten/Wochen/Tagen

Wörterliste

H157

Isländisch	Deutsch
að vaka (-ti)	wach sein
að trúa (-ði) + *Dat.*	glauben
að veiða (-ddi) + *Akk.*	fischen, jagen
að herða (-ti) + *Akk.*	härten
að bæta (-ti) + *Akk.*	verbessern
að flytja (0)	umziehen
að flýja (0)	fliehen
þátíð (f/-ar, -ir)	Vergangenheit
að spyrja (0) spurninga	Fragen stellen
að svara (a) + *Dat.*	beantworten
að leggja (0) af stað	losfahren
hafragraut·ur (m/-, -ar, -ar)	Hafergrütze
ísjak·i (m/-a, -ar)	Eisberg
að reyna (-di) + *Akk.*	versuchen
að pakka (a) fötum niður	Kleidung einpacken

Isländisch	Deutsch
að lenda (-ti)	landen
nánast	quasi
sumarfrí (n/-i, -s, -)	Sommerurlaub
Ítalí·a (f/-u, ÷)	Italien
ferðalag (n/-i, -s, -lög)	Reise
öðruvísi en	anders als
einu sinni	einmal
seglbát·ur (m/-, -s, -ar)	Segelboot
að sigla (-di)	segeln
meðfram + *Dat.*	entlang
strönd (f/strandar, strendur)	Strand, Küste
brekk·a (f/-u, -ur)	Hang, Steigung
að ofan	von oben
landslag (n/-i, -s, -)	Landschaft

Text zur Lektion

H158

Hanna und Michael trinken einen Kaffee am Skógafoss.

Michael:	Mig langar að æfa þátíðina í íslensku.	Ich möchte die Vergangenheit im Isländischen üben.

Hanna:	Allt í lagi. Ég spyr þig spurninga og þú svarar mér. Hvað gerðir þú í gær?	Okay. Ich stelle dir Fragen und du antwortest mir. Was hast du gestern gemacht?
Michael:	Í gær lögðum við af stað klukkan hálf níu. Áður borðuðum við morgunmat. Ég borðaði ristað brauð með áleggi og þú borðaðir hafragraut og súrmjólk.	Gestern sind wir um halb neun aufgebrochen. Vorher haben wir gefrühstückt. Ich habe Toast mit Aufschnitt und du Hafergrütze und Sauermilch gegessen.
Hanna:	Hvað gerðum við síðan?	Was haben wir dann gemacht?
Michael:	Við keyrðum eftir Hringveginum og stoppuðum við Jökulsárlón. Ég skoðaði ísjakana í lóninu.	Wir fuhren die Ringstraße entlang und machten an der Gletscherlagune Halt. Ich schaute mir die Eisberge in der Lagune an.
Hanna:	Taldirðu ísjakana?	Hast du die Eisberge gezählt?
Michael:	Nei, ég taldi þá ekki. Um hádegið hringdi ég heim í mömmu. Hún spurði margra spurninga og ég reyndi að svara þeim. Eftir hádegið sýndir þú mér Seljavallalaug. Ég synti í henni.	Nein, ich habe sie nicht gezählt. Mittags rief ich Mama zu Hause an. Sie stellte viele Fragen und ich versuchte, sie zu beantworten. Nachmittags zeigtest du mir Seljavallalaug. Ich schwamm darin.
Hanna:	Hvað gerðirðu í síðustu viku?	Was hast du letzte Woche gemacht?
Michael:	Í síðustu viku var ég heima í Þýskalandi og hlakkaði til að fara með þér til Íslands. Ég keypti ýmislegt fyrir ferðina og pakkaði fötum niður í töskuna. Á flugvellinum í Þýskalandi kenndirðu mér fyrstu orðin á íslensku. Þegar við lentum á Keflavíkurflugvelli talaði ég bara smá íslensku. Ég skildi nánast ekkert.	Letzte Woche war ich zu Hause in Deutschland und freute mich darauf, mit dir nach Island zu fahren. Ich kaufte einiges für die Reise und packte Kleidung in die Tasche. Am Flughafen in Deutschland brachtest du mir die ersten Worte auf Isländisch bei. Als wir in Keflavík landeten, sprach ich nur wenig Isländisch. Ich verstand beinahe nichts.
Hanna:	Þú talar núna mjög fína íslensku, Michael minn. Hvað gerðirðu í fyrra? Varstu líka í sumarfríi?	Du sprichst jetzt ein sehr schönes Isländisch, mein Michael. Was hast du letztes Jahr gemacht? Warst du auch im Sommerurlaub?

Michael:	Já. Ég var á Ítalíu. Ferðalagið var allt öðruvísi en ferðin okkar til Íslands. Það var mjög heitt. Ég borðaði oft ís. Einu sinni leigðum við seglbát og sigldum meðfram ströndinni. Ég lærði líka smá ítölsku en gleymdi öllu aftur.	Ja, ich war in Italien. Der Urlaub war ganz anders als unsere Reise nach Island. Es war sehr heiß. Ich aß oft Eis. Einmal mieteten wir ein Segelboot und segelten die Küste entlang. Ich lernte auch etwas Italienisch, vergaß aber alles wieder.
Hanna:	Hvað gerðirðu áðan?	Was hast du vorhin gemacht?
Michael:	Ég skoðaði Skógafoss með þér. Síðan löbbuðum við upp brekkuna. Að ofan höfðum við frábært útsýni yfir landslagið.	Ich habe mir den Skógafoss mit dir angeschaut. Dann gingen wir den Hang hinauf. Von oben hatten wir eine wunderbare Aussicht über die Landschaft.
Hanna:	Hvert langar þig núna?	Wohin möchtest du jetzt?
Michael:	Núna langar mig að skoða Seljalandsfoss.	Jetz möchte ich mir den Seljalandsfoss anschauen.

Grammatik im Überblick

Präteritum der schwachen Verben

In dieser Lektion wurde die Bildung der Vergangenheitsformen der schwachen Verben im Überblick dargestellt (siehe oben). Alle schwachen Verben (a-Klasse, i-Klasse und Nullklasse) fügen einen Dentallaut (**d**, **ð** oder **t**) ein. Die Endungen sind immer gleich (**-i**, **-ir**, **-i**, **-um**, **-uð**, **-u**). Das Präteritum ist im Isländischen die übliche Vergangenheitsform. Das Deutsche verwendet eher das Perfekt *(ich habe gelernt* anstelle von *ich lernte)*. Es ist auch möglich die Vergangenheit, wie oben dargestellt, mit **ég var að + Infinitiv** zu bilden. Diese Konstruktion hilft vor allem am Anfang, von jedem Verb eine Vergangenheit zu bilden und sich flüssig ausdrücken zu können. Für diese Konstruktion gelten jedoch auch Einschränkungen. Diese sind sehr tiefgründig und können an dieser Stelle zunächst vernachlässigt werden. Die kommunikative Kompetenz steht im Vordergrund.

Seljalandsfoss

Lektion 30

Wie komme ich nach ...?

Gewächshäuser in Flúðir

Für Hanna und Michael geht die Reise weiter. Heute übernachten sie in Hveragerði, einem kleinen Ort ca. 40 km von Reykjavík entfernt. In Hveragerði gibt es viele Gewächshäuser, die mit Erdwärme betrieben werden. Dort werden Blumen und Gemüse angebaut. Michael studiert die Karte, um den richtigen Weg zur Unterkunft zu finden. Sie werden bei Hannas Tante Þóra übernachten. Hanna kann sich nicht mehr erinnern, wo die Straße liegt. In Selfoss, kurz vor Hveragerði, machen sie Halt.

Michael: Ich finde die Straße nicht auf der Karte. Anscheinend sind hier nicht alle Straßennamen eingezeichnet.

Hanna: Am besten fragen wir jemanden, der sich dort auskennt. Lass uns in der Tankstelle fragen.

Michael: Bring mir doch gleich einmal bei, wie man nach dem Weg fragt.

H159

Fyrirgefðu, veistu hvar Kambahraun er?
Vergib-du, weiß-du wo Kambahraun ist
Entschuldigung, wissen Sie, wo Kambahraun ist?

Já, ég veit það.
Ja ich weiß das
Ja, das weiß ich.

Hvernig kemst ég þangað?
wie komme-mich ich dorthin
Wie gelange ich dorthin?

Farðu beint áfram, svo til hægri ...
Fahr-du direkt weiter, so nach rechts
Fahren Sie geradeaus, dann nach rechts ...

H160

Farðu ...	Gehen/Fahren Sie ...
... (fyrstu götuna) **til vinstri**.	... (die erste Straße) nach links.
... (aðra götuna) **til hægri**.	... (die zweite Straße) nach rechts.
... **beint áfram**.	... geradeaus.
... **upp** (götuna).	... (die Straße) hinauf.
... **niður** (götuna).	... (die Straße) hinunter.

... **að gatnamótunum**.	... bis zur Kreuzung.
... **að umferðarljósinu**.	... bis zur Ampel.
... **að hringtorginu**.	... bis zum Kreisverkehr.
... **yfir brúna**.	... über die Brücke.
... **framhjá** bensínstöðinni.	... an der Tankstelle vorbei.
... **í gegnum** göngin.	... durch den Tunnel.
... **í áttina til** Reykjavíkur.	... in Richtung Reykjavík.
... **fyrir hornið**.	... um die Ecke.

Wörterliste

H161

Isländisch	Deutsch
nákvæmur (m), nákvæm (f), nákvæmt (n)	genau
líklega	wahrscheinlich
að spyrja (0) til vegar	nach dem Weg fragen
að þekkja (-ti) + *Akk.* vel	gut kennen
þjóðveg·ur (m/-i, -ar, -ir)	Landstraße
að beygja (-ði) + *Akk.*	abbiegen
ansi	ziemlich

Isländisch	Deutsch
lýsing (f/-u, -ar, -ar)	Beschreibung
það var lítið	gern geschehen
frænk·a (f/-u, -ur)	weibl. Verwandte
að vera lík/ur + *Dat.*	aussehen wie, ähneln
á þínum aldri	in deinem Alter
mánaðardag·ur (m/-degi, -s, -ar)	Datum
hæð (f/-ar, -ir)	Etage, Hügel

Text zur Lektion

H162

Hanna und Michael sind in Selfoss und suchen die Straße ihrer Unterkunft auf der Karte.

Michael:	Sérðu götuna á kortinu?	Siehst du die Straße auf der Karte?
Hanna:	Nei, ég sé hana ekki.	Nein, ich sehe sie nicht.
Michael:	Kortið er ekki nógu nákvæmt. Þetta er líklega lítil gata.	Die Karte ist nicht genau genug. Das ist wahrscheinlich eine kleine Straße.
Hanna:	Heyrðu, eigum við ekki að spyrja einhvern til vegar? Þarna er bensínstöð.	Sag mal, sollen wir nicht jemanden nach dem Weg fragen? Dort ist eine Tankstelle.
Michael:	Jú, gerum það. Förum á bensínstöðina.	Ja, machen wir das. Lass uns zur Tankstelle gehen.

In der Tankstelle.

Hanna:	Fyrirgefðu, veistu hvar Smyrlaheiði er?	Entschuldigung, wissen Sie, wo Smyrlaheiði ist?
Tankwart:	Ha? Smyrlaheiði? Er hún hér á Selfossi?	Wie bitte? Smyrlaheiði? Ist das hier in Selfoss?
Hanna:	Nei, í Hveragerði. Afsakið, ég gleymdi að segja það.	Nein, in Hveragerði. Verzeihung, ich habe vergessen, das zu sagen.
Tankwart:	Sko ... ég bý í Hveragerði. Þess vegna þekki ég bæinn mjög vel.	Also ... ich wohne in Hveragerði. Deswegen ist mir der Ort gut bekannt.
Hanna:	Frábært. Geturðu sagt mér hvernig ég kemst þangað?	Toll. Können Sie mir sagen, wie ich dorthin gelange?
Tankwart:	Farðu þjóðveginn í áttina til Reykjavíkur. Farðu að hringtorginu og svo til hægri. Farðu framhjá bensínstöðinni og fyrstu götuna til vinstri. Gatan heitir Þelamörk. Farðu beint áfram og svo þriðju götuna til vinstri. Það er Finnmörk. Nú ferðu bara beint áfram og beygir fimmtu götuna til vinstri. Það er Smyrlaheiði.	Fahren Sie die Landstraße in Richtung Reykjavík. Fahren Sie bis zum Kreisverkehr und dann nach rechts. Fahren Sie an der Tankstelle vorbei und die erste Straße nach links. Die Straße heißt Þelamörk. Fahren Sie geradeaus und dann die dritte Straße nach links. Das ist Finnmörk. Jetzt fahren Sie geradeaus und biegen in die fünfte Straße nach links. Das ist Smyrlaheiði.
Hanna:	Ég þakka þér kærlega fyrir. Þetta var ansi nákvæm lýsing.	Ich danke Ihnen herzlich dafür. Das war eine ziemlich genaue Beschreibung.
Tankwart:	Það var lítið. Ætlarðu að heimsækja einhvern í Smyrlaheiði?	Gern geschehen. Wollen Sie jemanden auf der Smyrlaheiði besuchen?
Hanna:	Já. Þóra frænka mín býr þar.	Ja. Meine Tante Þóra wohnt da.
Tankwart:	Þóra hvers dóttir?	Þóra wessen Tochter?
Hanna:	Þóra Hjálmarsdóttir.	Þóra Hjálmarsdóttir.
Tankwart:	Auðvitað. Þú ert frænka hennar Þóru. Þú ert lík Þóru þegar hún var á þínum aldri. Ertu ekki Hanna?	Natürlich. Du bist Þóras Nichte. Du siehst aus wie Þóra, als sie in deinem Alter war. Bist du nicht Hanna?
Hanna:	Jú, ég er Hanna. Sagði Þóra þér frá mér?	Doch, ich bin Hanna. Hat dir Þóra von mir erzählt?

Tankwart:	Já, ég hitti hana í Bónus í gær. Hún sagði að þú kæmir frá Þýskalandi til að heimsækja fjöldskylduna. Þórólfur heiti ég. Gaman að kynnast þér.	Ja, ich traf sie gestern im Bónus. Sie erzählte, dass du aus Deutschland kämest, um die Familie zu besuchen. Ich heiße Þórólfur. Schön, dich kennen zu lernen.
Hanna:	Takk, sömuleiðis.	Danke, gleichfalls.

Grammatik im Überblick

Die Ordnungszahlen

Die Ordnungszahlen (erster, zweiter, dritter, ...) werden dazu verwendet, um Reihenfolgen anzugeben, z. B. bei Straßen, Klassen, Etagen oder beim Datum. Im Nominativ Singular enden die männlichen Formen auf **-i** und die weiblichen und sächlichen Formen auf **-a**. **annar** *(zweiter)* hat unregelmäßige Formen und muss extra gelernt werden (siehe Kurzgrammatik 1.7 Zahlen).

H163

1. fyrsti	11. ellefti	21. tuttugasti og fyrsti	31. þrítugasti og fyrsti
2. annar	12. tólfti	22. tuttugasti og annar	32. þrítugasti og annar
3. þriðji	13. þrettándi	23. tuttugasti og þriðji	33. þrítugasti og ...
4. fjórði	14. fjórtándi	24. tuttugasti og fjórði	
5. fimmti	15. fimmtándi	25. tuttugasti og fimmti	
6. sjötti	16. sextándi	26. tuttugasti og sjötti	
7. sjöundi	17. sautjándi	27. tuttugasti og sjöundi	
8. áttundi	18. átjándi	28. tuttugasti og áttundi	
9. níundi	19. nítjándi	29. tuttugasti og níundi	
10. tíundi	20. tuttugasti	30. þrítugasti	

	männlich	weiblich	sächlich
Nom. Sing.	fyrst·i	fyrst·a	fyrst·a
Akk./Dat./Gen. Sing.	fyrst·a	fyrst·u	fyrst·a
gesamter Plural	fyrst·u		

	männlich	weiblich	sächlich
Nom. Sing.	tuttugast·i	tuttugast ·a	tuttugast ·a
Akk./Dat./Gen. Sing.	tuttugast ·a	tuttugust ·u	tuttugast ·a
gesamter Plural	tuttugust ·u		

Datumsangabe:

Hvaða mánaðardagur er í dag? Welches Datum ist heute?
Í dag er **fyrsti/annar** maí. Heute ist der 1./2. Mai.
wer/was ist heute? → männliche Form des Nominativs

Hvenær kemur þú til Íslands? Wann kommst du nach Island?
Ég kem **fyrsta/annan** maí. Ich komme am 1./2. Mai.
wann? → männliche Form des Akkusativs

Stockwerke:

Á hvaða hæð býrðu? Auf welcher Etage wohnst du?
Ég bý á **fyrstu/annarri** hæð. Ich wohne in der 1./2. Etage.
wo? (hæð ist weiblich) → weibliche Form im Dativ

Straßenabbiegungen:

Farðu **fyrstu/aðra** götuna til hægri. Fahren Sie die 1./2. Straße nach rechts.
wen/was? (gata ist weiblich) → weibliche Form im Akkusativ

Lektion 31

Was tut dir weh?

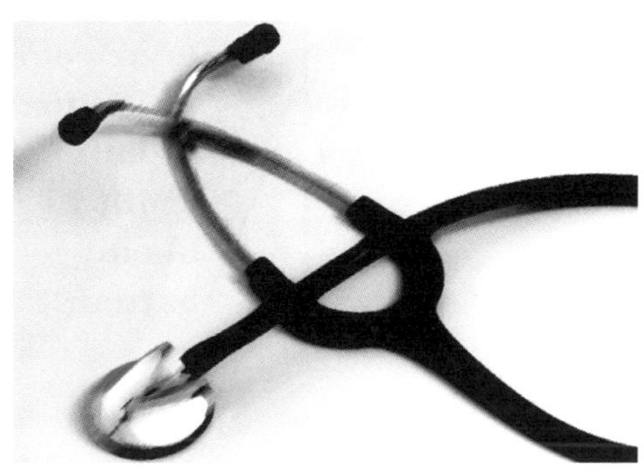

Hanna und Michael haben den Weg zu Þóra und ihrer Familie gefunden. Þóra hat sehr gut und viel gekocht. Michael hat sich den Bauch vollgeschlagen.

Michael: Jetzt habe ich aber Bauchschmerzen. Ich habe viel zu viel gegessen.

Hanna: Du Armer. Da fällt mir ein, dass wir unsere Lektionen fortsetzen könnten. Wie wäre es mit passenden Vokabeln für den Krankheitsfall?

H164

Hvar finnur þú til?
Wo findest du zu?
Wo tut es dir weh?

Hvernig líður þér?
wie ergeht dir
Wie fühlst du dich?

Mér er illt í maganum.
mir ist schlecht in Bauch-dem-Dat.
Ich habe Bauchschmerzen.

Mér líður vel/illa.
mir ergeht gut/schlecht
Ich fühle mich gut/schlecht.

H165

Mér er illt í ... *(+ Dat.)*		**Ég er með** ... *(+ Akk.)*	
Ich habe Schmerzen ...		Ich habe ...	
... **maganum.**	... im Bauch.	... **tannpínu.**	... Zahnschmerzen.
... **höfðinu.**	... im Kopf.	... **hita.**	... Fieber.
... **bakinu.**	... im Rücken.	... **flensu.**	... eine Grippe.
... **eyrunum.**	... in den Ohren.	... **kvef.**	... Schnupfen.
... **augunum.**	... in den Augen.	... **hósta.**	... Husten.
... **hálsinum.**	... im Hals.	... **niðurgang.**	... Durchfall.
... **hendinni.**	... in der Hand.	... **háan blóðþrýsting.**	... Bluthochdruck.
... **fætinum.**	... im Fuß/Bein.	... **lágan blóðþrýsting.**	... Blutniederdruck.
... **hnénu.**	... im Knie.	... **hálsbólgu.**	... eine Halsentzündung.

Unpersönliche Konstruktionen

H166

mér **þér** **honum/henni/því** **okkur** **ykkur** **þeim**	**líður vel/illa**	jd. fühlt sich gut/schlecht
	er flökurt	jdm. ist übel
	er kalt/heitt	jdm. ist kalt/heiß
	er illt í + *Dat.*	jdm. tut es weh in ...
	blæðir	jd. blutet
	batnar	jd. erholt sich, wird gesund

Wörterliste

H167

Isländisch	Deutsch
að laga (a) te	Tee kochen
að svitna (a)	schwitzen
enni (n/-i, -s, -)	Stirn
verkjatöflur (fpl)	Schmerztabletten
að vera í + *Dat.*	anhaben (Kleidung)
Engin furða að ...	Kein Wunder, dass ...

Isländisch	Deutsch
land·i (m/-a, -ar)	hier: Selbstgebranntes
nokkrum sinnum	mehrmals
að kasta (a) upp	sich übergeben
já, ætli það ekki	ja, ich glaube schon
nei, ætli það	nein, ich glaube nicht
að koma fljótt (ég kem)	schnell kommen

Text zur Lektion

H168

	Isländisch	Deutsch
Hanna:	Er allt í lagi með þig? Þú lítur ekki vel út.	Ist alles in Ordnung mit dir? Du siehst nicht gut aus.
Michael:	Ég borðaði alltof mikið.	Ich habe viel zu viel gegessen.
Hanna:	Er þér flökurt?	Ist dir übel?
Michael:	Nei, mér er bara illt í maganum.	Nein, ich habe nur Bauchschmerzen.
Hanna:	Viltu fá te?	Willst du einen Tee?
Michael:	Já, takk.	Ja, danke.
Hanna:	Fínt. Ég fer og laga te handa þér.	Okay. Ich gehe dir einen Tee kochen.
Hanna:	Er þér ekki að batna?	Geht es dir noch nicht besser?
Michael:	Nei, mér líður mjög illa núna.	Nein, ich fühle mich gerade sehr schlecht.
Hanna:	Þú svitnar rosalega. Er þér heitt?	Du schwitzt tierisch. Ist dir heiß?
Michael:	Nei, mér er frekar kalt.	Nein, mir ist eher kalt.
Hanna:	Leyfðu með að finna ennið á þér ... Nú? Þú ert með hita. Er þér bara illt í maganum? Eða hvar finnur þú til?	Lass mich deine Stirn fühlen ... Nanu ... Du hast Fieber. Hast du nur Bauchschmerzen? Oder wo tut es dir weh?
Michael:	Mér er illt í maganum og svolítið í höfðinu.	Mir tun der Bauch und ein wenig der Kopf weh.
Hanna:	Bíddu nú við. Ég næ í verkjatöflur handa þér ... Gjörðu svo vel.	Warte mal kurz. Ich hole dir Schmerztabletten ... Bitte sehr.
Michael:	Takk. Þú ert svo góð við mig.	Danke. Du bist so gut zu mir.
Hanna:	Er þetta kannski flensa? Ertu líka með hósta, kvef eða hálsbólgu?	Ist das vielleicht eine Grippe? Hast du auch Husten, Schnupfen oder Halsschmerzen?
Michael:	Nei. En nú er mér líka flökurt.	Nein. Aber jetzt ist mir auch übel.
Hanna:	Af hverju ertu í þremur peysum?	Warum hast du drei Pullover an?
Michael:	Mér var svo kalt.	Mir war so kalt.
Hanna:	Engin furða að þú svitnir svona mikið. Segðu mér ... Var Þóra að bjóða þér landann?	Kein Wunder, dass du so schwitzt. Sag mir ... Hat dir Þóra den Selbstgebrannten angeboten?
Michael:	Já ... nokkrum sinnum.	Ja ... mehrmals.

Hanna:	Hvað drakkstu mikið?	Wie viel hast du getrunken?
Michael:	Alltof mikið ... Ó nei ...	Viel zu viel ... Oh nein ...
	Hvar er klósettið?	Wo ist die Toilette?
Hanna:	Þarftu að kasta upp?	Musst du dich übergeben?
Michael:	Já, ætli það ekki.	Ja, ich glaube schon.
Hanna:	Komdu fljótt.	Komm schnell.

Der Körper – Líkaminn

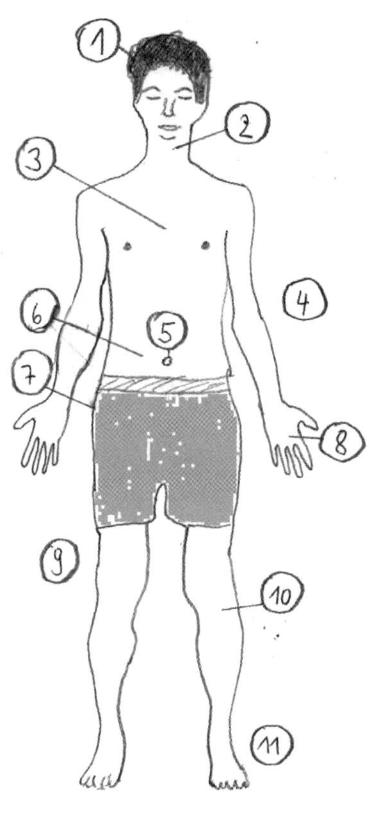

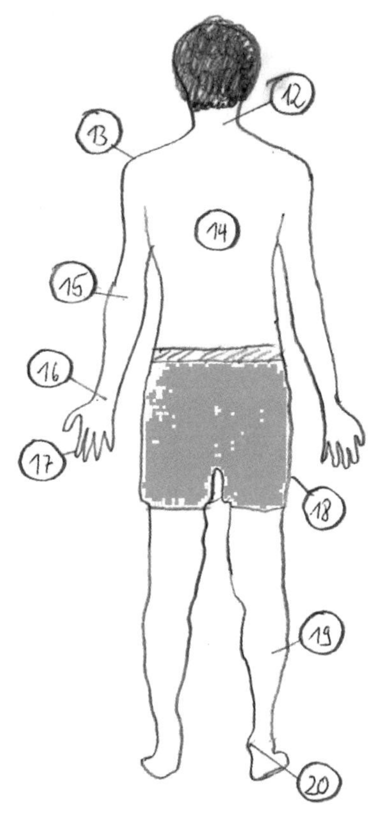

(1) höfuð (n)
(2) háls (m)
(3) brjóst (n)
(4) handleggur (m)
(5) nafli (m)
(6) magi (m)
(7) rass (m)
(8) hönd (f)
(9) fótleggur (m)
(10) hné (n)
(11) fótur (m)
(12) hnakki (m)
(13) öxl (f)
(14) bak (n)
(15) olnbogi (m)
(16) úlnliður (m)
(17) fingur (m)
(18) læri (n)
(19) kálfi (m)
(20) ökkli (m)

Lektion 32

Was hast du gemacht?

Für Michael ist der letzte Tag auf Island gekommen. Er hat viel gesehen und vor allem viel gelernt. Hanna bringt ihn noch zum Flughafen. Dort müssen sie auf den Check-In warten. Sie setzen sich ins Flughafencafé.

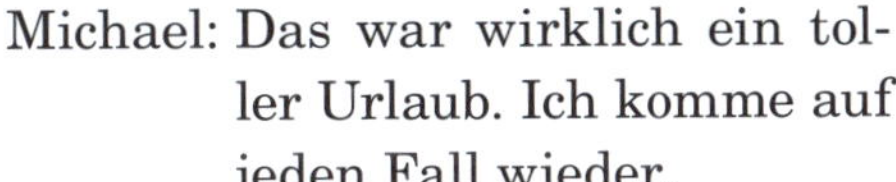

Michael: Das war wirklich ein toller Urlaub. Ich komme auf jeden Fall wieder.

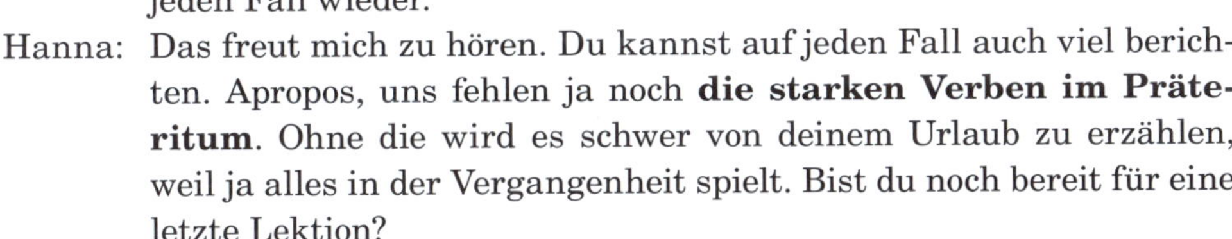

Hanna: Das freut mich zu hören. Du kannst auf jeden Fall auch viel berichten. Apropos, uns fehlen ja noch **die starken Verben im Präteritum**. Ohne die wird es schwer von deinem Urlaub zu erzählen, weil ja alles in der Vergangenheit spielt. Bist du noch bereit für eine letzte Lektion?

Michael: Ja, unbedingt.

Hanna: Wie wir wissen, bilden schwache Verben ihre Vergangenheitsform mit einem Dentallaut (d, ð oder t) (siehe Lektion 29). **Starke Verben** brauchen diesen Laut nicht, da sie ihren Stammvokal ändern. Das nennt man **Ablaut** (st**e**hlen – st**a**hl – gest**o**hlen). Insgesamt gibt es sieben Ablautreihen, bei denen der Ablaut jeweils gleich oder ähnlich ist. Im Gegensatz zum Deutschen ist der Ablaut im Singular und Plural oft nicht derselbe:

H169

(drekka)	ég dr**a**kk	við dr**u**kk-**um**	(lesa)	ég l**a**s	við l**á**s-**um**
	þú dr**a**kk-**st**	þið dr**u**kk-**uð**		þú l**a**s-**t**	þið l**á**s-**uð**
	hann dr**a**kk	þeir dr**u**kk-**u**		hann l**a**s	þeir l**á**s-**u**

Die **Endungen** sind bei allen starken Verben im Präteritum gleich **(endungslos, -st, endungslos, -um, -uð, -u)**. Wenn **-st** auf **-s** des Stamms trifft, schreibt man nur ein **s** (**las + st = þú last**). Wenn **-st** auf **-t** oder **-tt** des Stamms trifft, schreibt man nur **st** (**datt + st = þú dast**).

H170

Übersicht über wichtige starke Verben im Präteritum nach Ablautreihe:

(zur Vollständigkeit ist in Klammern das Perfektpartizip angegeben)

☞ siehe auch die alphabetische Auflistung wichtiger starker Verben in der Kurzgrammatik 2.2 Starke Verben

1. Ablautreihe (í - ei - i - i)

að bíða *(warten)*	ég beið	við biðum	(beðið)
að bíta *(beißen)*	ég beit	við bitum	(bitið)
að líða *(ergehen)*	mér leið	---	(liðið)
að stíga *(steigen)*	ég steig	við stigum	(stigið)
að þrífa *(putzen)*	ég þreif	við þrifum	(þrifið)

2. Ablautreihe (jó/jú/ú - au - u - o)

að bjóða *(anbieten)*	ég bauð	við buðum	(boðið)
að brjóta *(brechen)*	ég braut	við brutum	(brotið)
að kjósa *(wählen)*	ég kaus	við kusum	(kosið)
að ljúga *(lügen)*	ég laug	við lugum	(logið)
að njóta *(genießen)*	ég naut	við nutum	(notið)
að skjóta *(schießen)*	ég skaut	við skutum	(skotið)

3. Ablautreihe (e - a - u - o/u)

að brenna *(brennen)*	ég brann	við brunnum	(brunnið)
að detta *(fallen)*	ég datt	við duttum	(dottið)
að drekka *(trinken)*	ég drakk	við drukkum	(drukkið)
að finna *(finden)*	ég fann	við fun**d**um	(fundið)
að h**v**erfa *(verschwinden)*	ég h**v**arf	við hurfum	(horfið)
að syngja *(singen)*	ég söng	við sungum	(sungið)
að **v**erða *(werden)*	ég **v**arð	við urðum	(orðið)
að **v**inna *(arbeiten)*	ég **v**ann	við unnum	(unnið)

4. Ablautreihe (e - a - á - o/u)

að bera *(tragen)*	ég bar	við bárum	(borið)
að skera *(schneiden)*	ég skar	við skárum	(skorið)
að sofa *(schlafen)*	ég s**v**af	við s**v**áfum	(sofið)
að stela *(stehlen)*	ég stal	við stálum	(stolið)
mit Abweichungen:			
að koma *(kommen)*	ég kom	við komum	(komið)

5. Ablautreihe (e - a - á - e)

að drepa *(töten)*	ég drap	við drápum	(drepið)
að gefa *(geben)*	ég gaf	við gáfum	(gefið)

að geta *(können)*	ég gat	við gátum	(getað)
að lesa *(lesen)*	ég las	við lásum	(lesið)
mit Abweichungen:			
að biðja *(bitten)*	ég bað	við báðum	(beðið)
að liggja *(liegen)*	ég lá	við lágum	(legið)
að sitja *(sitzen)*	ég sat	við sátum	(setið)
að sjá *(sehen)*	ég sá	við sáum	(séð)
að vera *(sein)*	ég var	við vorum	(verið)

6. Ablautreihe (a - ó - ó - a/e)

að fara *(fahren, gehen)*	ég fór	við fórum	(farið)
að grafa *(graben)*	ég gróf	við grófum	(grafið)
að taka *(nehmen)*	ég tók	við tókum	(tekið)
mit Abweichungen:			
að deyja *(sterben)*	ég dó	við dóum	(dáið)
að draga *(ziehen)*	ég dró	við drógum	(dregið)
að slá *(schlagen)*	ég sló	við slógum	(slegið)
að standa *(stehen)*	ég stóð	við stóðum	(staðið)

7. Ablautreihe

að gráta *(weinen)*	ég grét	við grétum	(grátið)
að láta *(lassen)*	ég lét	við létum	(látið)
að heita *(heißen)*	ég hét	við hétum	(heitið)
að leika *(spielen)*	ég lék	við lékum	(leikið)
að falla *(fallen)*	ég féll	við féllum	(fallið)
að halda *(halten, denken)*	ég hélt	við héldum	(haldið)
að fá *(bekommen)*	ég fékk	við fengum	(fengið)
að ganga *(gehen)*	ég gekk	við gengum	(gengið)
að hlaupa *(laufen)*	ég hljóp	við hlupum	(hlaupið)
að búa *(wohnen)*	ég bjó	við bjuggum	(búið)

Michael: Das sind ja einige neue Vokabeln. Wozu brauche ich denn dieses Perfektpartizip?

Hanna: Zum Beispiel kannst du damit das **Perfekt** bilden *(ich habe gelesen – ég hef lesið)*. Dazu beugst du das Verb **hafa *(haben)*** und setzt das Perfektpartizip dahinter. Aber wir benutzen das Präteritum viel mehr, um die Vergangenheit auszudrücken. Das Perfektpartizip kommt viel eher mit dem Verb **geta *(können)*** zum Einsatz, denn nach ihm folgt ebenfalls das Partizip:

HI71

Ég get ekki **komið**.	Ich kann nicht kommen.
Getum við **unnið** saman?	Können wir zusammen arbeiten?
Get ég **fengið** vatnsglas?	Kann ich ein Glas Wasser bekommen?
Þeir geta ekki **beðið** lengur.	Sie können nicht länger warten.

Michael: Und wie sehen da die Perfektpartizipien der schwachen Verben aus?

HI72

a-Klasse:	að tala *(sprechen)*	ég talaði	ég get **talað**
i-Klasse:	að kenna *(unterrichten)*	ég kenndi	ég get **kennt**
	að læra *(lernen)*	ég lærði	ég get **lært**
	að veiða *(jagen)*	ég veiddi	ég get **veitt** (ð + t → tt)
	wichtige unregelmäßige Formen:		
	að segja *(sagen)*	ég sagði	ég get **sagt**
	að hafa *(haben)*	ég hafði	ég get **haft**
	að ná *(erreichen)*	ég náði	ég get **náð**
	að þvo *(waschen)*	ég þvoði	ég get **þvegið**
	að kaupa *(kaufen)*	ég keypti	ég get **keypt**
	að sækja *(holen)*	ég sótti	ég get **sótt**
Nullklasse:	að telja *(zählen)*	ég taldi	ég get **talið**
	að flýja *(fliehen)*	ég flúði	ég get **flúið**
	að flytja *(umziehen)*	ég flutti	ég get **flutt**
			(Stamm endet auf -ð, -d, -t)
	wichtige unregelmäßige Formen:		
	að selja *(verkaufen)*	ég seldi	ég get **selt**
	að spyrja *(fragen)*	ég spurði	ég get **spurt**
	að leggja *(legen)*	ég lagði	ég get **lagt**
	að setja *(setzen)*	ég setti	ég get **sett**
	að skilja *(verstehen)*	ég skildi	ég get **skilið**

Hanna: So, mein lieber Michael. Jetzt kennst du die Grundlagen der isländischen Sprache. Du warst ein toller Schüler. Eine Aufgabe habe ich noch für dich: Schreibe deine Erlebnisse noch einmal auf und schicke sie mir dann. So kannst du gleich die Vergangenheit üben.

Michael: Das werde ich machen. Danke für den tollen Urlaub und die Isländischstunden. Du warst eine super Lehrerin. Wir sehen uns dann wieder in Deutschland. *Takk fyrir mig.*

Hanna: *Hafðu það gott, Michael minn. Góða heimferð!*

Wörterliste
H173

Isländisch	Deutsch
stúdent (m/-, -s, -ar)	Student
reiprennandi	fließend
í sumar	diesen Sommer
ýmislegt annað	viel anderes
tilbúinn (m), tilbúin (f), tilbúið (n)	bereit, fertig
huggulegur (m), -leg (f), -legt (n)	gemütlich
nefnilega	nämlich
kvöldmat·ur (m/-, -ar, ÷)	Abendessen
sýning (f/-u, -ar, -ar)	Ausstellung
í haust	diesen Herbst
næsta dag	am nächsten Tag
svæði (n/-i, -s, -)	Gebiet
Gullni hringurinn	«Golden Circle»
að smakka (a) + *Akk.*	probieren (Essen)
að fara í bátsferð (ég fer, fór-fórum, farið)	eine Bootsfahrt machen
úr nálægð	von Nahem
að rata (a)	den Weg finden

Isländisch	Deutsch
enginn annar	kein anderer
þó	jedoch
bensínafgreiðslumaður (m)	Tankwart
að segja til vegar (ég sagði)	den Weg erklären
að heilsa (a) + *Dat.* hjartanlega	herzlich begrüßen
að bjóða + *Dat.* í kvöldmat (ég býð, bauð-buðum, boðið)	zum Abendessen einladen
heimagerður snafs	selbstgemachter Schnaps
að hella (-ti) + *Dat.* hjá + *Dat.*	jdm. etw. einschenken
aftur og aftur	immer wieder
að leggja sig (ég lagði)	sich hinlegen
að líða miklu betur (mér líður, leið, hefur liðið)	sich viel besser fühlen
kafl·i (m/-a, -ar)	Kapitel
þakklátur (m), þakklát (f), þakklátt (n)	dankbar
heim·ur (m/-i, -s, -ar)	Welt
hringveg·ur (m/-i, -ar, ÷)	Ringstraße

Text zur Lektion
H174

Góðan dag, ég heiti Michael. Ég er tuttugu og fjögurra ára stúdent frá Þýskalandi. Ég leigi íbúð með Hönnu. Hanna er Íslendingur. Hún talar reiprennandi þýsku. Hún er íslenskukennari. Í sumar fór ég með henni til Íslands. Hún sýndi mér landið og kenndi mér tungumálið. Mig langar að skrifa um ferðalagið okkar. Á flugvellinum í Þýskalandi kenndi Hanna mér fyrstu orðin í íslensku. Flugið til Íslands tók ekki langan tíma. Við lentum á Keflavíkurflugvelli eftir þrjá tíma. Við gátum ekki farið strax á hótelið. Flugvöllurinn er ekki í Reykjavík. Við tókum flugrútuna til að fara til Reykjavíkur. Á hótelinu kenndi Hanna mér ýmislegt annað um íslenskt mál. Því miður var Hanna lengi á baðherberginu. Hún fór í sturtu, þurrkaði á sér hárið, greiddi sér, þvoði sér í framan, málaði sig og setti á sig ilmvatn. Hún flýtti sér ekki. Og hvað gerði ég? Ég sat í sófanum og beið. Ég notaði tækifærið til að læra tölurnar á íslensku. Þegar Hanna var tilbúin fórum við út að borða. Fyrst löbbuðum við um miðbæinn, síðan fundum við huggulegt veitingahús í miðbænum. Ég var rosalega svangur. Ég borðaði fiskisúpu í forrétt, lambasteik í aðalrétt og súkkulaðiköku í eftirrétt. Hanna pantaði ostabita með pestó í forrétt, sumarsalat í aðalrétt og skyrtertu í eftirrétt. Hún er nefnilega grænmetisæta. Maturinn var mjög góður. Ég hef aldrei borðað svona gott lambakjöt áður. Það var mjög meyrt. Eftir kvöldmatinn sýndi Hanna mér miðbæ Reykjavíkur. Það var sumar og bjart allan daginn.

Við fórum upp í turn Hallgrímskirkju. Hanna er lofthrædd en hún sagði mér það ekki. Ég tók margar myndir af miðbænum. Það var frábært útsýni. Í fjarska gat ég séð Snæfellsjökul. Á þriðjudaginn var ömurlegt veður. Það var rigning og hvasst. Þess vegna fórum við á Þjóðminjasafnið. Safnið sýnir sögu Íslands frá landnámi til dagsins í dag. Ég hef áhuga á sögu framandi landa. Ég hlakkaði mikið til þess og naut safnsins. Eftir hádegið hittum við Hrafnhildi, vinkonu Hönnu, á kaffihúsi. Ég spjallaði svolítið við hana á íslensku. Fyrst talaði hún mjög hratt og óskýrt. Ég skildi hana ekki vel. Síðan gekk það miklu betur. Hrafnhildur og kærastinn hennar ætla að heimsækja okkur í haust. Það verður gaman að

hitta hana aftur. Mér fannst hún mjög viðkunnanleg. Næsta dag leigði Hanna bíl og við fórum norður. Við skoðuðum Þingvelli, Geysi og Gullfoss. Þetta svæði heitir Gullni hringurinn. Á Akureyri keyptum við í matinn. Okkur langaði að elda kvöldmat. Okkur vantaði líka ýmislegt í morgunmat. Ég smakkaði hangikjöt. Það er mikið reykt lambakjöt. Mér fannst lambasteikin á veitingahúsinu í Reykjavík miklu betri. Á leiðinni til Mývatns sprakk hjá okkur. Sem betur fór var varadekk í skottinu. Þannig gat ég skipt um dekk. Á Egilsstöðum langaði Hönnu í ís. Íslendingum finnst ís mjög góður. Hitinn úti skiptir engu máli. Mér fannst alltof kalt. Hanna keypti sér eina kúlu af súkkulaðiís og eina af vanilluís. Ég drakk bara heitt kaffi. Íslendingar eru ansi skrítnir. Næsta dag skoðuðum við Jökulsárlón. Ég fór í bátsferð og gat skoðað ísjakana úr nálægð. Það var frábært. Síðan keyrðum við hringveginn vestur. Við stoppuðum við Seljavallalaug. Því miður gleymdi ég sundskýlunni. Þess vegna var ég í nærbuxunum. Það var enginn annar í sundlauginni. Um helgina heimsóttum við Þóru frænku Hönnu í Hveragerði. Hanna rataði ekki þangað. Hún spurði bensínafgreiðslumann til vegar. Hann hét Þórólfur og þekkti Þóru. Þórólfur sagði okkur til vegar svo að við fundum götuna. Þóra heilsaði okkur hjartanlega og bauð okkur í kvöldmat. þar smakkaði ég líka landa en það er heimagerður snafs. Þóra hellti aftur og aftur í glasið hjá mér. Ég þurfti að leggja mig. Mér leið mjög illa. Fyrst var mér illt í maganum og svolítið í höfðinu. Síðan var mér kalt. Samt svitnaði ég rosalega. Loksins varð mér flökurt og ég þurfti að kasta upp. Sem betur fór komst ég á klósettið. Daginn eftir leið mér miklu betur. Þetta var síðasti dagurinn á Íslandi. Hanna keyrði mig upp á Keflavíkurflugvöll. Við fengum okkur kaffi og spjölluðum saman. Hún kenndi mér síðasta kaflann í íslensku. Ég er henni mjög þakklátur. Hún var góður kennari og er besta vinkona í heiminum.

Kurzgrammatik (Formenlehre)

1. Nomen

Nomen sind Wortarten, die wir deklinieren (beugen) können, d. h. sie verändern sich je nach Fall (Nominativ, Akkusativ, Dativ, Genitiv), Geschlecht (männlich, weiblich, sächlich) und Zahl (Einzahl, Mehrzahl).

1.1 Personalpronomen (persönliche Fürwörter) und Reflexivpronomen (rückbezügliche Fürwörter)

(→ Lektion 24)

	1. P.	2. P	3. P. m.	3. P. f.	3. P. n.	reflexiv
Nom. Sing.	ég	þú	hann	hún	það	-
Akk. Sing.	mig	þig	hann	hana	það	sig
Dat. Sing.	mér	þér	honum	henni	því	sér
Gen. Sing.	mín	þín	hans	hennar	þess	sín

Nom. Plur.	við	þið	þeir	þær	þau	-
Akk. Plur.	okkur	ykkur	þá	þær	þau	sig
Dat. Plur.	okkur	ykkur	→	þeim	←	sér
Gen. Plur.	okkar	ykkar	→	þeirra	←	sín

1.2 Possessivpronomen (besitzanzeigende Fürwörter)

Die Possessivpronomen **minn** (mein), **þinn** (dein) und **sinn** (3. P. reflexiv) richten sich in Fall, Geschlecht und Zahl nach dem Besitz. Sie werden alle wie **minn** flektiert (gebeugt):

	m. Sing.	f. Sing.	n. Sing.	m. Plur.	f. Plur.	n. Plur.
Nom.	minn	mín	mitt	mínir	mínar	mín
Akk.	minn	mína	mitt	mína	mínar	mín
Dat.	mínum	minni	mínu	→	mínum	←
Gen.	míns	minnar	míns	→	minna	←

Nom. Sing. Þetta er **hesturinn minn**, **kisan mín** og **húsið mitt**.
Akk. Sing. Ég sé **hestinn minn**, **kisuna mína**, **húsið mitt**.
Dat. Sing. Ég segi frá **hestinum mínum**, **kisunni minni** og **húsinu mínu**.

Gen. Sing.	Ég sakna **hestsins míns**, **kisunnar minnar** og **hússins míns**.
Nom. Plur.	Þetta eru **hestarnir þínir**, **kisurnar þínar** og **húsin þín**.
Akk. Plur.	Hann sér **hestana sína**, **kisurnar sínar** og **húsin sín**.
Dat. Plur.	Hún segir frá **hestunum sínum**, **kisunum sínum** og **húsunum sínum**.
Gen. Plur.	Þau sakna **hestanna sinna**, **kisanna sinna** og **húsanna sinna**.

Die anderen Possessivpronomen entsprechen den Genitiven der Personalpronomen. Sie sind unveränderlich: **hans** (sein), **hennar** (ihr), **þess** (sein), **okkar** (unser), **ykkar** (euer), **þeirra** (ihr)

1.3 Demonstrativpronomen (Hinweisende Fürwörter)

Demonstrativpronomen (dt. *dieser, diese, dieses, ...*) weisen auf etwas hin, worüber gerade gesprochen wurde oder was oft in sichtbarer Nähe ist. Es steht in demselben Fall, demselben Geschlecht und derselben Zahl wie das Substantiv, das ihm folgt. Das Substantiv steht ohne Artikel.

	m. Sing.	f. Sing.	n. Sing.	m. Plur.	f. Plur.	n. Plur.
Nom.	þessi	þessi	þetta	þessir	þessar	þessi
Akk.	þennan	þessa	þetta	þessa	þessar	þessi
Dat.	þessum	þessari	þessu	→	þessum	←
Gen.	þessa	þessarar	þessa	→	þessara	←

Nom. Sing.	Hvað kostar **þessi jakki, þessi peysa og þetta salat?**
Akk. Sing.	Sérðu **þennan jakka, þessa peysu og þetta salat?**
Dat. Sing.	Hann stelur **þessum jakka, þessari peysu og þessu salati?**
Gen. Sing.	Ég sakna **þessa jakka, þessarar peysu og þessa salats.**
Nom. Plur.	Hvað kosta **þessir jakkar, þessar peysur og þessi salöt?**
Akk. Plur.	Sérðu **þessa jakka, þessar peysu og þessi salöt?**
Dat. Plur.	Hann stelur **þessum jökkum, þessum peysum og þessum salötum?**
Gen. Plur.	Ég sakna **þessara jakka, þessara peysa og þessara salata**.

1.4 einhver (jemand) und eitthvað (etwas)

	jemand	etwas	
Nom.	einhver	eitthvað	Þetta er einhver/eitthvað.
Akk.	einhvern	eitthvað	Ég sé einhvern/eitthvað.
Dat.	einhverjum	einhverju	Ég segi frá einhverjum/einhverju.
Gen.	einhvers	einhvers	Ég sakna einhvers.

1.5 Substantive

Substantive werden flektiert (gebeugt), d. h. sie erhalten je nach Rolle im Satz eine bestimmte Endung. Die sogenannten schwachen Substantive enden im Genitiv Singular auf einem Vokal (Selbstlaut). Starke Substantive enden im Genitiv Singular auf einem Konsonanten (Mitlaut).

(1) Schwache Substantive

	m/-a, -ar	mit Artikel	f/-u, -ur	mit Artikel	n/-a, -u	mit Artikel
Nom. Sing.	jakk·i	jakki-nn	kak·a	kaka-n	aug·a	auga-ð
Akk. Sing.	jakk·a	jakka-nn	kök·u[1]	köku-na	aug·a	auga-ð
Dat. Sing.	jakk·a	jakka-num	kök·u	köku-nni	aug·a	auga-nu
Gen. Sing.	jakk·a	jakka-ns	kök·u	köku-nnar	aug·a	auga-ns
Nom. Plur.	jakk·ar	jakkar-nir	kök·ur[1]	kökur-nar	aug·u	augu-n
Akk. Plur.	jakk·a	jakka-na	kök·ur	kökur-nar	aug·u	augu-n
Dat. Plur.	jökk·um[1]	jökku-num	kök·um	köku-num	aug·um	augu-num
Gen. Plur.	jakk·a	jakka-nna	kak·**na**	kakna-nna	aug·**na**	augna-nna

[1] Das -u- in der Endung verursacht eine Umlautung a > ö/u (u-Umlaut).

(2) Starke männliche Substantive

	m/-i, -s, -ar	mit Artikel	m/-i, -ar, -ir	m/-, -s, -ar	m/-i, -s, -ar	m/-i, -ar, -ir
Nom. Sing.	hest·ur	hestur-inn	vin·ur	bíl·l	jökul·l	**völl**·ur
Akk. Sing.	hest	hest-inn	vin	bíl	jökul	**völl**
Dat. Sing.	hest·i	hesti-num	vin·i	bíl	jökl·i [2]	**vell**·i[3]
Gen. Sing.	hest·s	hests-ins	vin·ar	bíl·s	jökul·s	**vall**·ar[4]
Nom. Plur.	hest·ar	hestar-nir	vin·ir	bíl·ar	jökl·ar [2]	**vell**·ir[3]
Akk. Plur.	hest·a	hesta-na	vin·i	bíl·a	jökl·a	**vell**·i[3]
Dat. Plur.	hest·um	hestu-num	vin·um	bíl·um	jökl·um	**völl**·um
Gen. Plur.	hest·a	hesta-nna	vin·a	bíl·a	jökl·a	**vall**·a[4]

[2] Bei einer Endung mit Vokal (Selbstlaut) verschwindet oft der unbetonte Stammvokal.

[3] Wenige männliche Substantive verändern ihren Stammvokal, wenn die Endung -i- enthält: ö/a > e

[4] Wenige männliche Substantive verändern ihren Stammvokal, wenn die Endung -a- enthält: ö > a

(3) Starke weibliche Substantive

	f/-ar, -ir	mit Artikel	f/-ar, -ir	f/-ar, -ir	f/-u, -ar, -ar	f/-ar, -ar
Nom. Sing.	mynd	mynd-in	gjöf	pöntun	æfing	vél
Akk. Sing.	mynd	mynd-ina	gjöf	pöntun	æfing·**u**	vél
Dat. Sing.	mynd	mynd-inni	gjöf	pöntun	æfing·**u**	vél
Gen. Sing.	mynd·ar	myndar-innar	**gjaf**·ar[5]	pöntun·ar	æfing·ar	vél·ar
Nom. Plur.	mynd·ir	myndir-nar	**gjaf**·ir[5]	**pantan**·ir[5]	æfing·ar	vél·ar
Akk. Plur.	mynd·ir	myndir-nar	**gjaf**·ir	**pantan**·ir	æfing·ar	vél·ar
Dat. Plur.	mynd·um	myndu-num	gjöf·um	pöntun·um	æfing·um	vél·um
Gen. Plur.	mynd·a	mynda-nna	**gjaf**·a	**pantan**·a	æfing·a	vél·ar

[5] Einige weibliche Substantive verändern ihren Stammvokal, wenn die Endung -a- oder -i- enthält: ö/u > a (außer im Genitiv Singular bei Substantiven auf -un).

(4) Starke sächliche Substantive

	n/-i, -s, -	mit Artikel	n/-i, -s, -ö-	f/-ar, -ir
Nom. Sing.	hús	hús-ið	barn	epli
Akk. Sing.	hús	hús-ið	barn	epli
Dat. Sing.	hús·i	húsi-nu	barn·i	epl·i[7]
Gen. Sing.	hús·s	húss-ins	barn·s	epli·s
Nom. Plur.	hús	hús-in	b**ö**rn[6]	epli
Akk. Plur.	hús	hús-in	b**ö**rn	epli
Dat. Plur.	hús·um	húsu-num	b**ö**rn·um[1]	epl·um[7]
Gen. Plur.	hús·a	húsa-nna	barn·a	epl·a[7]

[1] Das -u- in der Endung verursacht eine Umlautung a > ö/u (u-Umlaut).

[6] Starke sächliche Substantive sind im Nominativ und Akkusativ Plural zwar endungslos, lauten aber a > ö um, wenn es möglich ist.

[7] Das -i gehört zum Stamm und ist keine Endung. Wenn die Flexionsendung jedoch mit Vokal (Selbstlaut) beginnt, verschwindet -i.

(5) Abweichende/unregelmäßige Formen (Auswahl)

	maður (m)	mit Artikel	dagur (m)	fótur (m)	bók (f)	tré (n)[8]
Nom. Sing.	**mað·ur**	maður-inn	dag·ur	fót·ur	bók	tré
Akk. Sing.	**mann**	mann-inn	dag	fót	bók	tré
Dat. Sing.	**mann·i**	manni-num	**deg·i**	**fæt·i**	bók	**tré**
Gen. Sing.	**mann·s**	manns-ins	dag·s	fót·ar	bók·ar	tré·s
Nom. Plur.	**menn**	**menn-ir-nir**	dag·ar	**fæt·ur**	**bæk·ur**	tré
Akk. Plur.	**menn**	**menn-ina**	dag·a	**fæt·ur**	**bæk·ur**	tré
Dat. Plur.	**mönn·um**	mönnu-num	dög·um	fót·um	bók·um	**trjá·m**[9]
Gen. Plur.	**mann·a**	manna-nna	dag·a	fót·a	bók·a	**trjá·a**[9]

[8] Ebenso geht hné (Knie) *Dat. Plur.* hnjám, *Gen. Plur.* hnjáa

[9] Mit Artikel: trjánum und trjánna (hnjánum und hnjánna)

(6) Familienbezeichnungen

	sonur (m)	dóttir (f)	faðir (m)	móðir (f)	bróðir (m)	systir (n)
Nom. Sing.	sonur	dóttir	faðir	móðir	bróðir	systir
Akk. Sing.	son	dóttur	föður	móður	bróður	systur
Dat. Sing.	syni	dóttur	föður	móður	bróður	systur
Gen. Sing.	sonar	dóttur	föður	móður	bróður	systur
Nom. Plur.	synir	dætur	feður	mæður	bræður	systur
Akk. Plur.	syni	dætur	feður	mæður	bræður	systur
Dat. Plur.	sonum	dætrum	feðrum	mæðrum	bræðrum	systrum
Gen. Plur.	sona	dætra	feðra	mæðra	bræðra	systra

1.6 Adjektive

Adjektive können schwach und stark gebeugt werden. Die schwache Flexion wird verwendet, wenn das Substantiv bestimmt ist, d.h. z.B. mit Artikel (-inn) oder Demonstrativbegleiter (þessi) gebraucht wird. Ansonsten findet in den meisten Fällen die starke Flexion Anwendung. Adjektive passen sich ihrem Bezugswort in Fall, Geschlecht und Zahl an.

(1) Die schwache Flexion des Adjektivs

	m. Sing.	f. Sing.	n. Sing.	m. Plur.	f. Plur.	n. Plur.
Nom.	**glað·i**	**glað·a**	**glað·a**	→	**glöð·u**[1]	←
Akk.	**glað·a**	**glöð·u**[1]	**glað·a**	→	**glöð·u**	←
Dat.	**glað·a**	**glöð·u**	**glað·a**	→	**glöð·u**	←
Gen.	**glað·a**	**glöð·u**	**glað·a**	→	**glöð·u**	←

[1] Das -u- in der Endung verursacht eine Umlautung a > ö/u (u-Umlaut).

Maðurinn er stór. → **Stóri** maður**inn** er þarna. Sérðu **stóra** mann**inn**?
Konan er falleg. → **Fallega** kona**n** er þarna. Saknar þú **fallegu** konu**nnar**?
Barnið er þægt. → **Þæga** barn**ið** er þarna. Hjálpar þú **þæga** barn**inu**?
Fötin eru óhrein. → **Óhreinu** föt**in** eru þarna. Þværð þú **óhreinu** föt**in**?

(2) Die starke Flexion des Adjektivs

	m. Sing.	f. Sing.	n. Sing.	m. Plur.	f. Plur.	n. Plur.
Nom.	**svang·ur**	**svöng**[10]	**svang·t**	**svang·ir**	**svang·ar**	**svöng**[10]
Akk.	**svang·an**	**svang·a**	**svang·t**	**svang·a**	**svang·ar**	**svöng**
Dat.	**svöng·um**[1]	**svang·ri**	**svöng·u**[1]	→	**svöng·um**[1]	←
Gen.	**svang·s**	**svang·rar**	**svang·s**	→	**svang·ra**	←

[1] Das -u- in der Endung verursacht eine Umlautung a > ö/u (u-Umlaut).

[10] Weibliche Formen der Adjektive im Nom. Sing. und sächliche Formen im Nom. und Akk. Plur. sind zwar endungslos, lauten ihren Stammvokal jedoch um: a > ö/u

Beachte die sächlichen Formen im Nom. und Akk. Sing:
glað + t → **glatt**, harð + t → **hart**, kald + t → **kalt**, sadd + t → **satt**
Achtung: góð + t → **gott**, mikil + t → **mikið**, lítil + t → **lítið**

	m. Sing.	f. Sing.	n. Sing.	m. Plur.	f. Plur.	n. Plur.
Nom.	**há·r**	**há**	**há·tt**[11]	**há·ir**	**há·ar**	**há**
Akk.	**há·an**	**há·a**	**há·tt**	**há·a**	**há·ar**	**há**
Dat.	**há·um**	**há·rri**[11]	**há·u**	→	**há·um**	←
Gen.	**há·s**	**há·rrar**	**há·s**	→	**há·rra**	←

[11] Endet der Stamm auf Vokal/Zwielaut, verdoppeln sich darauffolgendes -r- und -t- in der Endung.

	m. Sing.	f. Sing.	n. Sing.	m. Plur.	f. Plur.	n. Plur.
Nom.	**græn·n[12]**	**græn**	**græn·t**	**græn·ir**	**græn·ar**	**græn**
Akk.	**græn·an**	**græn·a**	**græn·t**	**græn·a**	**græn·ar**	**græn**
Dat.	**græn·um**	**græn·ni[12]**	**græn·u**	→	**græn·um**	←
Gen.	**græn·s**	**græn·nar**	**græn·s**	→	**græn·na[12]**	←

[12] Nach zum Stamm gehörendem -n oder -l wird die Endung -r- jeweils zu -n- oder -l-.

	m. Sing.	f. Sing.	n. Sing.	m. Plur.	f. Plur.	n. Plur.
Nom.	**skrítin·n**	**skrítin**	**skrítið**	**skrítn·ir[2]**	**skrítn·ar[2]**	**skrítin**
Akk.	**skrítin·n**	**skrítn·a[2]**	**skrítið**	**skrítn·a**	**skrítn·ar**	**skrítin**
Dat.	**skrítn·um[2]**	**skrítin·ni[12]**	**skrítn·u[2]**	→	**skrítn·um**	←
Gen.	**skrítin·s**	**skrítin·nar**	**skrítin·s**	→	**skrítin·na[12]**	←

[2] Bei einer Endung mit Vokal (Selbstlaut) verschwindet oft der unbetonte Stammvokal.

[12] Nach zum Stamm gehörendem -n oder -l wird die Endung -r- jeweils zu -n- oder -l-.

Í dag er vont veður. → Í **vondu** veðri fer ég ekki út.
Þetta er há bygging. → Ég fer upp á **háa** byggingu.
Fötin eru græn. → Hann er áfram í **grænum** fötum.
Súpan er heit. → Hún borðar mikið af **heitri** súpu.

1.7 Zahlen

(1) Die Zahlen 1–4

Die Zahlen von 1 bis 4 werden in Fall und Geschlecht ihrem Bezugswort angepasst (siehe auch Lektion 7 und 22).

	1			2			3			4		
Nom.	einn	ein	eitt	tveir	tvær	tvö	þrír	þrjár	þrjú	fjórir	fjórar	fjögur
Akk.	einn	eina	eitt	tvo	tvær	tvö	þrjá	þrjár	þrjú	fjóra	fjórar	fjögur
Dat.	einum	einni	einu	tveimur			þremur			fjórum		
Gen.	eins	einnar	eins	tveggja			þriggja			fjögurra		

Hvað kostar **ein** pylsa? Ég ætla að fá **eina** pylsu. Hann kom fyrir **einum** mánuði/**einni** viku/**einu** ári.
Hann á **tvo** hesta. Hún er í **tveimur** peysum. Smábarnið er **tveggja** ára gamalt.

Hann drakk **þrjá** bjóra. Við komum eftir **þrjár** mínútur. Ég ætla að fá **þriggja** rétta máltíð.
Klukkan er **fjögur**. Stelpan saknar **fjögurra** hesta. Hann á **fjóra** syni. Hún kom fyrir **fjórum** árum.

(2) Ordnungszahlen

Ordnungszahlen (erster, zweiter, dritter, ...) können nur wie ein schwaches Adjektiv flektiert werden (**außer annar** *zweiter, ein anderer*). Siehe auch Lektion 30.

	m. Sing.	f. Sing.	n. Sing.	m. Plur.	f. Plur.	n. Plur.
Nom.	**fyrst·i**	**fyrst·a**	**fyrst·a**	→	**fyrst·u**[1]	←
Akk.	**fyrst·a**	**fyrst·u**[1]	**fyrst·a**	→	**fyrst·u**	←
Dat.	**fyrst·a**	**fyrst·u**	**fyrst·a**	→	**fyrst·u**	←
Gen.	**fyrst·a**	**fyrst·u**	**fyrst·a**	→	**fyrst·u**	←

[1] Beachte, dass das -u- in der Endung eine Umlautung a > u (u-Umlaut) verursacht, wenn es möglich ist: tuttug**a**sti → tuttug**u**stu, þrítug**a**sti → þrítug**u**stu

	m. Sing.	f. Sing.	n. Sing.	m. Plur.	f. Plur.	n. Plur.
Nom.	**annar**	**önnur**	**annað**	**aðrir**	**aðrar**	**önnur**
Akk.	**annan**	**aðra**	**annað**	**aðra**	**aðrar**	**önnur**
Dat.	**öðrum**	**annarri**	**öðru**	→	**öðrum**	←
Gen.	**annars**	**annarrar**	**annars**	→	**annarra**	←

2. Verben

Isländische Verben werden wie deutsche in schwache und starke Verben unterteilt. **Schwache Verben** bilden ihr Präteritum (einfache Vergangenheit) mit einem **Dentallaut** (d, ð oder t), z. B. ich lern-**t**-e vs. ég lær-**ð**-i. **Starke Verben** bilden die Vergangenheit mit dem sogenannten **Ablaut**, d. h. sie verändern ihren Stammvokal nach einem festen Muster, z. B. ich st**e**hle – ich st**a**hl vs. ég st**e**l – ég st**a**l. Starke Verben lauten zudem ihren Stammvokal im Präsens Singular (Gegenwart Einzahl) um, z. B. f**a**hren – du f**ä**hrst vs. f**a**ra – þú f**e**rð. Die Umlautung (i-Umlaut) ist regelmäßig.

2.1 Schwache Verben

	Präsens						
	a-Klasse	**i-Klasse**			**Nullklasse**		
	að tala	**að læra**	**að kenna**	**að lenda**	**að telja**	**að flýja**	**að spyrja**
ég	tala	læri	kenni	lendi	tel	flý	spyr
þú	talar	lærir	kennir	lendir	telur	flýrð	spyrð
hann	talar	lærir	kennir	lendir	telur	flýr	spyr
við	t**ö**lum[1]	lærum	kennum	lendum	teljum	flýja	spyrjum
þið	talið	lærið	kennið	lendið	teljið	**flýið**[13]	spyrjið
þeir	tala	læra	kenna	lenda	telja	flýja	spyrja
	Präteritum						
ég	talaði	lærði	kenndi	lenti	t**a**ldi[14]	fl**ú**ði[14]	sp**u**rði[14]
þú	talaðir	lærðir	kenndir	lentir	t**a**ldir	fl**ú**ðir	sp**u**rðir
hann	talaði	lærði	kenndi	lenti	t**a**ldi	fl**ú**ði	sp**u**rði
við	t**ö**l**u**ðum[1]	lærðum	kenndum	lentum	t**ö**ldum[1]	flúðum	spurðum
þið	t**ö**l**u**ðuð	lærðuð	kennduð	lentuð	t**ö**lduð	flúðuð	spurðuð
þeir	t**ö**l**u**ðu	lærðu	kenndu	lentu	t**ö**ldu	flúðu	spurðu
Part.	(talað)	(lært)	(kennt)	(lent)	(talið)	(flúið)	(**spurt**)

-ð- nach r, f, g, Vokal
-d- nach l, m, n, ng
-dd- nach Vokal + ð (ð > d)
-t- nach d, l, k, p, s, t, ð (d, ð > t)

abweichende Formen:	**abweichende Formen:**
að segja: ég sagði, við sögðum ég hef sagt	að leggja: ég lagði, við lögðum ég hef lagt
að kaupa: ég keypti, við keyptum ég hef keypt	að setja: ég setti, við settum ég hef sett
að sækja: ég sótti, við sóttum ég hef sótt	að selja: ég seldi, við seldum ég hef selt

[1] Das -u- in der Endung verursacht eine Umlautung a > ö/u (u-Umlaut).

[13] Nach -k, -g, -ý, -ey, -æ und vor -i- fällt -j- weg, z.B. að leggja: þið leggið, að leigja: þið leigið

[14] Rückumlaut im Präteritum und Perfektpartizip: e > a, ý > ú, y > u

2.2 Starke Verben

	Präsens					
	að sofa	**að fara**	**að búa**	**að lesa**	**að skína**	**að vaxa**
ég	sef[14]	fer[14]	bý[14]	les	skín	vex[14]
þú	sefur[15]	ferð[16]	býrð[17]	lest[18]	skín[19]	vex[19]
hann	sefur	fer	býr	les	skín	vex
við	sofum	förum[1]	búum	lesum	skínum	vöxum[1]
þið	sofið	farið	búið	lesið	skínið	vaxið
þeir	sofa	fara	búa	lesa	skína	vaxa
	Präteritum					
ég	svaf	fór	bjó	las	skein	óx
þú	svafst	fórst	bjóst	last	skeinst	óxt
hann	svaf	fór	bjó	las	skein	óx
við	sváfum	fórum	bjuggum	lásum	skinum	uxum
þið	sváfuð	fóruð	bjugguð	lásuð	skinuð	uxuð
þeir	sváfu	fóru	bjuggu	lásu	skinu	uxu
Part.	(sofið)	(farið)	(búið)	(lesið)	(skinið)	(vaxið)

[1] Das -u- in der Endung verursacht eine Umlautung a > ö/u (u-Umlaut).

[14] Umlautung in der Einzahl Präsens: a, ö, o > e; jó, jú, ú > ý; já > é; ó, á > æ; au > ey

[15] Nach Konsonant außer r, s, n, x folgt in der 2. und 3. P. Sing. die Endung -ur.

[16] Nach -r folgt in der 2. P. Sing. die Endung -ð, die 3. P. Sing. ist endungslos.

[17] Nach Vokal folgt in der 2. P. Sing. die Endung -rð, in der 3. P. Sing. die Endung -r.

[18] Nach -s folgt in der 2. P. Sing. die Endung -t, die 3. P. Sing. ist endungslos.

[19] Nach -n und -x sind die 2. und 3. P. Sing. endungslos.

Wichtige starke Verben in alphabetischer Reihenfolge:

Infinitiv	1. P. Sing. Präs.	Präteritum	Perfektpartizip	
aka	ég ek	ók-ókum	ekið	*fahren*
ákveða	ég ákveð	ákvað-ákváðum	ákveðið	*entscheiden*
bera	ég ber	bar-bárum	borið	*tragen*
biðja	ég bið	bað-báðum	beðið	*bitten*
bíða	ég bíð	beið-biðum	beðið	*warten*
bíta	ég bít	beit-bitum	bitið	*beißen*
bjóða	ég býð	bauð-buðum	boðið	*anbieten*
blása	ég blæs	blés-blésum	blásið	*wehen, blasen*
brenna	ég brenn	brann-brunnum	brunnið	*brennen*

brjóta	ég brýt	braut-brutum	brotið	*zerbrechen*
búa	ég bý	bjó-bjuggum	búið	*wohnen*
detta	ég dett	datt-duttum	dottið	*fallen, stürzen*
deyja	ég dey	dó-dóum	dáið	*sterben*
draga	ég dreg	dró-drógum	dregið	*ziehen, schleppen*
drekka	ég drekk	drakk-drukkum	drukkið	*trinken*
drepa	ég drep	drap-drápum	drepið	*töten*
falla	ég fell	féll-féllum	fallið	*fallen, stürzen*
fara	ég fer	fór-fórum	farið	*fahren, gehen*
fá	ég fæ	fékk-fengum	fengið	*bekommen*
finna	ég finn	fann-fundum	fundið	*finden*
fljúga	ég flýg	flaug-flugum	flogið	*fliegen*
frjósa	ég frýs	fraus-frusum	frosið	*gefrieren*
ganga	ég geng	gekk-gengum	gengið	*gehen*
gefa	ég gef	gaf-gáfum	gefið	*geben*
geta	ég get	gat-gátum	**getað**	*können*
grafa	ég gref	gróf-grófum	grafið	*graben*
gráta	ég græt	grét-grétum	grátið	*weinen*
halda	ég held	hélt-héldum	haldið	*halten*
hlaupa	ég hleyp	hljóp-hlupum	hlaupið	*laufen*
hlæja	ég hlæ	hló-hlógum	hlegið	*lachen*
hverfa	ég hverf	hvarf-hurfum	horfið	*verschwinden*
kjósa	ég kýs	kaus-kusum	kosið	*wählen*
koma	ég kem	kom-komum	komið	*kommen*
láta	ég læt	lét-létum	látið	*lassen*
leika	ég leik	lék-lékum	leikið	*spielen*
lesa	ég les	las-lásum	lesið	*lesen*
liggja	ég ligg	lá-lágum	legið	*liegen*
líða	ég líð	leið-liðum	liðið	*vergehen; fühlen*
líta út	ég lít út	leit-litum út	litið út	*aussehen*
ljúga	ég lýg	laug-lugum	logið	*anlügen*
ljúka	ég lýk	lauk-lukum	lokið	*beenden*
njóta	ég nýt	naut-nutum	notið	*genießen*
ríða	ég ríð	reið-riðum	riðið	*reiten*
sitja	ég sit	sat-sátum	setið	*sitzen*
sjá	ég sé	sá-sáum	séð	*sehen*
skera	ég sker	skar-skárum	skorið	*schneiden*
skína	ég skín	skein-skinum	skinið	*scheinen*

skjóta	ég skýt	skaut-skutum	skotið	*schießen*
slá	ég slæ	sló-slógum	slegið	*schlagen*
sofa	ég sef	svaf-sváfum	sofið	*schlafen*
springa	ég spring	sprakk-sprungum	sprungið	*explodieren*
standa	ég stend	stóð-stóðum	staðið	*stehen*
stela	ég stel	stal-stálum	stolið	*stehlen*
stíga	ég stíg	steig-stigum	stigið	*steigen*
stökkva	ég stekk	stökk-stukkum	stokkið	*springen*
syngja	ég syng	söng-sungum	sungið	*singen*
taka	ég tek	tók-tókum	tekið	*nehmen*
vaxa	ég vex	óx-uxum	vaxið	*wachsen*
vera	ég er	var-vorum	verið	*sein*
verða	ég verð	varð-urðum	orðið	*werden*
vinna	ég vinn	vann-unnum	unnið	*arbeiten*
þrífa	ég þríf	þreif-þrifum	þrifið	*putzen*

2.3 Modalverben (Hilfsverben)

Modalverben sind oft Hilfsverben, die zusammen mit einem anderen Verb stehen. Sie haben oft eine abweichende Konjugation.

	Präsens						
	að eiga	**að mega**	**að kunna**	**að þurfa**	**að vita**	**að vilja**	**að munu**
ég	á	má	kann	þarf	veit	vil	mun
þú	átt	mátt	kannt	þarft	veist	vilt	munt
hann	á	má	kann	þarf	veit	vill	mun
við	eigum	megum	kunnum	þurfum	vitum	viljum	munum
þið	eigið	megið	kunnið	þurfið	vitið	viljið	munuð
þeir	eiga	mega	kunna	þurfa	vita	vilja	munu
	Präteritum						
ég	átti	mátti	kunni	þurfti	vissi	vildi	---
þú	áttir	máttir	kunnir	þurftir	vissir	vildir	---
hann	átti	mátti	kunni	þurfti	vissi	vildi	---
við	áttum	máttum	kunnum	þurftum	vissum	vildum	---
þið	áttuð	máttuð	kunnuð	þurftuð	vissuð	vilduð	---
þeir	áttu	máttu	kunnu	þurftu	vissu	vildu	---
Part.	(átt)	(mátt)	(kunnað)	(þurft)	(vitað)	(viljað)	---

eiga **<u>að</u>** + Infinitiv	sollen/müssen	Eigum við ekki **<u>að</u>** borða hangikjöt?
mega + Infinitiv	dürfen	Má ég spyrja?
kunna **<u>að</u>** + Infinitiv	(Erlerntes) können	Ég kann **<u>að</u>** lesa og skrifa.
þurfa **<u>að</u>** + Infinitiv	brauchen/müssen	Hann þarf **<u>að</u>** fara núna.
vita	wissen	Ég veit það ekki.
vilja + Infinitiv	wollen	Hann vill ekki heyra þetta.
munu + Infinitiv	wohl tun werden	Þeir munu koma á morgun.

3. Unflektierbare Wörter

3.1 Wichtige Präpositionen und präpositionale Ausdrücke

Präpositionen (Verhältniswörter) lösen einen bestimmten Fall aus.

(1) mit Akkusativ

fyrir framan	vor	Fyrir framan bygginguna er tré.
fyrir aftan	hinter	Fyrir aftan bygginguna er leikvöllur.
fyrir ofan	oberhalb, über	Hann býr fyrir ofan mig.
fyrir neðan	unterhalb, unter	Ég bý fyrir neðan hann.
fyrir utan	außerhalb	Hann þarf að bíða fyrir utan húsið.
fyrir innan	innerhalb	Póstkassarnir eru fyrir innan dyrnar.
gegnum	durch	Boltinn fór gegnum gluggann.
hægra megin við	rechts von	Húsið hans er hægra megin við bakaríið.
vinstra megin við	links von	Bakaríið er vinstra megin við húsið hans.
kringum	um ... herum	Við keyrum í kringum bæinn.
um	durch, über, um	Ég keyri um landið. Hann talar um stelpuna.

(2) mit Dativ

að	zu, bis an ... heran	Farðu að hringtorginu.
af	von (weg)	Hann keypti tvö kíló af kartöflum.
á eftir	nach	Hann hljóp á eftir mér.
á undan	vor	Á undan haustinu kemur sumarið.
á móti	(ent)gegen	Hann kom á móti mér.
frá	von, aus	Ertu frá Íslandi?
handa	für	Gjöfin er handa foreldrunum.
hjá	bei	Ég var í heimsókn hjá vinum.
meðfram	entlang	Við sigldum meðfram ströndinni.
nálægt	in der Nähe von	Við búum nálægt Egilsstöðum.
úr	aus	Pabbi kemur seint úr vinnunni.
við hliðina á	neben	Stelpan situr við hliðina á stráknum.

(3) mit Genitiv

án	ohne	Hann fór heim án konunnar sinnar.
(á) milli	zwischen	Við stöndum á milli stelpunnar og stráksins.
til	nach *(wohin?)*	Í sumar förum við til Íslands.
vegna	wegen	Vegna rigningarinnar fórum við ekki út.

(4) mit Akkusativ oder Dativ

á	Akk.	in, an *(wohin?)*	Ég fer á skrifstofuna.
	Dat.	in, an *(wo?)*	Ég vinn á skrifstofunni.
í	Akk.	in *(wohin?)*	Við förum í skólann.
	Dat.	in *(wo?)*	Við lærum í skólanum.
undir	Akk.	unter *(wohin?)*	Hún setur töskuna undir borðið.
		gegen *(wann?)*	Þeir munu koma undir kvöldið.
	Dat.	unter *(wo?)*	Taskan er undir borðinu.
yfir	Akk.	über *(wohin?)*	Pabbi hengir lampann yfir borðið.
		über *(wann?)*	Við verðum í sveitinni yfir sumarið.
	Dat.	über *(wo?)*	Lampinn hangir yfir borðinu.
fyrir	Akk.	vor *(wohin?)*	Hann gengur fyrir kennarann.
		vor *(zeitl. Reihenfolge)*	Við ætlum að hitta Jón fyrir jólin.
		für	Ég geri þetta fyrir þig.
	Dat.	vor *(wo?)*	Hann stendur fyrir kennaranum.
		vor *(zeitl. Abstand)*	Hann kom til Ísland fyrir tveimur árum.
eftir	Akk.	nach *(wann?)*	Ég hitti Jón eftir skólann.
		in *(zeitl. Reihenfolge)*	Við sjáumst aftur eftir tvo daga.
		von *(Urheberschaft)*	Bókin er eftir Jónas Hallgrímsson.
	Dat.	entlang	Við hlupum eftir ströndinni.
með	Akk.	mit *(Passivität)*	Hann kom í veisluna með tvær vínflöskur. Konan fór með son sinn til læknis.
	Dat.	mit *(Zugehörigkeit)*	Hann borðar brauð með smjöri.
		mit *(Teilnahme)*	Ég fer í bíó með vinum.
við	Akk.	bei, an *(Ort!)*	Húsið er við götuna.
		mit *(Gegenspieler)*	Hún talar við manninn. Hann dansar við konuna.
	Dat.	gegen	Geturðu tekið við pakkanum fyrir mig?

3.2 Konjunktionen

af því að	weil	**þegar**	wenn, als
svo að	so dass, damit	**áður en**	bevor
ef	wenn, falls	**eftir að**	nachdem
nema	auch wenn	**þangað til (að)**	bis (dass)
þó að, þótt	obwohl	**þar til**	wo, weil
til þess að	damit	**hvort**	ob
eins og	wie	**að**	dass

Wörterliste: Isländisch – Deutsch

A

aðgangur að + *Dat.*	Zugang / Eintritt zu/in
af hverju?	warum?
af því að	weil
af·i (m/-a, -ar)	Opa
afmæli (n/-i, -s, -)	Geburtstag
afrit (n/-i, -s, -)	Quittung/Beleg
afsakið	Entschuldigung
afslátt·ur (m/-slætti, -ar, -slættir)	Rabatt
aftur	wieder
aftur og aftur	immer wieder
agúrk·a (f/-u, -ur)	Gurke
aldrei	nie
algengur (m), algeng (f), algengt (n)	üblich, gängig
allan daginn	den ganzen Tag
allt	alles
allt í fínu lagi	alles in Ordnung
alskýjaður (m), alskýjuð (f), alskýjað	bedeckt
alveg sjálfsagt	selbstverständlich
amm·a (f/ömmu, ömmur)	Oma
ananas (m/-, -s, -ar)	Ananas
Andskotans!	Mist!
annars	übrigens
ansi	ziemlich
apótek (n/-i, -s, -)	Apotheke
appelsín (n/-i, -s, ÷)	isl. Orangenlimonade
appelsínusaf·i (m/-a, -ar)	Orangensaft
Atlantshaf (n/-i, -s, ÷)	Atlantik
auðvitað	selbstverständlich
aukavinn·a (f/-u, -ur)	Nebenjob
aumingja þú	du Armer
Austurríki (n/-i, -s, ÷)	Österreich

Á

á dag	pro Tag
á haustin	im Herbst
á íslensku	auf Isländisch
á leiðinni til Íslands	auf dem Weg nach Island
á morgun	morgen
á næstu dögum	in den nächsten Tagen
á sumrin	im Sommer
á veturna	im Winter
á vorin	im Frühling
á þínum aldri	in deinem Alter

áfengi (n/-i, -s, ÷)	Alkohol
áfengir drykkir (mpl)	alk. Getränke
ágætur (m), ágæt (f), ágætt (n)	sehr gut, hervorragend
áhugamál (n/-i, -s, -)	Interesse, Hobby
áhugaverður (m), áhugaverð (f), áhugavert (n)	interessant
álegg (n/-i, -s, -)	Aufschnitt
ánægður (m), ánægð (f), ánægt (n) með + *Akk.*	zufrieden mit
ástfanginn (m), -fangin (f), -fangið (n) af + *Dat.*	verliebt in
ávextir (mpl)	Obst

B

bað (n/-i, -s, böð)	Bad
baðherbergi (n/-i, -s, -)	Badezimmer
bak (n/-i, -s, bök)	Rücken
bakar·i (m/-a, -ar)	Bäcker
bakarí (n/-i, -s, -)	Bäckerei
bakpok·i (m/-a, -ar)	Rucksack
bank·i (m/-a, -ar)	Bank
bar (m/-, -s, -ir)	Bar
bara	nur
batterí (n/-i, -s, -)	Batterie
baun (f/-ar, -ir)	Bohne
Belgía (f/-u, ÷)	Belgien
bensín (n/-i, -s, ÷)	Benzin
bensínafgreiðslumaður (m)	Tankwart
bensínstöð (f/-var, -var)	Tankstelle
beygja (-ði) + *Akk.*	(ab)biegen
biðja um + *Akk.* (ég bið, bað-báðum, beðið)	bitten um
bilaður (m), biluð (f), bilað (n)	kaputt
bindi (n/-i, -s, -)	Krawatte
bíddu augnablik	warte einen Moment *(Befehlsform)*
bíða eftir + *Dat.* (ég bíð, beið-biðum beðið)	warten auf
bílaleig·a (f/-u, -ur)	Autovermietung
bílaleigubíl·l (m/-, -s, -ar)	Mietauto
bíómynd (f/-ar, -ir)	Kinofilm
bjartur (m) björt (f), bjart (n)	hell
bjóða (ég býð) + *Dat.* + *Akk.*	(an)bieten
bjóða + *Dat.* í kvöldmat (ég býð, bauð-buðum, boðið)	zum Abendessen einladen
bjór (m/-, -s, -ar)	Bier
blað (n/-i, -s, blöð)	Blatt (Papier)
blaðamaður (m)	Journalist
blak (n/-i, -s, ÷)	Volleyball
bláberjasult·a (f/-u, -ur)	Blaubeermarmelade
blár (m), blá (f), blátt (n)	blau
blása (það blæs, blés-blésum, blásið)	wehen, blasen
bless/ bless, bless	Auf Wiedersehen!
blómkál (n/-i, -s, ÷)	Blumenkohl

blúss·a (f/-u, -ur)	Bluse
boð (n/-i, -s, -)	Einladung
bol·ur (m/-, -s, -ir)	T-Shirt
borð (n/-i, -s, -)	Tisch
borða (a) + *Akk.*	essen
borga (a) sitt í hvoru lagi	getrennt zahlen
bók (f/-ar, bækur)	Buch
bókabúð (f/-ar, -ir)	Buchladen
bráðum	bald
brekk·a (f/-u, -ur)	Hang, Steigung
brennivín (n/-i, -s, -)	isl. Kartoffelschnaps
Bretland (n/-i, -s, ÷)	Britannien
breytilegur (m), -leg (f), -legt (n)	wechselhaft
brjóst (n/-i, -s, -)	Brust
brjóstahaldar·i (m/-a, -ar)	BH
brokkolí (n/-i, -s, ÷)	Brokkoli
brottför (f/-farar, -farir)	Abfahrt, Abflug
bróðir (m/bróður, bræður)	Bruder
brúnn (m), brún (f), brúnt (n)	braun
búa (ég bý, bjó-bjuggum, búið)	wohnen
búa til mat (ég bý, bjó-bjuggum, búið)	Essen zubereiten
búð (f/-ar, -ir)	Laden
búinn (m), búin (f), búið (n)	fertig
Búlgaría (f/-u, ÷)	Bulgarien
bygging (f/-u, -ar, -ar)	Gebäude
byrja (a)	beginnen
bæ/bæ, bæ	tschüss
báðir (mpl), báðar (fpl), bæði (npl)	beide
bæta (-ti) + *Akk.*	verbessern

C

cappuccino (m)	Cappucchino

D

dagblað (n/-i, -s, -blöð)	Zeitung
daginn eftir	am Tag darauf
dag·ur (m/degi, -s, -ar)	Tag
dal·ur (m/-, -s, -ir)	Tal
Danmörk (f/-merkur, ÷)	Dänemark
dansa (a) við + *Akk.*	tanzen mit
dansk·a (f/dönsku, ÷)	Dänisch
dimmur (m), dimm (f), dimmt (n)	dunkel
disk·ur (m/-i, -s, -ar)	Teller
djús (n/m/-i, -s, ÷)	Saft
doll·a (f/-u, -ur)	Becher
dós (f/-ar, -ir)	Dose
dóttir (f/dóttur, dætur)	Tochter
draumakon·a (f/-u, -ur)	Traumfrau
drekka (ég drekk, drakk-drukkum, drukkið)	trinken

dýr (m)/(f), dýrt (n)	teuer
dæl·a (f/-u, -ur)	Zapfsäule

E

eðlilegur (m), -leg (f), -legt (n)	normal
eftir hádegið	nachmittags
eftirrétt·ur (m/-i, -ar, -ir)	Nachtisch
eiga + *Akk.* (ég á, átti-áttum, átt)	besitzen, haben
eiga afmæli *(unreglm.)*	Geburtstag haben
eiga við + *Akk.* (ég á, átti-áttum, átt)	meinen
einbeita (-ti) sér að + *Dat*	sich konzentrieren auf
einfaldlega	einfach *(Adverb)*
einkabaðherbergi (n/-i, -s, -)	eigenes Bad
einmitt	genau *(Adverb)*
eins mikið og	so viel wie
einu sinni	einmal
Eistland (n/-i, -s, ÷)	Estland
eitthvað	etwas
eitthvað fleira?	noch etwas?
eitthvað slíkt	so etwas
ekkert	nichts
ekkert sérstakt	nichts Besonderes
ekki	nicht
ekki á morgun heldur hinn	übermorgen
ekki fyrr en	erst
ekki lengur	nicht mehr
ekki satt?	nicht wahr?
elda (a) + *Akk.*	kochen
eldfjall (n/-i, -s, -fjöll)	Vulkan
eldhús (n/-i, -s, -)	Küche
elska (a) + *Akk.*	lieben, mögen
elskan mín	mein/e Liebe/r
en þú?	und du?
Engin furða að ...	Kein Wunder, dass ...
enginn/engin/ekkert	niemand, keine/r/s
enginn annar	kein anderer
England (n/-i, -s, ÷)	England
enn	noch
enni (n/-i, -s, -)	Stirn
ensk·a (f/-u, ÷)	Englisch
Er eitthvað að?	Ist etwas los?
er hægt að...?	ist es möglich, ... zu ...?
erfiður (m), erfið (f), erfitt (n)	schwierig
Ertu að gera grín að mér?	Nimmst du mich auf den Arm?
espressó (m)	Espresso
eyj·a (f/-u, -ur)	Insel

F

Eyjafjallajökull	*Vulkan in Südisland*

faðir (m/föður, feður)	Vater
fallegur (m), falleg (f), fallegt (n)	schön
fara (ég fer, fór-fórum, farið)	gehen, fahren
fara austur	nach Osten fahren
fara á djammið	feiern gehen
fara á fætur	aufstehen *(morgens)*
fara á hestbak	reiten gehen
fara í bátsferð	eine Bootsfahrt machen
fara í fjallgöngu	wandern gehen
fara í gufubað	in die Sauna gehen
fara í kaffi	Pause machen
fara í ræktina	zum Sport gehen
fara í skemmtiferð	einen Ausflug machen
fara í sund	schwimmen gehen
fara niður	hinunterfahren
fara norður	nach Norden fahren
fara til + *Gen.*	fahren zu/nach
fara upp	hochfahren/-gehen
fara út að borða	essen gehen
farangursgeymsl·a (f/-u, -ur)	Kofferraum
fatabúð (f/-ar, -ir)	Kleidungsgeschäft
fataskáp·ur (m/-, -s, -ar)	Kleiderschrank
fá (ég fæ, fékk-fengum, fengið)	bekommen
fá sér + *Akk.* að borða (ég fæ, fékk-fengum, fengið)	sich etwas zu essen holen
ferð (f/-ar, -ir)	Fahrt, Reise
ferðalag (n/-i, -s, -lög)	Reise
ferðamað·ur (m)	Tourist
ferskur (m), fersk (f), ferkt (n)	frisch
fiðl·a (f/-u, -ur)	Geige
fingur (m/fingri, -s, -)	Finger
finnast → mér finnst	gefallen → mir gefällt
Finnland (n/-i, -s, ÷)	Finnland
fisk·ur (m/-i, -s, -ar)	Fisch
fiskbúð (f/-ar, -ir)	Fischgeschäft
fiskisúp·a (f/-u, -ur)	Fischsuppe
fínn (m), fín (f), fínt (n)	fein, toll
fjall (n/-i, -s, fjöll)	Berg
fjarski (m/-a, ÷)	Ferne
fjölskyld·a (f/-u, -ur)	Familie
flask·a (f/flösku, flöskur)	Flasche
flaut·a (f/-u, -ur)	Flöte
flestir (mpl), flestar (fpl), flest (npl)	die meisten
flinkur (m), flink (f), flinkt (n)	geschickt
flóamarkað·ur (m/-i, -ar, -ir)	Flohmarkt
flugfreyj·a (f/-u, -ur)	Flugbegleiterin
flugvöllur (m/-velli, -vallar, -vellir)	Flughafen

flytja (0)	umziehen
flýja (0)	fliehen
flýta sér (-ti)	sich beeilen
flögur (fpl)	Chips
folald (n/-i, -s, folöld)	Fohlen
foreldrar (mpl)	Eltern
forstof·a (f/-u, -ur)	Flur
forvitinn (m), forvitin (f), forvitið (n)	neugierig
fólk (n/-i, -s, ÷)	Leute
fót·ur (m/fæti, -ar, fætur)	Fuß
fótlegg·ur (m/-, -jar, -ir)	Bein
Frakkland (n/-i, -s, ÷)	Frankreich
framandi	fremd
fransk·a (f/frönsku, ÷)	Französisch
franskar (fpl)	Pommes
frá + *Dativ*	von, aus
frá hvaða landi	aus welchem Land
frá og með deginum í dag/í gær/á morgun	ab heute/gestern/morgen
frábær (m)/(f), frábært (n)	wunderbar
frekar	eher, ziemlich
frítím·i (m/-a, -ar)	Freizeit
frost (n/-i, -s, -)	Frost
frænk·a (f/-u, -ur)	weibl. Verwandte
fyrir + *Akk.*	für
fyrir + *Dat.*	vor *(zeitlich/örtlich → wo?)*
fyrir framan + *Akk.*	vor *(örtlich)*
fyrir fullorðna	für Erwachsene
fyrir hádegið	vormittags
fyrir morgundaginn	für morgen
föndra (a)	basteln

G

gallabuxur (fpl)	Jeans
gamall (m), gömul (f), gamalt (n)	alt
gaman (n/gamni, -s, ÷)	Spaß, Freude
gera (-ði)	tun, machen
gera (-ði) við + *Akk.*	reparieren
gest·ur (m/-i, -s, -ir)	Gast
Get ég aðstoðað?	Kann ich weiterhelfen?
geturðu sagt mér ...	kannst du mir sagen ...
girnilegur (m), girnileg (f), girnilegt (n)	köstlich
gista (-ti)	übernachten
gítar (m/-, -s, -ar)	Gitarre
gjörið svo vel	bitte sehr
glaður (m), glöð (f), glatt (n)	glücklich
glampandi	strahlend
glas (n/-i, -s, glös)	(Trink-) Glas
gleyma (-di) + *Dat.*	vergessen

glugg·i (m/-a, -ar)	Fenster
golf (n/-i, -s, ÷)	Golf
gos (n/-i, -s, -)	Softgetränk, Limo
goshver (m/-, -s, -ir)	Geysir
gott kvöld/góða kvöldið	Guten Abend
góða nótt	Gute Nacht
góða skemmtun	viel Spaß
góðan daginn/góðan dag	Guten Tag, Guten Morgen
góður (m), góð (f), gott (n)	gut
gólf (n/-i, -s, -)	Fußboden
gómsætur (m), -sæt (f), -sætt (n)	lecker
grár (m), grá (f), grátt (n)	grau
greiða sér (-ddi)	sich kämmen
Grikkland (n/-i, -s, ÷)	Griechenland
grænar baunir (fpl)	Erbsen
Grænland (n/-i, -s, ÷)	Grönland
grænmeti (n/-i, -s, ÷)	Gemüse
grænmetis-	vegetarisch
grænmetisæt·a (f/-u, -ur)	Vegetarier(in)
grænn (m), græn (f), grænt (n)	grün
guð minn góður	oh mein Gott
Gullni hringurinn	«Golden Circle»
gulrót (f/-ar, gulrætur)	Karotte
gummístígvél (n/-i, -s, -)	Gummistiefel

H

ha?	wie bitte?
haf (n/-i, -s, höf)	Meer, Ozean
hafa (ég hef, hafði-höfðum, haft)	haben
hafa áhuga á + *Dat.*	Interesse haben
hafa bílpróf	den Führerschein haben
hafa útsýni yfir + *Akk.*	eine Aussicht haben über
hafragraut·ur (m/-, -ar, -ar)	Hafergrütze
haglél (n/-i, -s, -)	Hagel
halda (ég held, hélt-héldum, haldið)	halten
halda + *Akk.*	denken, glauben
halda áfram	weitermachen
hamborgar·i (m/-a, -ar)	Hamburger
handa + *Dat.*	für
handbolt·i (m/-a, -ar)	Handball
handklæði (n/-i, -s, -)	Handtuch
handlegg·ur (m/-, -jar, -ir)	Arm
hangikjöt (n/-i, -s, ÷)	geräuchertes Lammfleisch
harp·a (f/hörpu, hörpur)	Harfe
hata (a) + *Akk.*	hassen
haust (n/-i, -s, -)	Herbst
hádegismat·ur (m/-, -ar, ÷)	Mittagessen
hákarl (m/-i, -s, -ar)	Hai

hálendi (n/-i, -s, ÷)	Hochland
hálfskýjaður (m), hálfskýjuð (f), hálfskýjað (n)	teils bewölkt
háls (m/-i, -, -ar)	Hals
hálsklút·ur (m/-, -s, -ar)	Halstuch
hár (m), há (f), hátt (n)	hoch
hárgreiðslukon·a (f/-u, -ur)	Frisörin
hárþurrk·a (f/-u, -ur)	Föhn
háskólanem·i (m/-a, -ar)	Student
hátíð (f/-ar, -ir)	Fest
heiðskír (m/f), heiðskírt (n)	heiter, wolkenlos
heilsa (a) + *Dat.*	grüßen
heilsa (a) + *Dat.* hjartanlega	herzlich begrüßen
heim·ur (m/-i, -s, -ar)	Welt
heimagerður snafs	selbstgemachter Schnaps
heimaland (n/-i, -s, -lönd)	Heimatland
heimsókn (f/-ar, -ir)	Besuch
heimsækja + *Akk.* (-sótti, -sótt)	besuchen
heitt súkkulaði (n)	heiße Schokolade
heitur (m), heit (f), heitt (n)	heiß
hekla (a) + *Akk.*	häkeln
helg·i (f/-i, -ar)	Wochenende
hella (-ti) + *Dat.* hjá + *Dat.*	jdm. etw. einschenken
herða (-ti) + *Akk.*	härten
hettupeys·a (f/-u, -ur)	Kapuzenpullover
hér	hier
hérna	hier *(in sichtbarer Nähe)*
himin·n (m/himni, -s, himnar)	Himmel
hingað	hierhin, hierher
hins vegar	andererseits
hit·i (m/-a, -ar)	Temperatur
hitta (-i) + *Akk.*	treffen
hjálpa (a) + *Dat.*	helfen
hjól (n/-i, -s, -)	Fahrrad
hjóla (a)	Fahrrad fahren
hlakka (a) til	sich freuen
hlaupa (ég hleyp, hljóp-hlupum, hlaupið)	laufen
hljóðfæri (n/-i, -s, -)	Instrument
hljómsveit (f/-ar, -ir)	Musikband
hlusta (a) á + *Akk.*	anhören
hlýr (m), hlý (f), hlýtt (n)	warm
hnakk·i (m/-a, -ar)	Nacken
hné (n/-, -s, -)	Knie
Holland (n/-i, -s, ÷)	Niederlande
horfa (-ði) á + *Akk.*	anschauen
hótel (n/-i, -s, -)	Hotel
hress og kátur (m), hress og kát (f), hresst og kátt (n)	frisch und munter

hreyfing (f/-u, -ar, -ar)	Bewegung
hringveg·ur (m/-i, -ar, ÷)	Ringstraße
hrísgrjón (n/-i, -s, -)	Reis
hrossakjöt (n/-i, -s, ÷)	Pferdefleisch
huggulegur (m), -leg (f), -legt (n)	gemütlich
hugmynd (f/-ar, -ir)	Idee
hund·ur (m/-i, -s, -ar)	Hund
hurð (f/-ar, -ir)	Tür
húf·a (f/-u, -ur)	Mütze
hús (n/-i, -s, -)	Haus
hvað ... lengi	wie lange
Hvað í ósköpunum...	Was um alles in der Welt ...
hvað?	was?
hvaða?	welche/r/s?
hvaðan?	woher?
hvalkjöt (n/-i, -s, ÷)	Walfleisch
hvass (m), hvöss (f), hvasst (n)	windig
hvellur (m/-i, -s, -ir)	Knall
hver?	wer?
hvernig?	wie?
hvert?	wohin?
hvítlauk·ur (m/-i, -s, -ar)	Knoblauch
hvítvín (n/-i, -s, -)	Weißwein
hvorugur (m), hvorug (f), hvorugt (n)	keine/r/s von beidem
hæ/ hæ, hæ	hallo
hæð (f/-ar, -ir)	Etage, Hügel
hænsnakjöt (n/-i, -s, ÷)	Hühnerfleisch
hætta (-i) + *Dat.*	aufhören
höfuð (n/höfði, -s, -)	Kopf
hönd (f/handar, hendur)	Hand

I

illa	schlecht *(Adverb)*
ilmvatn (n/-i, -s, -vötn)	Parfüm
inngang·ur (m/-i, -s, -ar)	Eingang
inni	drinnen

Í

í aðalrétt	als Hauptspeise
í áttina til + *Gen.*	in Richtung
í dag	heute
í eftirrétt	als Nachtisch
í forrétt	als Vorspeise
í frítímanum	in der Freizeit
í fyrra	im letzten Jahr
í haust	diesen Herbst
í kvöld	heute Abend
í morgun	heute Morgen
í nótt	heute Nacht

í peningum	in bar
í sumar	diesen Sommer
í vetur	diesen Winter
í viðbót	zusätzlich
í vor	diesen Frühling
íbúð (f/-ar, -ir)	Wohnung
Írland (n/-i, -s, ÷)	Irland
ís (m/-(i), -s, -ar)	Eis
ísbúð (f/-ar, -ir)	Eisdiele
ísjak·i (m/-a, -ar)	Eisberg
ískaldur (m), -köld (f), -kalt (n)	eiskalt
Ísland (n)	Island
Íslending·ur (m/-i, -s, -ar)	Isländer/in
íslensk·a (f/-u, ÷)	Isländisch
Ítalí·a (f/-u, ÷)	Italien
íþróttakon·a (f/-u, -ur)	Sportlerin
íþróttamað·ur (m)	Sportler

J

jafnvel	sogar
jakk·i (m/-a, -ar)	Jacke
já	ja
já, ætli það ekki	ja, ich glaube schon
joggingbuxur (fpl)	Jogginghose
jú	doch
jökul·l (m/jökli, -s, jöklar)	Gletscher

K

kaffi (n/-i, -s, ÷)	Kaffee
kaffiboll·i (m/-a, -ar)	Tasse Kaffe
kaffibrús·i (m/-a, -ar)	Thermoskanne für Kaffee
kaffihús (n/-i, -s, -)	Café
kafl·i (m/-a, -ar) (n/-i, -s, ÷)	Kapitel
kak·a (f/köku, kökur)	Kuchen
kakó (n/-i, -s, ÷)	Kakao
kaldur (m), köld (f), kalt (f)	kalt
kann·a (f/könnu, könnur)	Kanne
kannski	vielleicht
kartafl·a (f/kartöflu, kartöflur)	Kartoffel
kasta (a) + *Dat.*	werfen
kasta (a) upp	sich übergeben
kaupa sér + *Akk.* (keypti, keypt)	sich kaufen
kálf·i (m/-a, -ar)	Wade
kenna (-di) + *Dat.* + *Akk.*	beibringen
kennar·i (m/-a, -ar)	Lehrer
kirkj·a (f/-u, -ur)	Kirche
kíkja (-ti) á + *Akk.*	ansehen
Kín·a (n/-a, ÷)	China
kjól·l (m/-, -s, -ar)	Kleid

kjúkling·ur (m/-i, -s, -ar)	Hähnchen
kjöt (n/-i, -s, ÷)	Fleisch
kjötboll·a (f/-u, -ur)	Frikadelle
kjötborð (n/-i, -s, -)	Fleischtheke
klef·i (m/-a, -ar)	Umkleidekabine
klósett (n/-i, -s, -)	Toilette
klukk·a (f/-u, -ur)	Uhr
klæða sig (-ddi)	sich anziehen
kodd·i (m/-a, -ar)	Kissen
kokk·ur (m/-i, -s, -ar)	Koch
kokteil·l (m/-, -s, -ar)	Cocktail
kom·a (f/-u, -ur)	Kommen, Ankunft
koma (ég kem, kom-komum, komið)	kommen
koma fljótt	schnell kommen
koma í heimsókn	zu Besuch kommen
koma með	mitkommen
koma til Íslands	nach Island kommen
kontrabass·i (m/-a, -ar)	Kontrabass
kort (n/-i, -s, -)	Karte, Stadtplan
kosta (a) + *Akk.*	kosten
kók (f) *oder* (n)	Cola
kólna (a)	kühler werden
kóræfing (f/-u, -ar, -ar)	Chorprobe
krakk·i (m/-a, -ar)	Kind
kreditkort (n/-i, -s, -)	Kreditkarte
kreditkortanúmer (n/-i, -s, -)	Kreditkartennummer
krón·a (f/-u, -ur)	Krone *(Währung)*
krydd (n/-i, -s, -)	Gewürz
kunna *(unregelm.)* + *Akk.*	können, fähig sein
kunnugur (m), kunnug (f), kunnugt (n)	bekannt
kúl·a (f/-u, -ur)	Kugel
kvöldmat·ur (m/-, -ar, ÷)	Abendessen
kynna (-ti) + *Akk.*	jdn. vorstellen
kynnast (-ti) + *Dat.*	kennen lernen
kæliherbergi (n/-i, -s, -)	Kühlraum

L

labba (a)	schlendern
laga (a) te	Tee kochen
lambahrygg·ur (m/-, -jar, -ir)	Lammrücken
lambakjöt (n/-i, -s, ÷)	Lammfleisch
lambakótelett·a (f/-u, -ur)	Lammkotelett
lambalæri (n/-i, -s, -)	Lammkeule
lambasteik (f/-ar, -ur)	Lammsteak
lamp·i (m/-a, -ar)	Lampe
land·i (m/-a, -ar)	*hier:* Selbstgebranntes
landnám (n/-i, -s, ÷)	Landnahme
landslag (n/-i, -s, -)	Landschaft

langa → mig langar í + *Akk.*	Lust haben → ich habe Lust auf
langur (m), löng (f), langt (n)	lang
lasanj·a (n/-a, ÷)	Lasagne
lauk·ur (m/-i, -s, -ar)	Zwiebel
laus (m/f), laust (n)	frei, unbesetzt
lausamaður (m)	Freiberufler
lax (m/-i, -, -ar)	Lachs
láta (ég læt, lét-létum, látið)	lassen
leggingsbuxur (fpl)	Leggings
leggja (0) af stað (lagði, lagt)	losfahren
leggja (0) á borðið	den Tisch decken
leggja sig	sich hinlegen
leggja undir sig (0) + *Akk.*	erobern
leigja (-ði) + *Akk.*	mieten
leikar·i (m/-a, -ar)	Schauspieler
leikhús (n/-i, -s, -)	Theater
leikskól·i (m/-a, -ar)	≈ Kindergarten
lenda (-ti)	landen
lengi	lange *(Adverb)*
lesa + *Akk.* (ég les, las-lásum, lesið)	lesen
Lettland (n/-i, -s, ÷)	Lettland
leyndarmál (n/-i, -s, -)	Geheimnis
léttskýjaður (m), -skýjuð (f), -skýjað	leichtbewölkt
Litháen (n/-, -s, ÷)	Lithauen
líða miklu betur (mér líður, leið, hefur liðið)	sich viel besser fühlen
líf (n/-i, -s, -)	Leben
líka	auch
líklega	wahrscheinlich *(Adverb)*
líta út eins og (ég lít, leit-litum, litið)	aussehen wie
lítið steiktur (m) steikt (f)/(n)	englisch gebraten
lítill (m), lítil (f), lítið (n)	klein
ljósmyndar·i (m/-a, -ar)	Fotograf
ljúga (að + *Dat.*) (ég lýg, laug-lugum, logið)	(be)lügen
logn (n/-i, -s, -)	Windstille
loka (a) + *Dat.*	schließen
loksins	schließlich
lopapeys·a (f/-u, -ur)	Islandpulli
lón (n/-i, -s, -)	Lagune
lund·i (m/-ar)	Papageitaucher
lyft·a (f/-u, -ur)	Fahrstuhl
lykil·l (m/lykli, -s, lyklar)	Schlüssel
lýsing (f/-u, -ar, -ar)	Beschreibung
lækni·r (m/-i, -s, -ar)	Arzt
læra (-ði) íslensku	Isländisch lernen
læra (-ði) viðskipti	Wirtschaft studieren
læri (n/-i, -s, -)	Schenkel
lögreglumaður (m)	Polizist

lögreglustöð (f/-var, -var)	Polizeiwache

M

mag·i (m/-a, -ar)	Bauch, Magen
malað kaffi	gemahlener Kaffee
mamma (f/mömmu, mömmur)	Mama
margir (mpl), margar (fpl), mörg (npl)	viele
matseðil·l (m/-seðli, -s, -seðlar)	Speisekarte
matvörubúð (f/-ar, -ir)	Lebensmittelgeschäft
mála sig (a)	sich schminken
málar·i (m/-a, -ar)	Maler
mánaðardag·ur (m/-degi, -s, -ar)	Datum
máv·ur (m/-i, -s, -ar)	Möwe
með kreditkorti	mit Kreditkarte
meðal unglinga	unter Jugendlichen
meðalsteiktur (m) steikt (f)/(n)	medium gebraten
meðfram + *Dat.*	entlang
meðlæti (n/-i, -s, ÷)	Beilage
menning (f/-u, -ar, -ar)	Kultur
mestallan tímann	die meiste Zeit
meyr (m)/(f), meyrt (n)	zart
mið·i (m/-a, -ar)	Ticket
miðbæ·r (m/-, -jar, -ir)	Innenstadt
mikill (m), mikil (f), mikið (n)	viel
mikilvægur (m), mikilvæg (f), mikilvægt (n)	wichtig
mildur (m), mild (f), milt (n)	mild
milljón (f/-ar, -ir)	Million
minjagripaverslun (f/-ar, -verslanir)	Souvenirgeschäft
mínibar (m/-, -s, -ir)	Minibar
mínút·a (f/-u, -ur)	Minute
mjólk (f/-ur, ÷)	Milch
mjólkurfern·a (f/-u, -ur)	Milchtüte
mjög	sehr
morgunmat·ur (m/-, -ar, ÷)	Frühstück
móðir (f/móður, mæður)	Mutter
móðurmál (n/-i, -s, -)	Muttersprache
munu *(unregelm.)*	wohl werden
myndavél (f/-ar, -ar)	Fotoapparat

N

nafl·i (m/-a, -ar)	Nabel
nammi (n/-i, -s, ÷)	Süßigkeiten
nauðsynlegur (m), -leg (f), -legt (n)	nötig
nautakjöt (n/-i, -s, ÷)	Rindfleisch
ná í + *Akk.* (ég næ, náði, náð)	(sich) holen
nákvæmur (m), nákvæm (f). nákvæmt (n)	genau
nálægt + *Dat.*	in der Nähe von
námskeið (n/-i, -s, -)	Kurs
nánast	quasi

náttúr·a (f/-u, -ur)	Natur
nefnilega	nämlich
nei, ætli það	nein, ich glaube nicht
nokkrum sinnum	mehrmals
norðan Reykjavíkur	nördlich von Reykjavík
Noreg·ur (m/-i, -s, ÷)	Norwegen
nota (a) tækifærið	die Gelegenheit nutzen
nógu	genug *(Adverb)*
nógur (m), nóg (f)/(n)	genug
núðl·a (f/-u, -ur)	Nudel
núna	jetzt
nýr (m), ný (f), nýtt (n)	neu
nærbuxur (fpl)	Unterhose
nærskyrt·a (f/-u, -ur)	Unterhemd
næsta dag	am nächsten Tag
næsti (m), næsta (f/n)	nächste
næstum (því)	fast
næturklúbb·ur (m/-i, -s, -ar)	Nachtclub

O

of kaldur (m), köld (f), kalt (f)	zu kalt
ofan	von oben
og margt fleira	und vieles mehr
olnbog·i (m/-a, -ar)	Ellenbogen
opinn (m), opin (f), opið (n)	geöffnet
orlofsíbúð (f/-ar, -ir)	Ferienwohnung
ost·ur (m/-i, -s, -ar)	Käse
ostabit·i (m/-a, ar)	Käsehäppchen
ostborgar·i (m/-a, -ar)	Cheesburger

Ó

óáfengir drykkir (mpl)	alkoholfreie Getränke
ókeypis	kostenlos
órólegur (m), -leg (f), -legt (n)	unruhig, nervös
ótrúlega margir (mpl)	unglaublich viele
óþægilegur (m), -leg (f), -legt (n)	unangenehm

P

pabb·i (m/-a, -ar)	Papa
pakka (a) fötum niður	Kleidung einpacken
pakksaddur (m), -södd (f), -satt (n)	pappsatt
panta (a) + *Akk.*	bestellen
paprik·a (f/-u, -ur)	Paprika
part·ur (m/-i, -s, -ar)	Teil
passa vel (a)	gut passen
past·a (n/-a, ÷)	Pasta
peningaskáp·ur (m/-, -s, -ar)	Safe
penn·i (m/-a, -ar)	Stift
persón·a (f/-u, -ur)	Person
pestó (n/-i, -s, ÷)	Pesto

pils (n/-i, -s, -)	Rock
pipar (m/-, -s, ÷)	Pfeffer
píanó (n/-i, -s, -)	Klavier, Piano
píts·a (f/-u, -ur)	Pizza
popp (n/-i, -s, ÷)	Popcorn
Portúgal (n/-, -s, ÷)	Portugal
Pólland (n/-i, -s, ÷)	Polen
pósthús (n/-i, -s, -)	Post
prest·ur (m/-i, -s, -ar)	Priester
prjóna (a) + *Akk.*	stricken
púðursykur (m/-sykri, -s, ÷)	Farinzucker
pyls·a (f/-u, -ur) með öllu	Hotdog

R

rafvirk·i (m/-ja, -jar)	Elekriker
raka sig (a)	sich rasieren
rass (m/-i, -, -ar)	Po
rauðkál (n/-i, -s, -)	Rotkohl
rauðsprett·a (f/-u, -ur)	Scholle
rauður (m), rauð (f), rautt (n)	rot
rauðvín (n/-i, -s, -)	Rotwein
ráða frá + *Dat.* (ég ræð, réð-réðum, ráðið)	abraten von
reiprennandi	fließend
reyna (-di) + *Akk.*	versuchen
Rétt hjá þér.	Da hast du Recht.
rétt við + *Akk.*	direkt bei
réttur (m), rétt (f/n)	richtig
rigning (f/-u, -ar, -ar)	Regen
ristað brauð (n)	Toast
rjóm·i (m)	Sahne
rok (n/i, -s, -)	Sturm
rosalega	sehr, total
róa (ég ræ, réri-rérum, róið)	rudern
rúllukragapeys·a (f/-u, -ur)	Rollkragenpullover
rúm (n/-i, -s, -)	Bett
Rúmenía (f/-u, ÷)	Rumänien
Rússland (n/-i, -s, ÷)	Russland
rækj·a (f/-u, -ur)	Garnele

S

saf·i (m/-a, -ar)	Saft
safn (n/-i, -s, söfn)	Sammlung, Museum
saga (f/sögu, sögur)	Geschichte
salat (n/-i, -s, salöt)	Salat
salt (n/-i, -s, sölt)	Salz
samlok·a (f/-u, -ur)	Sandwich
sammála	einverstanden
samt	trotzdem
sannur (m), sönn (f), satt (n)	wahr, echt

saxófón·n (m/-i, -s, -ar)	Saxofon
segja til vegar (ég sagði, sagt)	den Weg erklären
seglbát·ur (m/-, -s, -ar)	Segelboot
seigur (m), seig (f), seigt (n)	zäh
seinn (m), sein (f), seint (n)	spät
seinna	später
selja (0) + *Dat.* + *Akk.* (ég seldi, selt)	verkaufen
sem	der/die/das *(Relativpronomen)*
sem betur fer	zum Glück
semja (0) + *Akk.*	verfassen
setja (0) á sig ilmvatn (ég setti, sett)	sich einparfümieren
séríslenskur (m), -íslensk (f), -íslenskt (n)	typisch isländisch
sigla (-di)	segeln
silung·ur (m/-i, -s, -ar)	Forelle
sinnep (n/-i, -s, ÷)	Senf
sitja í heita pottinum (ég sit, sat-sátum, setið)	im heißen Pott sitzen
síðar	später
síðast	zuletzt
síðasti (m), síðasta (f/n)	letzte/r/s
sígarett·a (f/-u, -ur)	Zigarette
sím·i (m/-a, -ar)	Telefon
sjá + *Akk.* (ég sé, sá-sáum, séð)	sehen
sjá aftur + *Akk.* (ég sé, sá-sáum, séð)	wiedersehen
sjálfur (m), sjálf (f), sjálft (n)	selbst
sjopp·a (f/-u, -ur)	Shop, Kiosk
sjónvarp (n/-i, -s, -vörp)	Fernseher
skál (f/-ar, -ar)	Schale
skáp·ur (m/-, -s, -ar)	Schrank
skeið (f/-ar, -ar)	Löffel
skemmtiferð (f/-ar, -ir)	Ausflug
skila (a) + *Dat.*	zurückgeben
skilja (0) + *Akk.*(ég skildi, skilið)	verstehen
skilja (0) ekki neitt	nichts verstehen
skilja eftir (0) + *Akk.*	hinterlassen
skink·a (f/-u, -ur)	Schinken
skipta (-i) engu máli	keine Rolle spielen
skipuleggja (0) + *Akk.* (-lagði, -lagt)	organisieren, planen
sko	nun, also, schau
skoða (a) + *Akk.*	betrachten, besichtigen
skokka (a)	joggen
skott (n/-i, -s, -)	Schwanz; Kofferraum
skó·r (m/-, -s, -r)	Schuh
skól·i (m/-a, -ar)	Schule
skrifstof·a (f/-u, ur)	Büro
skrítinn (m), skrítin (f), skrítið (n)	komisch, seltsam
skúr (f/-ar, -ir)	Regenschauer
skyld·a (f/-u, -ur)	Pflicht

skyndibit·i (m/-a, -ar)	Fastfood
skyndibitastað·ur (m/-, -ar, -ir)	Schnellimbiss
skyndilega	plötzlich
skyr (n/-i, -s, ÷)	isländischer Quark, Skyr
skyrt·a (f/-u, -ur)	Hemd
skyrtert·a (f/-u, -ur)	Torte aus Skyr
slangur (n/slangri, -s, ÷)	Slang
Slóvakía (f/-u, ÷)	Slowakei
slydd·a (f/-u, -ur)	Schneeregen
smakka (a) + *Akk.*	probieren (Essen)
smið·ur (m/-, -s, -ir)	Schreiner/Tischler
smjör (n/-i, -s, ÷)	Butter
smyrja (0)	schmieren
snilling·ur (m/-i, -s, -ar)	Genie
snitsel (n/-(i), -s, ÷)	Schnitzel
snjó·r (m/-, -s, ÷)	Schnee
snjókom·a (f/-u, ÷)	Schneefall
sofa (ég sef, svaf-sváfum, sofið)	schlafen
sofa út (ég sef, svaf-sváfum, sofið)	ausschlafen
sofna (a)	einschlafen
sokk·ur (m/-, -s, -ar)	Socke
sokkabuxur (fpl)	Strumpfhose
son·ur (m/syni, -ar, synir)	Sohn
sódavatn (n/-i, -s, ÷)	Mineralwasser
sóf·i (m/-a, -ar)	Sofa
sólskin (n/-i, -s, ÷)	Sonnenschein
sós·a (f/-u, -ur)	Soße
Spánn (m/-i, -ar, ÷)	Spanien
spegil·l (m/spegli, -s, speglar)	Spiegel
spennandi	spannend
spila (a) á + *Akk.*	spielen *(Instrument)*
spila (a) fótbolta	Fußball spielen
spítal·i (m/-a, -ar)	Krankenhaus
spjalla (a) við + *Akk.*	plaudern mit
spyrja (0) + *Akk.*	jdn. fragen
spyrja (0) spurninga	Fragen stellen
spyrja (0) til vegar	nach dem Weg fragen
spægipyls·a (f/-u, -ur)	Salami
steik (f/-ar, -ur)	Steak
sterkur (m), sterk (f), sterkt (n)	stark
stof·a (f/-u, -ur)	Wohnzimmer
storm·ur (m/-i, -s, -ar)	heftiger Sturm
stól·l (m/-, -s, -ar)	Stuhl
stór (m)/(f), stórt (n)	groß
stórmarkað·ur (m/-i, -ar, -ir)	Supermarkt
strangur (m), ströng (f), strangt (n)	streng
strætó (m/-, -ar)	Bus

strönd (f/strandar, strendur)	Strand, Küste
stunda (a) íþróttir	Sport treiben
stunda (a) jóga	Yoga machen
stundum	manchmal
sturt·a (f/-u, -ur)	Dusche
stúdent (m/-, -s, -ar)	Student
stöðva (a) + *Akk.*	anhalten
stökkva (ég stekk, stökk-stukkum, stokkið)	springen
sult·a (f/-u, -ur)	Marmelade
sumar (n/sumri, -s, sumur)	Sommer
sumarbústað·ur (m/-i, -ar, -ir)	Sommerhaus
sumarfrí (n/-i, -s, -)	Sommerurlaub
sumir (mpl), sumar (fpl), sum (npl)	manche
sundlaug (f/-ar, -ar)	Schwimmbad, -becken
sundskýl·a (f/-u, -ur)	Badehose
súkkulaðiís (m/-, -s, -ar)	Schokoeis
súld (f/-ar, -ir)	Nieselregen
súpa (f/-u, -ur) dagsins	die Tagessuppe
súrmjólk (f/-ur, ÷)	Sauermilch
svalir (fpl)	Balkon
svalur (m), svöl (f), svalt (n)	frisch, kühl
svangur (m), svöng (f), svangt (n)	hungrig
svara (a) + *Dat.*	(be)antworten
svefnherbergi (n/-i, -s, -)	Schlafzimmer
svepp·ur (m/-(i), -s, -ir)	Pilz
svið (npl)	gesengter Schafskopf
svið (n/-i, -s, -)	Bühne
Sviss (n/-, -, ÷)	Schweiz
svitna (a)	schwitzen
svínakjöt (n/-i, -s, -)	Schweinefleisch
Svíþjóð (f/-ar, ÷)	Schweden
svo	so
svolítið	ein bisschen, ein wenig
svona	so ein/e
svæði (n/-i, -s, -)	Gebiet
sykur (m/sykri, -s, ÷)	Zucker
synda (-ti)	schwimmen
syngja (ég syng, söng-sungum, sungið)	singen
systir (f/systur, systur)	Schwester
sýna (-di) +*Dat.* + *Akk.*	zeigen
sýning (f/-u, -ar, -ar)	Ausstellung
sæmilegur (m), -leg (f), -legt (n)	durchwachsen, befriedigend
sæng (f/-ur, -ur)	Bettdecke
sætur (m), sæt (f), sætt (n)	süß
sölumaður (m)	Verkäufer
sömuleiðis	gleichfalls
söng·ur (m/-, -s, -var)	Gesang

T

taka +*Akk.* (ég tek, tók-tókum, tekið)	nehmen
taka langan tíma (það tekur, tók-tókum, tekið)	lange dauern
taka mynd (ég tek, tók-tókum, tekið)	ein Bild machen
takk	Danke
tala (a) í símann	telefonieren
tala (a) við + *Akk.*	mit jdm. sprechen
tannlækni·r (m/-i, -s, -ar)	Zahnarzt
te (n/-i, -s, ÷)	Tee
telja (0) + *Akk.*	zählen
Tékkland (n/-i, -s, ÷)	Tschechien
til + *Gen.*	nach, zu *(Richtungsangabe bei Orten, Ländern, Personen)*
til að	um ... zu
til dagsins í dag	bis heute
til dæmis	zum Beispiel
til hægri	rechts
til vinstri	links
tilboð (n/-i, -s, -)	Angebot
tilbúinn (m), tilbúin (f), tilbúið (n)	bereit, fertig
tillag·a (f/-lögu, -lögur)	Vorschlag
tjakk·ur (m/-, -s, -ar)	Wagenheber
tómat·ur (m/-i, -s, -ar)	Tomate
tónleikar (mpl)	Konzert
tónlist (f/-ar, ÷)	Musik
tónlistarhús (n/-i, -s, -)	Konzerthaus
tónlistarmaður (m)	Musiker
trefil·l (m/-trefli, -s, -treflar)	Schal
trommur (fpl)	Schlagzeug, Trommeln
trúa (-ði) + *Dat.*	glauben
tungumál (n/-i, -s, -)	Sprache
tungumálaskól·i (m/-a, -ar)	Sprachschule
turn (m/i, -s, -ar)	Turm
túrist·i (m/-a, -ar)	Tourist
Tyrkland (n/-i, -s, ÷)	Türkei
tölvuleik·ur (m/-, -s, -ir)	Computerspiel
tölvupóst·ur (m/-i, -s, -ar)	E-Mail
tönn (f/tannar, tennur)	Zahn
um + *Akk.*	über, um, durch
um helgar	an Wochenenden
um helgina	am Wochenende
umfram allt	vor allem
undirbúa + *Akk.* (ég undirbý, -bjó-bjuggum, -búið)	vorbereiten

U

Ungverjaland (n/-i, -s, ÷)	Ungarn
upplýsing (f/-u, -ar, -ar)	Information

Ú

Úkraína (f/-u, ÷)	Ukraine

úlnlið·ur (m/-, -ar, ir)	Handgelenk
úr + *Dat.*	aus
úr nálægð	von Nahem
úrkom·a (f/-u, ÷)	Niederschlag
úrkomulaus (m/f), -laust (n)	trocken, niederschlagsfrei
út um allt	überall
úti í sveitinni	auf dem Lande
útskýra (-ði) + *Akk.*	erklären
útvarp (n/-i, -s, -vörp)	Radio

V

vagnstjór·i (m/-a, -ar)	Busfahrer
vaka (-ti)	wach sein
vandlátur (m), -lát (f), -látt (n)	anspruchsvoll
vanilluís (m/-(i), -s, -ar)	Vanilleeis
vanta → mig vantar + *Akk.*	fehlen → mir fehlt
varadekk (n/-i, -s, -)	Ersatzreifen
varageymi·r (m/-i, -s, -ar)	Reservekanister
vasaklút·ur (m/-, -s, -ar)	Taschentuch
vask·ur (m/-i, -s, -ar)	Waschbecken
vatn (n/-i, -s, ÷)	Wasser
vatn (n/-i, -s, vötn)	*hier:* See
vatnglas (n/-i, -s, -glös)	ein Glas Wasser
vatnsflask·a (f/-flösku, -flöskur)	Flasche Wasser
vá	wow *(Ausruf)*
veðrið	Wetter, das
veður (n/-veðri, -s, -)	Wetter
veðurspá (f/-r, -r)	Wettervorhersage
veiða (-ddi) + *Akk.*	fischen, jagen
veitingahús (n/-i, -s, -)	Restaurant
vekja (0) + *Akk.*	wecken
vel	gut *(Adverb)*
vel steiktur (m) steikt (f)/(n)	durchgebraten
velja (0) + *Akk.*	wählen
Velkomin/n til Íslands.	Willkommen in Island.
venjulegur (m), -leg (f), -legt (n)	gewöhnlich
vera áfram í + *Dat.*	anlassen *(Kleidung)*
vera boðinn (m), boðin (f), boðið (n)	eingeladen sein
vera eftir	übrig sein
vera glorhungraður (m), -hungruð (f), -hungrað (n)	am Verhungern sein
vera hræddur við + *Akk.*	Angst haben vor
vera í + *Dat.*	anhaben *(Kleidung)*
vera kominn (m), komin (f) aftur til Íslands	wieder zurück nach Island gekommen sein
vera líkur (m), lík (f) + *Dat.*	aussehen wie, ähneln
vera lofthræddur (m), -hrædd (f), -hrætt (n)	Höhenangst haben
vera til	existieren, da sein
verða að + *Inf.* (ég verð, varð-urðum, orðið)	müssen
verkjatöflur (fpl)	Schmerztabletten

verkstæði (n/-i, -s, -)	Werkstatt
versla (a)	shoppen
verslunargat·a (f/-götu, -götur)	Einkaufsstraße
vesti (n/-i, -s, -)	Weste
vettling·ur (m/-i, -s, -ar)	Fäustling
vetur (m/vetri, vetrar, -)	Winter
við + *Akk.*	an, bei *(örtlich)*
við hliðina á + *Dat.*	neben
viðkunnanlegur (m), -leg (f), -legt (n)	nett, sympathisch
vik·a (f/-u, -ur)	Woche
vilja *(unregelm.)*	wollen
vin·ur (m/-i, -ar, -ir)	Freund
vind·ur (m/-i, -s, -ar)	Wind
vinkon·a (f/-u, -ur)	Freundin
vinn·a (f/ -ur)	Arbeit
vinsæll (m), vinsæl (f), vinsælt (n)	beliebt, bekannt
virka (a)	funktionieren
vita *(unregelm.)*	wissen
víða um landið	im ganzen Land
vondur (m), vond (f), vont (n)	schlecht
vor (n/-i, -s, -)	Frühling
völlur (m/velli, vallar, vellir)	Feld
Y	
yfir sumarið	über den Sommer
Ý	
ýmislegt	Verschiedenes
ýmislegt annað	viel anderes
ýs·a (f/-u, -ur)	Schellfisch
ýta (-ti) á takkann	auf den Auslöser drücken
Þ	
það er komið	das ist alles
það er rétt	das ist richtig
Það hljómar vel.	Das klingt gut.
Það kemur ekki til greina.	Das kommt nicht in Frage.
það var lítið	gern geschehen
þaðan	von dort
þakka (a) + *Dat.* kærlega	herzlich danken
þakklátur (m), -lát (f), -látt (n)	dankbar
þangað	dorthin
þar	dort
þar sem	wo *(Relativpronomen)*
þarna	dort *(in sichtbarer Nähe)*
þarna hinum megin	dort drüben
þátíð (f/-ar, -ir)	Vergangenheit
þekkja (-ti) + *Akk.*	kennen
þess vegna	deswegen
Þetta reddast.	Das wird schon.

þjóðveg·ur (m/-i, -ar, -ir)	Landstraße
Þjóðverji	Deutsche/r
þjón·n (m/-i, -s, -ar)	Kellner
þjórfé (n/-fjár, ÷)	Trinkgeld
þok·a (f/-u, -ur)	Nebel
þorsk·ur (m/-i, -s, -ar)	Kabeljau
þó	jedoch
þrep (n/-i, -s, -)	Treppenstufe
þreytandi	anstrengend
þreyttur (m), þreytt (f)/(n)	müde
þrífa (ég þríf, þreif-þrifum, þrifið) + *Akk.*	putzen
þurfa + *Akk.*	brauchen
þurfa að + *Infinitiv (unregelm.)*	müssen
þurrka (a) á sér hárið	sich die Haare föhnen
þverslauf·a (f/-u, -ur)	Fliege
því miður	leider
þvo sér í framan (ég þvæ, þvoði-þvoðum, þvegið)	sich das Gesicht waschen
þyrstur (m), þyrst (f)/(n)	durstig
Þýskaland (n/-i, -s, ÷)	Deutschland
þýskur (m), þýsk (f), þýskt (n)	deutsch
þægilega	angenehm *(Adverb)*
þægilegur (m), -leg (f), -legt	angenehm
þægur (m), þæg (f), þægt (n)	brav

Æ

æðislegur (m), æðisleg (f), æðislegt (n)	toll
æfa (-ði) sig	üben
ætla að fá + *Akk.*	haben wollen

Ö

öðruvísi en	anders als
ökkl·i (m/-a, -ar)	Knöchel
ömurlegur (m), -leg (f), -legt (n)	scheußlich
örugglega	sicherlich
öryggi (n/-i, -s, -)	Sicherheit
öxl (f/axlar, axlir)	Schulter

Wörterliste: Deutsch – Isländisch

A

ab heute/gestern/morgen	frá og með deginum í dag/í gær/á morgun
Abendessen	kvöldmat·ur (m/-, -ar, ÷)
Abfahrt, Abflug	brottför (f/-farar, -farir)
abraten von	ráða frá + Dat. (ég ræð, réð-réðum, ráðið)
alk. Getränke	áfengir drykkir (mpl)
Alkohol	áfengi (n/-i, -s, ÷)
alkoholfreie Getränke	óáfengir drykkir (mpl)
alles	allt
alles in Ordnung	allt í fínu lagi
als Hauptspeise	í aðalrétt
als Nachtisch	í eftirrétt
als Vorspeise	í forrétt
alt	gamall (m), gömul (f), gamalt (n)
am nächsten Tag	næsta dag
am Tag darauf	daginn eftir
am Verhungern sein	vera glorhungraður (m), -hungruð (f), -hungrað (n)
am Wochenende	um helgina
an Wochenenden	um helgar
an, bei (örtlich)	við + Akk.
Ananas	ananas (m/-, -s, -ar)
andererseits	hins vegar
anders als	öðruvísi en
Angebot	tilboð (n/-i, -s, -)
angenehm	þægilegur (m), -leg (f), -legt
angenehm *(Adverb)*	þægilega
Angst haben vor	vera hræddur við + Akk.
anhaben *(Kleidung)*	vera í + Dat.
anhalten	stöðva (a) + Akk.
anhören	hlusta (a) á + Akk.
anlassen *(Kleidung)*	vera áfram í + Dat.
anschauen	horfa (-ði) á + Akk.
ansehen	kíkja (-ti) á + Akk.
anspruchsvoll	vandlátur (m), -lát (f), -látt (n)
anstrengend	þreytandi
antworten, beantworten	svara (a) + Dat.
anziehen, sich	klæða sig (-ddi)
Apotheke	apótek (n/-i, -s, -)
Arbeit	vinn·a (f/ -ur)
Arm	handlegg·ur (m/-, -jar, -ir)
Arzt	lækni·r (m/-i, -s, -ar)
Atlantik	Atlantshaf (n/-i, -s, ÷)
auch	líka
auf dem Lande	úti í sveitinni

auf dem Weg nach Island	á leiðinni til Íslands
auf den Auslöser drücken	ýta (-ti) á takkann
auf Isländisch	á íslensku
Auf Wiedersehen!	bless/ bless, bless
aufhören	hætta (-i) + Dat.
Aufschnitt	álegg (n/-i, -s, -)
aufstehen (morgens)	fara á fætur (ég fer, fór-fórum, farið)
aus	úr + Dat.
aus welchem Land	frá hvaða landi
Ausflug	skemmtiferð (f/-ar, -ir)
ausschlafen	sofa út (ég sef, svaf-sváfum, sofið)
aussehen wie, ähneln	vera líkur (m), lík (f) + Dat.
aussehen wie	líta út eins og (ég lít, leit-litum, litið)
Ausstellung	sýning (f/-u, -ar, -ar)
Autovermietung	bílaleig·a (f/-u, -ur)

B

Bäcker	bakar·i (m/-a, -ar)
Bäckerei	bakarí (n/-i, -s, -)
Bad	bað (n/-i, -s, böð)
Badehose	sundskýl·a (f/-u, -ur)
Badezimmer	baðherbergi (n/-i, -s, -)
bald	bráðum
Balkon	svalir (fpl)
Bank	bank·i (m/-a, -ar)
Bar	bar (m/-, -s, -ir)
basteln	föndra (a)
Batterie	batterí (n/-i, -s, -)
Bauch, Magen	mag·i (m/-a, -ar)
Becher	doll·a (f/-u, -ur)
bedeckt	alskýjaður (m), alskýjuð (f), alskýjað
beeilen, sich	flýta sér (-ti)
beginnen	byrja (a)
beibringen	kenna (-di) + Dat. + Akk.
beide	báðir (mpl), báðar (fpl), bæði (npl)
Beilage	meðlæti (n/-i, -s, ÷)
Bein	fótlegg·ur (m/-, -jar, -ir)
bekannt	kunnugur (m), kunnug (f), kunnugt (n)
bekommen	fá (ég fæ, fékk-fengum, fengið)
Belgien	Belgía (f/-u, ÷)
beliebt, bekannt	vinsæll (m), vinsæl (f), vinsælt (n)
Benzin	bensín (n/-i, -s, ÷)
bereit, fertig	tilbúinn (m), tilbúin (f), tilbúið (n)
Berg	fjall (n/-i, -s, fjöll)
Beschreibung	lýsing (f/-u, -ar, -ar)
besitzen, haben	eiga + Akk. (ég á, átti-áttum, átt)
bestellen	panta (a) + Akk.
Besuch	heimsókn (f/-ar, -ir)
besuchen	heimsækja + Akk. (-sótti, -sótt)

betrachten, besichtigen	skoða (a) + Akk.
Bett	rúm (n/-i, -s, -)
Bettdecke	sæng (f/-ur, -ur)
Bewegung	hreyfing (f/-u, -ar, -ar)
BH	brjóstahaldar·i (m/-a, -ar)
biegen, abbiegen	beygja (-ði) + Akk.
Bier	bjór (m/-, -s, -ar)
bieten, anbieten	bjóða (ég býð) + Dat. + Akk.
bis heute	til dagsins í dag
bitte sehr	gjörið svo vel
bitten um	biðja um + Akk. (ég bið, bað-báðum, beðið)
Blatt (Papier)	blað (n/-i, -s, blöð)
blau	blár (m), blá (f), blátt (n)
Blaubeermarmelade	bláberjasult·a (f/-u, -ur)
Blumenkohl	blómkál (n/-i, -s, ÷)
Bluse	blúss·a (f/-u, -ur)
Bohne	baun (f/-ar, -ir)
brauchen	þurfa + Akk.
braun	brúnn (m), brún (f), brúnt (n)
brav	þægur (m), þæg (f), þægt (n)
Britannien	Bretland (n/-i, -s, ÷)
Brokkoli	brokkolí (n/-i, -s, ÷)
Bruder	bróðir (m/bróður, bræður)
Brust	brjóst (n/-i, -s, -)
Buch	bók (f/-ar, bækur)
Buchladen	bókabúð (f/-ar, -ir)
Bühne	svið (n/-i, -s, -)
Bulgarien	Búlgaría (f/-u, ÷)
Büro	skrifstof·a (f/-u, ur)
Bus	strætó (m/-, -ar)
Busfahrer	vagnstjór·i (m/-a, -ar)
Butter	smjör (n/-i, -s, ÷)

C

Café	kaffihús (n/-i, -s, -)
Cappucchino	cappuccino (m)
Cheeseburger	ostborgar·i (m/-a, -ar)
China	Kín·a (n/-a, ÷)
Chips	flögur (fpl)
Chorprobe	kóræfing (f/-u, -ar, -ar)
Cocktail	kokteil·l (m/-, -s, -ar)
Cola	kók (f) oder (n)
Computerspiel	tölvuleik·ur (m/-, -s, -ir)

D

Da hast du Recht.	Rétt hjá þér.
Dänemark	Danmörk (f/-merkur, ÷)
Dänisch	dansk·a (f/dönsku, ÷)
dankbar	þakklátur (m), -lát (f), -látt (n)
Danke	takk

das ist alles	það er komið
das ist richtig	það er rétt
Das klingt gut.	Það hljómar vel.
Das kommt nicht in Frage.	Það kemur ekki til greina.
Das wird schon.	Þetta reddast.
Datum	mánaðardag·ur (m/-degi, -s, -ar)
den Führerschein haben	hafa bílpróf (ég hef, hafði-höfðum, haft)
den ganzen Tag	allan daginn
den Tisch decken	leggja (0) á borðið (lagði, lagt)
den Weg erklären	segja til vegar (ég sagði, sagt)
denken, glauben	halda + Akk. (ég held, hélt-héldum, haldið)
der/die/das *(Relativpronomen)*	sem
deswegen	þess vegna
deutsch	þýskur (m), þýsk (f), þýskt (n)
Deutsche/r	Þjóðverji
Deutschland	Þýskaland (n/-i, -s, ÷)
die Gelegenheit nutzen	nota (a) tækifærið
die meiste Zeit	mestallan tímann
die meisten	flestir (mpl), flestar (fpl), flest (npl)
die Tagessuppe	súpa (f/-u, -ur) dagsins
diesen Frühling	í vor
diesen Herbst	í haust
diesen Sommer	í sumar
diesen Winter	í vetur
direkt bei	rétt við + Akk.
doch	jú
dort	þar
dort *(in sichtbarer Nähe)*	þarna
dort drüben	þarna hinum megin
dorthin	þangað
Dose	dós (f/-ar, -ir)
drinnen	inni
du Armer	aumingja þú
dunkel	dimmur (m), dimm (f), dimmt (n)
durchgebraten	vel steiktur (m) steikt (f)/(n)
durchwachsen, befriedigend	sæmilegur (m), -leg (f), -legt (n)
durstig	þyrstur (m), þyrst (f)/(n)
Dusche	sturt·a (f/-u, -ur)

E

eher, ziemlich	frekar
eigenes Bad	einkabaðherbergi (n/-i, -s, -)
ein Bild machen	taka mynd (ég tek, tók-tókum, tekið)
ein bisschen, ein wenig	svolítið
ein Glas Wasser	vatnglas (n/-i, -s, -glös)
eine Aussicht haben über	hafa útsýni yfir + Akk. (ég hef, hafði-höfðum, haft)
eine Bootsfahrt machen	fara í bátsferð (ég fer, fór-fórum, farið)
einen Ausflug machen	fara í skemmtiferð (ég fer, fór-fórum, farið)
einfach *(Adverb)*	einfaldlega

Eingang	inngang·ur (m/-i, -s, -ar)
eingeladen sein	vera boðinn (m), boðin (f), boðið (n)
Einkaufsstraße	verslunargat·a (f/-götu, -götur)
Einladung	boð (n/-i, -s, -)
einmal	einu sinni
einparfümieren, sich	setja (0) á sig ilmvatn (ég setti, sett)
einschenken (jdm. etw.)	hella (-ti) + Dat. hjá + Dat.
einschlafen	sofna (a)
einverstanden	sammála
Eis	ís (m/-(i), -s, -ar)
Eisberg	ísjak·i (m/-a, -ar)
Eisdiele	ísbúð (f/-ar, -ir)
eiskalt	ískaldur (m), -köld (f), -kalt (n)
Elektriker	rafvirk·i (m/-ja, -jar)
Ellenbogen	olnbog·i (m/-a, -ar)
Eltern	foreldrar (mpl)
E-Mail	tölvupóst·ur (m/-i, -s, -ar)
England	England (n/-i, -s, ÷)
Englisch	ensk·a (f/-u, ÷)
englisch gebraten	lítið steiktur (m) steikt (f)/(n)
entlang	meðfram + Dat.
Entschuldigung	afsakið
Erbsen	grænar baunir (fpl)
erklären	útskýra (-ði) + Akk.
erobern	leggja undir sig (0) + Akk. (ég lagði, lagt)
Ersatzreifen	varadekk (n/-i, -s, -)
erst	ekki fyrr en
Espresso	espressó (m)
essen	borða (a) + Akk.
essen gehen	fara út að borða (ég fer, fór-fórum, farið)
Essen zubereiten	búa til mat (ég bý, bjó-bjuggum, búið)
Estland	Eistland (n/-i, -s, ÷)
Etage, Hügel	hæð (f/-ar, -ir)
etwas	eitthvað
existieren, da sein	vera til

F

fahren	fara (ég, fór-fórum, fara)
fahren zu/nach	fara til + Gen. (ég fer, fór-fórum, farið)
Fahrrad	hjól (n/-i, -s, -)
Fahrrad fahren	hjóla (a)
Fahrstuhl	lyft·a (f/-u, -ur)
Fahrt, Reise	ferð (f/-ar, -ir)
Familie	fjölskyld·a (f/-u, -ur)
Farinzucker	púðursykur (m/-sykri, -s, ÷)
fast	næstum (því)
Fastfood	skyndibit·i (m/-a, -ar)
Fäustling	vettling·ur (m/-i, -s, -ar)
fehlen → mir fehlt	vanta → mig vantar + Akk.

feiern gehen	fara á djammið (ég fer, fór-fórum, farið)
fein, toll	fínn (m), fín (f), fínt (n)
Feld	völlur (m/velli, vallar, vellir)
Fenster	glugg·i (m/-a, -ar)
Ferienwohnung	orlofsíbúð (f/-ar, -ir)
Ferne	fjarski (m/-a, ÷)
Fernseher	sjónvarp (n/-i, -s, -vörp)
fertig	búinn (m), búin (f), búið (n)
Fest	hátíð (f/-ar, -ir)
Finger	fingur (m/fingri, -s, -)
Finnland	Finnland (n/-i, -s, ÷)
Fisch	fisk·ur (m/-i, -s, -ar)
fischen, jagen	veiða (-ddi) + Akk.
Fischgeschäft	fiskbúð (f/-ar, -ir)
Fischsuppe	fiskisúp·a (f/-u, -ur)
Flasche	flask·a (f/flösku, flöskur)
Flasche Wasser	vatnsflask·a (f/-flösku, -flöskur)
Fleisch	kjöt (n/-i, -s, ÷)
Fleischtheke	kjötborð (n/-i, -s, -)
Fliege	þverslauf·a (f/-u, -ur)
fliehen	flýja (0)
fließend	reiprennandi
Flohmarkt	flóamarkað·ur (m/-i, -ar, -ir)
Flugbegleiterin	flugfreyj·a (f/-u, -ur)
Flughafen	flugvöllur (m/-velli, -vallar, -vellir)
Flur	forstof·a (f/-u, -ur)
Flöte	flaut·a (f/-u, -ur)
Fohlen	folald (n/-i, -s, folöld)
föhnen, sich die Haare	þurrka (a) á sér hárið
Forelle	silung·ur (m/-i, -s, -ar)
Fotoapparat	myndavél (f/-ar, -ar)
Fotograf	ljósmyndar·i (m/-a, -ar)
fragen (jdn.)	spyrja (0) + Akk.
Fragen stellen	spyrja (0) spurninga
Frankreich	Frakkland (n/-i, -s, ÷)
Französisch	fransk·a (f/frönsku, ÷)
frei, unbesetzt	laus (m/f), laust (n)
Freiberufler	lausamaður (m)
Freizeit	frítím·i (m/-a, -ar)
fremd	framandi
freuen, sich	hlakka (a) til
Freund	vin·ur (m/-i, -ar, -ir)
Freundin	vinkon·a (f/-u, -ur)
Frikadelle	kjötboll·a (f/-u, -ur)
frisch	ferskur (m), fersk (f), ferkt (n)
frisch und munter	hress og kátur (m), hress og kát (f), hresst og kátt (n)
frisch (= kühl)	svalur (m), svöl (f), svalt (n)
Frisörin	hárgreiðslukon·a (f/-u, -ur)

Frost	frost (n/-i, -s, -)
Frühling	vor (n/-i, -s, -)
Frühstück	morgunmat·ur (m/-, -ar, ÷)
fühlen, sich viel besser	líða miklu betur (mér líður, leið, hefur liðið)
funktionieren	virka (a)
für	fyrir + Akk.
für	handa + Dat.
für Erwachsene	fyrir fullorðna
für morgen	fyrir morgundaginn
Fuß	fót·ur (m/fæti, -ar, fætur)
Fußball spielen	spila (a) fótbolta
Fußboden	gólf (n/-i, -s, -)
Föhn	hárþurrk·a (f/-u, -ur)

G

Garnele	rækj·a (f/-u, -ur)
Gast	gest·ur (m/-i, -s, -ir)
Gebäude	bygging (f/-u, -ar, -ar)
Gebiet	svæði (n/-i, -s, -)
Geburtstag	afmæli (n/-i, -s, -)
Geburtstag haben	eiga afmæli (unreglm.)
gefallen → mir gefällt	finnast → mér finnst
Geheimnis	leyndarmál (n/-i, -s, -)
gehen	fara (ég, fór-fórum, fara)
Geige	fiðl·a (f/-u, -ur)
gemahlener Kaffee	malað kaffi
Gemüse	grænmeti (n/-i, -s, ÷)
gemütlich	huggulegur (m), -leg (f), -legt (n)
genau	nákvæmur (m), nákvæm (f), nákvæmt (n)
genau *(Adverb)*	einmitt
Genie	snilling·ur (m/-i, -s, -ar)
genug	nógur (m), nóg (f)/(n)
genug *(Adverb)*	nógu
geräuchertes Lammfleisch	hangikjöt (n/-i, -s, ÷)
gern geschehen	það var lítið
Gesang	söng·ur (m/-, -s, -var)
Geschichte	saga (f/sögu, sögur)
geschickt	flinkur (m), flink (f), flinkt (n)
gesengter Schafskopf	svið (npl)
getrennt zahlen	borga (a) sitt í hvoru lagi
Gewürz	krydd (n/-i, -s, -)
gewöhnlich	venjulegur (m), -leg (f), -legt (n)
Geysir	goshver (m/-, -s, -ir)
geöffnet	opinn (m), opin (f), opið (n)
Gitarre	gítar (m/-, -s, -ar)
Glas (Trinkglas)	glas (n/-i, -s, glös)
glauben	trúa (-ði) + Dat.
gleichfalls	sömuleiðis
Gletscher	jökul·l (m/jökli, -s, jöklar)

glücklich	glaður (m), glöð (f), glatt (n)
Golden Circle	Gullni hringurinn
Golf	golf (n/-i, -s, ÷)
grau	grár (m), grá (f), grátt (n)
Griechenland	Grikkland (n/-i, -s, ÷)
groß	stór (m)/(f), stórt (n)
grün	grænn (m), græn (f), grænt (n)
grüßen	heilsa (a) + Dat.
Grönland	Grænland (n/-i, -s, ÷)
Gummistiefel	gummístígvél (n/-i, -s, -)
Gurke	agúrk·a (f/-u, -ur)
gut	góður (m), góð (f), gott (n)
gut *(Adverb)*	vel
gut passen	passa vel (a)
Gute Nacht	góða nótt
Guten Abend	gott kvöld/góða kvöldið
Guten Tag / Guten Morgen	góðan daginn/góðan dag

H

haben	hafa (ég hef, hafði-höfðum, haft)
haben wollen	ætla að fá + Akk.
Hafergrütze	hafragraut·ur (m/-, -ar, -ar)
Hagel	haglél (n/-i, -s, -)
Hähnchen	kjúkling·ur (m/-i, -s, -ar)
Hai	hákarl (m/-i, -s, -ar)
häkeln	hekla (a) + Akk.
hallo	hæ/ hæ, hæ
Hals	háls (m/-i, -, -ar)
Halstuch	hálsklút·ur (m/-, -s, -ar)
halten	halda (ég held, hélt-héldum, haldið)
Hamburger	hamborgar·i (m/-a, -ar)
Hand	hönd (f/handar, hendur)
Handball	handbolt·i (m/-a, -ar)
Handgelenk	úlnlið·ur (m/-, -ar, ir)
Handtuch	handklæði (n/-i, -s, -)
Hang, Steigung	brekk·a (f/-u, -ur)
Harfe	harp·a (f/hörpu, hörpur)
härten	herða (-ti) + Akk.
hassen	hata (a) + Akk.
Haus	hús (n/-i, -s, -)
heftiger Sturm	storm·ur (m/-i, -s, -ar)
Heimatland	heimaland (n/-i, -s, -lönd)
heiß	heitur (m), heit (f), heitt (n)
heiße Schokolade	heitt súkkulaði (n)
heiter, wolkenlos	heiðskír (m/f), heiðskírt (n)
helfen	hjálpa (a) + Dat.
hell	bjartur (m) björt (f), bjart (n)
Hemd	skyrt·a (f/-u, -ur)
Herbst	haust (n/-i, -s, -)

herzlich begrüßen	heilsa (a) + Dat. hjartanlega
herzlich danken	þakka (a) + Dat. kærlega
heute	í dag
heute Abend	í kvöld
heute Morgen	í morgun
heute Nacht	í nótt
hier	hér
hier *(in sichtbarer Nähe)*	hérna
hierhin, hierher	hingað
Himmel	himin·n (m/himni, -s, himnar)
hinlegen, sich	leggja sig (ég lagði, lagt)
hinterlassen	skilja eftir (0) + Akk. (ég skildi, skilið)
hinunterfahren	fara niður (ég fer) (ég fer, fór-fórum, farið)
hoch	hár (m), há (f), hátt (n)
hochfahren/-gehen	fara upp (ég fer, fór-fórum, farið)
Hochland	hálendi (n/-i, -s, ÷)
holen (sich holen)	ná í + Akk. (ég næ, náði, náð)
holen, sich etwas zu essen	fá sér + Akk. að borða (ég fæ, fékk-fengum, fengið)
Hotdog	pyls·a (f/-u, -ur) með öllu
Hotel	hótel (n/-i, -s, -)
Hühnerfleisch	hænsnakjöt (n/-i, -s, ÷)
Hund	hund·ur (m/-i, -s, -ar)
hungrig	svangur (m), svöng (f), svangt (n)
Höhenangst haben	vera lofthræddur (m), -hrædd (f), -hrætt (n)

I

Idee	hugmynd (f/-ar, -ir)
im Frühling	á vorin
im ganzen Land	víða um landið
im heißen Pott sitzen	sitja í heita pottinum (ég sit, sat-sátum, setið)
im Herbst	á haustin
im letzten Jahr	í fyrra
im Sommer	á sumrin
im Winter	á veturna
immer wieder	aftur og aftur
in bar	í peningum
in deinem Alter	á þínum aldri
in den nächsten Tagen	á næstu dögum
in der Freizeit	í frítímanum
in der Nähe von	nálægt + Dat.
in die Sauna gehen	fara í gufubað (ég fer, fór-fórum, farið)
in Richtung	í áttina til + Gen.
Information	upplýsing (f/-u, -ar, -ar)
Innenstadt	miðbæ·r (m/-, -jar, -ir)
Insel	eyj·a (f/-u, -ur)
Instrument	hljóðfæri (n/-i, -s, -)
interessant	áhugaverður (m), áhugaverð (f), áhugavert (n)
Interesse haben	hafa áhuga á + Dat. (ég hef, hafði-höfðum, haft)
Interesse, Hobby	áhugamál (n/-i, -s, -)

Irland	Írland (n/-i, -s, ÷)
isl. Kartoffelschnaps	brennivín (n/-i, -s, -)
isl. Orangenlimonade	appelsín (n/-i, -s, ÷)
Island	Ísland (n)
Isländer/in	Íslending·ur (m/-i, -s, -ar)
Isländisch	íslensk·a (f/-u, ÷)
Isländisch lernen	læra (-ði) íslensku
isländischer Quark, Skyr	skyr (n/-i, -s, ÷)
Islandpulli	lopapeys·a (f/-u, -ur)
ist es möglich, ... zu ...?	er hægt að...?
Ist etwas los?	Er eitthvað að?
Italien	Ítalí·a (f/-u, ÷)

J

ja	já
ja, ich glaube schon	já, ætli það ekki
Jacke	jakk·i (m/-a, -ar)
jdn. vorstellen	kynna (-ti) + Akk.
Jeans	gallabuxur (fpl)
jedoch	þó
jetzt	núna
joggen	skokka (a)
Jogginghose	joggingbuxur (fpl)
Journalist	blaðamaður (m)

K

Kabeljau	þorsk·ur (m/-i, -s, -ar)
Kaffee	kaffi (n/-i, -s, ÷)
Kakao	kakó (n/-i, -s, ÷)
kalt	kaldur (m), köld (f), kalt (f)
kämmen, sich	greiða sér (-ddi)
Kann ich weiterhelfen?	Get ég aðstoðað?
Kanne	kann·a (f/könnu, könnur)
kannst du mir sagen	geturðu sagt mér...
Kapitel	kafl·i (m/-a, -ar) (n/-i, -s, ÷)
kaputt	bilaður (m), biluð (f), bilað (n)
Kapuzenpullover	hettupeys·a (f/-u, -ur)
Karotte	gulrót (f/-ar, gulrætur)
Karte, Stadtplan	kort (n/-i, -s, -)
Kartoffel	kartafl·a (f/kartöflu, kartöflur)
Käse	ost·ur (m/-i, -s, -ar)
Käsehäppchen	ostabit·i (m/-a, ar)
kaufen, sich	kaupa sér + Akk. (keypti, keypt)
kein anderer	enginn annar
Kein Wunder, dass ...	Engin furða að ...
keine Rolle spielen	skipta (-i) engu máli
keine/r/s von beidem	hvorugur (m), hvorug (f), hvorugt (n)
Kellner	þjón·n (m/-i, -s, -ar)
kennen	þekkja (-ti) + Akk.
kennen lernen	kynnast (-ti) + Dat.

Kind	krakk·i (m/-a, -ar)
Kindergarten	leikskól·i (m/-a, -ar)
Kinofilm	bíómynd (f/-ar, -ir)
Kirche	kirkj·a (f/-u, -ur)
Kissen	kodd·i (m/-a, -ar)
Klavier, Piano	píanó (n/-i, -s, -)
Kleid	kjól·l (m/-, -s, -ar)
Kleiderschrank	fataskáp·ur (m/-, -s, -ar)
Kleidung einpacken	pakka (a) fötum niður
Kleidungsgeschäft	fatabúð (f/-ar, -ir)
klein	lítill (m), lítil (f), lítið (n)
Knall	hvellur (m/-i, -s, -ir)
Knie	hné (n/-, -s, -)
Knoblauch	hvítlauk·ur (m/-i, -s, -ar)
Knöchel	ökkl·i (m/-a, -ar)
Koch	kokk·ur (m/-i, -s, -ar)
kochen	elda (a) + Akk.
Kofferraum	farangursgeymsl·a (f/-u, -ur)
komisch, seltsam	skrítinn (m), skrítin (f), skrítið (n)
kommen	koma (ég kem, kom-komum, komið)
Kommen, Ankunft	kom·a (f/-u, -ur)
Kontrabass	kontrabass·i (m/-a, -ar)
konzentrieren, sich auf	einbeita (-ti) sér að + Dat
Konzert	tónleikar (mpl)
Konzerthaus	tónlistarhús (n/-i, -s, -)
Kopf	höfuð (n/höfði, -s, -)
kosten	kosta (a) + Akk.
kostenlos	ókeypis
Krankenhaus	spítal·i (m/-a, -ar)
Krawatte	bindi (n/-i, -s, -)
Kreditkarte	kreditkort (n/-i, -s, -)
Kreditkartennummer	kreditkortanúmer (n/-i, -s, -)
Krone (Währung)	krón·a (f/-u, -ur)
Küche	eldhús (n/-i, -s, -)
Kuchen	kak·a (f/köku, kökur)
Kugel	kúl·a (f/-u, -ur)
kühler werden	kólna (a)
Kühlraum	kæliherbergi (n/-i, -s, -)
Kultur	menning (f/-u, -ar, -ar)
Kurs	námskeið (n/-i, -s, -)
können, fähig sein	kunna (unregelm.) + Akk.
köstlich	girnilegur (m), girnileg (f), girnilegt (n)

L

Lachs	lax (m/-i, -, -ar)
Laden	búð (f/-ar, -ir)
Lagune	lón (n/-i, -s, -)
Lammfleisch	lambakjöt (n/-i, -s, ÷)
Lammkeule	lambalæri (n/-i, -s, -)

Lammkotelett	lambakótelett·a (f/-u, -ur)
Lammrücken	lambahrygg·ur (m/-, -jar, -ir)
Lammsteak	lambasteik (f/-ar, -ur)
Lampe	lamp·i (m/-a, -ar)
landen	lenda (-ti)
Landnahme	landnám (n/-i, -s, ÷)
Landschaft	landslag (n/-i, -s, -)
Landstraße	þjóðveg·ur (m/-i, -ar, -ir)
lang	langur (m), löng (f), langt (n)
lange *(Adverb)*	lengi
lange dauern	taka langan tíma (það tekur, tók-tókum, tekið)
Lasagne	lasanj·a (n/-a, ÷)
lassen	láta (ég læt, lét-létum, látið)
laufen	hlaupa (ég hleyp, hljóp-hlupum, hlaupið)
Leben	líf (n/-i, -s, -)
Lebensmittelgeschäft	matvörubúð (f/-ar, -ir)
lecker	gómsætur (m), -sæt (f), -sætt (n)
Leggings	leggingsbuxur (fpl)
Lehrer	kennar·i (m/-a, -ar)
leichtbewölkt	léttskýjaður (m), -skýjuð (f), -skýjað
leider	því miður
lesen	lesa + Akk. (ég les, las-lásum, lesið)
Lettland	Lettland (n/-i, -s, ÷)
letzte/r/s	síðasti (m), síðasta (f/n)
Leute	fólk (n/-i, -s, ÷)
lieben, mögen	elska (a) + Akk.
links	til vinstri
Litauen	Litháen (n/-, -s, ÷)
losfahren	leggja (0) af stað (ég lagði, lagt)
lügen *(jdn. belügen)*	ljúga (að + Dat.) (ég lýg, laug-lugum, logið)
Lust haben → ich habe Lust auf	langa → mig langar í + Akk.
Löffel	skeið (f/-ar, -ar)

M

Maler	málar·i (m/-a, -ar)
Mama	mamma (f/mömmu, mömmur)
manche	sumir (mpl), sumar (fpl), sum (npl)
manchmal	stundum
Marmelade	sult·a (f/-u, -ur)
medium gebraten	meðalsteiktur (m) steikt (f)/(n)
Meer, Ozean	haf (n/-i, -s, höf)
mehrmals	nokkrum sinnum
mein/e Liebe/r	elskan mín
meinen	eiga við + Akk. (ég á, átti-áttum, átt)
Mietauto	bílaleigubíl·l (m/-, -s, -ar)
mieten	leigja (-ði) + Akk.
Milch	mjólk (f/-ur, ÷)
Milchtüte	mjólkurfern·a (f/-u, -ur)
mild	mildur (m), mild (f), milt (n)

Million	milljón (f/-ar, -ir)
Mineralwasser	sódavatn (n/-i, -s, ÷)
Minibar	míníbar (m/-, -s, -ir)
Minute	mínút·a (f/-u, -ur)
Mist!	Andskotans!
mit jdm. sprechen	tala (a) við + Akk.
mit Kreditkarte	með kreditkorti
mitkommen	koma með (ég kem, kom-komum, komið)
Mittagessen	hádegismat·ur (m/-, -ar, ÷)
morgen	á morgun
müde	þreyttur (m), þreytt (f)/(n)
Musik	tónlist (f/-ar, ÷)
Musikband	hljómsveit (f/-ar, -ir)
Musiker	tónlistarmaður (m)
müssen	verða að + Inf. (ég verð, varð-urðum, orðið)
müssen	þurfa að + Infinitiv (unregelm.)
Mutter	móðir (f/móður, mæður)
Muttersprache	móðurmál (n/-i, -s, -)
Mütze	húf·a (f/-u, -ur)
Möwe	máv·ur (m/-i, -s, -ar)

N

Nabel	nafl·i (m/-a, -ar)
nach dem Weg fragen	spyrja (0) til vegar
nach Island kommen	koma til Íslands (ég kem, kom-komum, komið)
nach Norden fahren	fara norður (ég fer, fór-fórum, farið)
nach Osten fahren	fara austur (ég fer, fór-fórum, farið)
nach, zu *(Richtungsangabe bei Orten, Ländern, Personen)*	til + Gen.
nachmittags	eftir hádegið
nächste	næsti (m), næsta (f/n)
Nachtclub	næturklúbb·ur (m/-i, -s, -ar)
Nachtisch	eftirrétt·ur (m/-i, -ar, -ir)
Nacken	hnakk·i (m/-a, -ar)
nämlich	nefnilega
Natur	náttúr·a (f/-u, -ur)
Nebel	þok·a (f/-u, -ur)
neben	við hliðina á + Dat.
Nebenjob	aukavinn·a (f/-u, -ur)
nehmen	taka +Akk. (ég tek, tók-tókum, tekið)
nein, ich glaube nicht	nei, ætli það
nett, sympathisch	viðkunnanlegur (m), -leg (f), -legt (n)
neu	nýr (m), ný (f), nýtt (n)
neugierig	forvitinn (m), forvitin (f), forvitið (n)
nicht	ekki
nicht mehr	ekki lengur
nicht wahr?	ekki satt?
nichts	ekkert
nichts Besonderes	ekkert sérstakt

nichts verstehen	skilja (0) ekki neitt (ég skildi, skilið)
nie	aldrei
Niederlande	Holland (n/-i, -s, ÷)
Niederschlag	úrkom·a (f/-u, ÷)
niemand, keine/r/s	enginn/engin/ekkert
Nieselregen	súld (f/-ar, -ir)
Nimmst du mich auf den Arm?	Ertu að gera grín að mér?
noch	enn, ennþá
noch etwas?	eitthvað fleira?
normal	eðlilegur (m), -leg (f), -legt (n)
Norwegen	Noreg·ur (m/-i, -s, ÷)
Nudel	núðl·a (f/-u, -ur)
nun, also, schau	sko
nur	bara
nördlich von Reykjavík	norðan Reykjavíkur
nötig	nauðsynlegur (m), -leg (f), -legt (n)

O

Obst	ávextir (mpl)
oh mein Gott	guð minn góður
Oma	amm·a (f/ömmu, ömmur)
Opa	af·i (m/-a, -ar)
Orangensaft	appelsínusaf·i (m/-a, -ar)
organisieren, planen	skipuleggja (0) + Akk. (-lagði, -lagt)
Österreich	Austurríki (n/-i, -s, ÷)

P

Papa	pabb·i (m/-a, -ar)
Papageitaucher	lund·i (m/-ar)
pappsatt	pakksaddur (m), -södd (f), -satt (n)
Paprika	paprik·a (f/-u, -ur)
Parfüm	ilmvatn (n/-i, -s, -vötn)
Pasta	past·a (n/-a, ÷)
Pause machen	fara í kaffi (ég fer, fór-fórum, farið)
Person	persón·a (f/-u, -ur)
Pesto	pestó (n/-i, -s, ÷)
Pfeffer	pipar (m/-, -s, ÷)
Pferdefleisch	hrossakjöt (n/-i, -s, ÷)
Pflicht	skyld·a (f/-u, -ur)
Pilz	svepp·ur (m/-(i), -s, -ir)
Pizza	píts·a (f/-u, -ur)
plaudern mit	spjalla (a) við + Akk.
plötzlich	skyndilega
Po	rass (m/-i, -, -ar)
Polen	Pólland (n/-i, -s, ÷)
Polizeiwache	lögreglustöð (f/-var, -var)
Polizist	lögreglumaður (m)
Pommes	franskar (fpl)
Popcorn	popp (n/-i, -s, ÷)
Portugal	Portúgal (n/-, -s, ÷)

Post	pósthús (n/-i, -s, -)
Priester	prest·ur (m/-i, -s, -ar)
pro Tag	á dag
probieren *(Essen)*	smakka (a) + Akk.
putzen	þrífa (ég þríf, þreif-þrifum, þrifið) + Akk.
Q	
quasi	nánast
Quittung, Beleg	afrit (n/-i, -s, -)
R	
Rabatt	afslátt·ur (m/-slætti, -ar, -slættir)
Radio	útvarp (n/-i, -s, -vörp)
rasieren, sich	raka sig (a)
rechts	til hægri
Regen	rigning (f/-u, -ar, -ar)
Regenschauer	skúr (f/-ar, -ir)
Reis	hrísgrjón (n/-i, -s, -)
Reise	ferðalag (n/-i, -s, -lög)
reiten gehen	fara á hestbak (ég fer, fór-fórum, farið)
reparieren	gera (-ði) við + Akk.
Reservekanister	varageymi·r (m/-i, -s, -ar)
Restaurant	veitingahús (n/-i, -s, -)
richtig	réttur (m), rétt (f/n)
Rindfleisch	nautakjöt (n/-i, -s, ÷)
Ringstraße	hringveg·ur (m/-i, -ar, ÷)
Rock	pils (n/-i, -s, -)
Rollkragenpullover	rúllukragapeys·a (f/-u, -ur)
rot	rauður (m), rauð (f), rautt (n)
Rotkohl	rauðkál (n/-i, -s, -)
Rotwein	rauðvín (n/-i, -s, -)
Rücken	bak (n/-i, -s, bök)
Rucksack	bakpok·i (m/-a, -ar)
rudern	róa (ég ræ, réri-rérum, róið)
Rumänien	Rúmenía (f/-u, ÷)
Russland	Rússland (n/-i, -s, ÷)
S	
Safe	peningaskáp·ur (m/-, -s, -ar)
Saft	djús (n/m/-i, -s, ÷)
Saft	saf·i (m/-a, -ar)
Sahne	rjóm·i (m)
Salami	spægipyls·a (f/-u, -ur)
Salat	salat (n/-i, -s, salöt)
Salz	salt (n/-i, -s, sölt)
Sammlung, Museum	safn (n/-i, -s, söfn)
Sandwich	samlok·a (f/-u, -ur)
Sauermilch	súrmjólk (f/-ur, ÷)
Saxofon	saxófón·n (m/-i, -s, -ar)
Schal	trefil·l (m/-trefli, -s, -treflar)
Schale	skál (f/-ar, -ar)

Schauspieler	leikar·i (m/-a, -ar)
Schellfisch	ýs·a (f/-u, -ur)
Schenkel	læri (n/-i, -s, -)
scheußlich	ömurlegur (m), -leg (f), -legt (n)
Schinken	skink·a (f/-u, -ur)
schlafen	sofa (ég sef, svaf-sváfum, sofið)
Schlafzimmer	svefnherbergi (n/-i, -s, -)
Schlagzeug, Trommeln	trommur (fpl)
schlecht	vondur (m), vond (f), vont (n)
schlecht *(Adverb)*	illa
schlendern	labba (a)
schließen	loka (a) + Dat.
schließlich	loksins
Schlüssel	lykil·l (m/lykli, -s, lyklar)
Schmerztabletten	verkjatöflur (fpl)
schmieren	smyrja (0)
schminken, sich	mála sig (a)
Schnee	snjó·r (m/-, -s, ÷)
Schneefall	snjókom·a (f/-u, ÷)
Schneeregen	slydd·a (f/-u, -ur)
schnell kommen	koma fljótt (ég kem, kom-komum, komið)
Schnellimbiss	skyndibitastað·ur (m/-, -ar, -ir)
Schnitzel	snitsel (n/-(i), -s, ÷)
Schokoeis	súkkulaðiís (m/-, -s, -ar)
Scholle	rauðsprett·a (f/-u, -ur)
Schrank	skáp·ur (m/-, -s, -ar)
Schreiner/Tischler	smið·ur (m/-, -s, -ir)
Schuh	skó·r (m/-, -s, -r)
Schule	skól·i (m/-a, -ar)
Schulter	öxl (f/axlar, axlir)
Schwanz; Kofferraum	skott (n/-i, -s, -)
Schweden	Svíþjóð (f/-ar, ÷)
Schweinefleisch	svínakjöt (n/-i, -s, -)
Schweiz	Sviss (n/-, -, ÷)
Schwester	systir (f/systur, systur)
schwierig	erfiður (m), erfið (f), erfitt (n)
Schwimmbad, -becken	sundlaug (f/-ar, -ar)
schwimmen	synda (-ti)
schwimmen gehen	fara í sund (ég fer, fór-fórum, farið)
schwitzen	svitna (a)
schön	fallegur (m), falleg (f), fallegt (n)
See	vatn (n/-i, -s, vötn)
Segelboot	seglbát·ur (m/-, -s, -ar)
segeln	sigla (-di)
sehen	sjá + Akk. (ég sé, sá-sáum, séð)
sehr	mjög
sehr gut, hervorragend	ágætur (m), ágæt (f), ágætt (n)
sehr, total	rosalega

selbst	sjálfur (m), sjálf (f), sjálft (n)
Selbstgebranntes	land·i (m/-a, -ar)
selbstgemachter Schnaps	heimagerður snafs
selbstverständlich	alveg sjálfsagt
selbstverständlich	auðvitað
Senf	sinnep (n/-i, -s, ÷)
Shop, Kiosk	sjopp·a (f/-u, -ur)
shoppen	versla (a)
Sicherheit	öryggi (n/-i, -s, -)
sicherlich	örugglega
singen	syngja (ég syng, söng-sungum, sungið)
Slang	slangur (n/slangri, -s, ÷)
Slowakei	Slóvakía (f/-u, ÷)
so	svo
so ein/e	svona
so etwas	eitthvað slíkt
so viel wie	eins mikið og
Socke	sokk·ur (m/-, -s, -ar)
Sofa	sóf·i (m/-a, -ar)
Softgetränk, Limo	gos (n/-i, -s, -)
sogar	jafnvel
Sohn	son·ur (m/syni, -ar, synir)
Sommer	sumar (n/sumri, -s, sumur)
Sommerhaus	sumarbústað·ur (m/-i, -ar, -ir)
Sommerurlaub	sumarfrí (n/-i, -s, -)
Sonnenschein	sólskin (n/-i, -s, ÷)
Soße	sós·a (f/-u, -ur)
Souvenirgeschäft	minjagripaverslun (f/-ar, -verslanir)
Spanien	Spánn (m/-i, -ar, ÷)
spannend	spennandi
Spaß, Freude	gaman (n/gamni, -s, ÷)
spät	seinn (m), sein (f), seint (n)
später	seinna
später	síðar
Speisekarte	matseðil·l (m/-seðli, -s, -seðlar)
Spiegel	spegil·l (m/spegli, -s, speglar)
spielen *(Instrument)*	spila (a) á + Akk.
Sport treiben	stunda (a) íþróttir
Sportler	íþróttamað·ur (m)
Sportlerin	íþróttakon·a (f/-u, -ur)
Sprache	tungumál (n/-i, -s, -)
Sprachschule	tungumálaskól·i (m/-a, -ar)
springen	stökkva (ég stekk, stökk-stukkum, stokkið)
stark	sterkur (m), sterk (f), sterkt (n)
Steak	steik (f/-ar, -ur)
Stift	penn·i (m/-a, -ar)
Stirn	enni (n/-i, -s, -)
strahlend	glampandi

Strand, Küste	strönd (f/strandar, strendur)
streng	strangur (m), ströng (f), strangt (n)
stricken	prjóna (a) + Akk.
Strumpfhose	sokkabuxur (fpl)
Student	háskólanem·i (m/-a, -ar)
Student	stúdent (m/-, -s, -ar)
Stuhl	stól·l (m/-, -s, -ar)
Sturm	rok (n/i, -s, -)
Supermarkt	stórmarkað·ur (m/-i, -ar, -ir)
süß	sætur (m), sæt (f), sætt (n)
Süßigkeiten	nammi (n/-i, -s, ÷)

T

Tag	dag·ur (m/degi, -s, -ar)
Tal	dal·ur (m/-, -s, -ir)
Tankstelle	bensínstöð (f/-var, -var)
Tankwart	bensínafgreiðslumaður (m)
tanzen mit	dansa (a) við + Akk.
Taschentuch	vasaklút·ur (m/-, -s, -ar)
Tasse Kaffe	kaffiboll·i (m/-a, -ar)
Tee	te (n/-i, -s, ÷)
Tee kochen	laga (a) te
Teil	part·ur (m/-i, -s, -ar)
teils bewölkt	hálfskýjaður (m), hálfskýjuð (f), hálfskýjað (n)
Telefon	sím·i (m/-a, -ar)
telefonieren	tala (a) í símann
Teller	disk·ur (m/-i, -s, -ar)
Temperatur	hit·i (m/-a, -ar)
teuer	dýr (m)/(f), dýrt (n)
Theater	leikhús (n/-i, -s, -)
Thermoskanne für Kaffee	kaffibrús·i (m/-a, -ar)
Ticket	mið·i (m/-a, -ar)
Tisch	borð (n/-i, -s, -)
Toast	ristað brauð (n)
Tochter	dóttir (f/dóttur, dætur)
Toilette	klósett (n/-i, -s, -)
toll	æðislegur (m), æðisleg (f), æðislegt (n)
Tomate	tómat·ur (m/-i, -s, -ar)
Torte aus Skyr	skyrtert·a (f/-u, -ur)
Tourist	ferðamað·ur (m)
Tourist	túrist·i (m/-a, -ar)
Traumfrau	draumakon·a (f/-u, -ur)
treffen	hitta (-i) + Akk.
Treppenstufe	þrep (n/-i, -s, -)
trinken	drekka (ég drekk, drakk-drukkum, drukkið)
Trinkgeld	þjórfé (n/-fjár, ÷)
trocken, niederschlagsfrei	úrkomulaus (m/f), -laust (n)
trotzdem	samt
Tschechien	Tékkland (n/-i, -s, ÷)

tschüss	bæ/ bæ, bæ
T-Shirt	bol·ur (m/-, -s, -ir)
tun, machen	gera (-ði)
Tür	hurð (f/-ar, -ir)
Türkei	Tyrkland (n/-i, -s, ÷)
Turm	turn (m/i, -s, -ar)
typisch isländisch	séríslenskur (m), -íslensk (f), -íslenskt (n)

U

üben	æfa (-ði) sig
über den Sommer	yfir sumarið
über, um, durch	um + Akk.
überall	út um allt
übergeben, sich	kasta (a) upp
übermorgen	ekki á morgun heldur hinn
übernachten	gista (-ti)
üblich, gängig	algengur (m), algeng (f), algengt (n)
übrig sein	vera eftir
übrigens	annars
Uhr	klukk·a (f/-u, -ur)
Ukraine	Úkraína (f/-u, ÷)
um ... zu	til að
Umkleidekabine	klef·i (m/-a, -ar)
umziehen	flytja (0)
unangenehm	óþægilegur (m), -leg (f), -legt (n)
und du?	en þú?
und vieles mehr	og margt fleira
Ungarn	Ungverjaland (n/-i, -s, ÷)
unglaublich viele	ótrúlega margir (mpl)
unruhig, nervös	órólegur (m), -leg (f), -legt (n)
unter Jugendlichen	meðal unglinga
Unterhemd	nærskyrt·a (f/-u, -ur)
Unterhose	nærbuxur (fpl)

V

Vanilleeis	vanilluís (m/-(i), -s, -ar)
Vater	faðir (m/föður, feður)
Vegetarier(in)	grænmetisæt·a (f/-u, -ur)
vegetarisch	grænmetis-
verbessern	bæta (-ti) + Akk.
verfassen	semja (0) + Akk.
Vergangenheit	þátíð (f/-ar, -ir)
vergessen	gleyma (-di) + Dat.
verkaufen	selja (0) + Dat. + Akk. (ég seldi, selt)
Verkäufer	sölumaður (m)
verliebt in	ástfanginn (m), -fangin (f), -fangið (n) af + Dat.
Verschiedenes	ýmislegt
verstehen	skilja (0) + Akk.(ég skildi, skilið)
versuchen	reyna (-di) + Akk.
viel	mikill (m), mikil (f), mikið (n)

viel anderes	ýmislegt annað
viel Spaß	góða skemmtun
viele	margir (mpl), margar (fpl), mörg (npl)
vielleicht	kannski
Volleyball	blak (n/-i, -s, ÷)
von dort	þaðan
von Nahem	úr nálægð
von oben	ofan
von, aus	frá + Dativ
vor *(örtlich)*	fyrir framan + Akk.
vor *(zeitlich/örtlich → wo?)*	fyrir + Dat.
vor allem	umfram allt
vorbereiten	undirbúa + Akk. (ég undirbý, -bjó-bjuggum, -búið)
vormittags	fyrir hádegið
Vorschlag	tillag·a (f/-lögu, -lögur)
Vulkan	eldfjall (n/-i, -s, -fjöll)

W

wach sein	vaka (-ti)
Wade	kálf·i (m/-a, -ar)
Wagenheber	tjakk·ur (m/-, -s, -ar)
wählen	velja (0) + Akk.
wahr, echt	sannur (m), sönn (f), satt (n)
wahrscheinlich	líklega
Walfleisch	hvalkjöt (n/-i, -s, ÷)
wandern gehen	fara í fjallgöngu (ég fer, fór-fórum, farið)
warm	hlýr (m), hlý (f), hlýtt (n)
warte einen Moment *(Befehlsform)*	bíddu augnablik
warten auf	bíða eftir + Dat. (ég bíð, beið-biðum beðið)
warum?	af hverju?
Was um alles in der Welt ...	Hvað í ósköpunum...
was?	hvað?
Waschbecken	vask·ur (m/-i, -s, -ar)
waschen, sich das Gesicht	þvo sér í framan (ég þvæ, þvoði-þvoðum, þvegið)
Wasser	vatn (n/-i, -s, ÷)
wechselhaft	breytilegur (m), -leg (f), -legt (n)
wecken	vekja (0) + Akk.
wehen, blasen	blása (það blæs, blés-blésum, blásið)
weibl. Verwandte	frænk·a (f/-u, -ur)
weil	af því að
Weißwein	hvítvín (n/-i, -s, -)
weitermachen	halda áfram (ég held, hélt-héldum, haldið)
welche/r/s?	hvaða?
Welt	heim·ur (m/-i, -s, -ar)
wer?	hver?
werfen	kasta (a) + Dat.
Werkstatt	verkstæði (n/-i, -s, -)
Weste	vesti (n/-i, -s, -)
Wetter	veður (n/-veðri, -s, -)

Wetter, das	veðrið
Wettervorhersage	veðurspá (f/-r, -r)
wichtig	mikilvægur (m), mikilvæg (f), mikilvægt (n)
wie bitte?	ha?
wie lange	hvað ... lengi
wie?	hvernig?
wieder	aftur
wieder zurück nach Island gekommen sein	vera kominn (m), komin (f) aftur til Íslands
wiedersehen	sjá aftur + Akk. (ég sé, sá-sáum, séð)
Willkommen in Island.	Velkomin/n til Íslands.
Wind	vind·ur (m/-i, -s, -ar)
windig	hvass (m), hvöss (f), hvasst (n)
Windstille	logn (n/-i, -s, -)
Winter	vetur (m/vetri, vetrar, -)
Wirtschaft studieren	læra (-ði) viðskipti
wissen	vita (unregelm.)
wo *(Relativpronomen)*	þar sem
Woche	vik·a (f/-u, -ur)
Wochenende	helg·i (f/-i, -ar)
woher?	hvaðan?
wohin?	hvert?
wohl werden	munu (unregelm.)
wohnen	búa (ég bý, bjó-bjuggum, búið)
Wohnung	íbúð (f/-ar, -ir)
Wohnzimmer	stof·a (f/-u, -ur)
wollen	vilja (unregelm.)
wow *(Ausruf)*	vá
wunderbar	frábær (m)/(f), frábært (n)

Y

Yoga machen	stunda (a) jóga

Z

zäh	seigur (m), seig (f), seigt (n)
zählen	telja (0) + Akk.
Zahn	tönn (f/tannar, tennur)
Zahnarzt	tannlækni·r (m/-i, -s, -ar)
Zapfsäule	dæl·a (f/-u, -ur)
zart	meyr (m)/(f), meyrt (n)
zeigen	sýna (-di) +Dat. +Akk.
Zeitung	dagblað (n/-i, -s, -blöð)
ziemlich	ansi
Zigarette	sígarett·a (f/-u, -ur)
zu Besuch kommen	koma í heimsókn (ég kem, kom-komum, komið)
zu kalt	of kaldur (m), köld (f), kalt (f)
Zucker	sykur (m/sykri, -s, ÷)
zufrieden mit	ánægður (m), ánægð (f), ánægt (n) með + Akk.
Zugang/Eintritt zu	aðgangur að + Dat.
zuletzt	síðast

zum Abendessen einladen	bjóða + Dat. í kvöldmat (ég býð, bauð-buðum, boðið)
zum Beispiel	til dæmis
zum Glück	sem betur fer
zum Sport gehen	fara í ræktina (ég fer, fór-fórum, farið)
zurückgeben	skila (a) + Dat.
zusätzlich	í viðbót
Zwiebel	lauk·ur (m/-i, -s, -ar)